EMDR

Anna-Konstantina Richter
(Hrsg.)

EMDR

Ein Lehrbuch für Psychotherapie-Studium und Weiterbildung

Hrsg.
Anna-Konstantina Richter
Zentrum für psychologische
Beratung und Training
Marburg, Hessen, Deutschland

ISBN 978-3-662-64661-8   ISBN 978-3-662-64662-5   (eBook)
https://doi.org/10.1007/978-3-662-64662-5

Die Deutsche Nationalbibliothek verzeichnet diese Publikation in der DeutschenNationalbibliografie; detaillierte bibliografische Daten sind im Internet über http://dnb.d-nb.de abrufbar.

© Der/die Herausgeber bzw. der/die Autor(en), exklusiv lizenziert an Springer-Verlag GmbH, DE, ein Teil von Springer Nature 2023
Das Werk einschließlich aller seiner Teile ist urheberrechtlich geschützt. Jede Verwertung, die nicht ausdrücklich vom Urheberrechtsgesetz zugelassen ist, bedarf der vorherigen Zustimmung des Verlags. Das gilt insbesondere für Vervielfältigungen, Bearbeitungen, Übersetzungen, Mikroverfilmungen und die Einspeicherung und Verarbeitung in elektronischen Systemen.
Die Wiedergabe von allgemein beschreibenden Bezeichnungen, Marken, Unternehmensnamen etc. in diesem Werk bedeutet nicht, dass diese frei durch jedermann benutzt werden dürfen. Die Berechtigung zur Benutzung unterliegt, auch ohne gesonderten Hinweis hierzu, den Regeln des Markenrechts. Die Rechte des jeweiligen Zeicheninhabers sind zu beachten.
Der Verlag, die Autoren und die Herausgeber gehen davon aus, dass die Angaben und Informationen in diesem Werk zum Zeitpunkt der Veröffentlichung vollständig und korrekt sind. Weder der Verlag, noch die Autoren oder die Herausgeber übernehmen, ausdrücklich oder implizit, Gewähr für den Inhalt des Werkes, etwaige Fehler oder Äußerungen. Der Verlag bleibt im Hinblick auf geografische Zuordnungen und Gebietsbezeichnungen in veröffentlichten Karten und Institutionsadressen neutral.

Einbandabbildung: © laurencesoulez/stock.adobe.com

Planung/Lektorat: Heiko Sawczuk
Springer ist ein Imprint der eingetragenen Gesellschaft Springer-Verlag GmbH, DE und ist ein Teil von Springer Nature.
Die Anschrift der Gesellschaft ist: Heidelberger Platz 3, 14197 Berlin, Germany

Widmung

Für

Dr. Andreas Jung

EMDR-Therapeut

1972–2021

Geleitwort von Prof. Wolfram Schüffel

Anna-Konstantina Richter schickte mir das Manuskript des vorliegenden Buches. Ich las es innerhalb der nächsten zwei Tage nach Empfang: Ich spürte, hier war etwas Ganzes entstanden. Wenig später las ich es zum zweiten Male und jetzt innerhalb eines Tages. Am Ende dieses dritten Lese-Tages hatte ich das feste Empfinden: Dieses Buch hat mich in kürzester Zeit in den neuesten Erkenntnisstand der Methode des Eye Movement Desensitization and Reprocessing (EMDR) versetzt.

Das geschah nahezu spielerisch, indem die Autorin das eigene (Psycho-) Traumatologische in mir als Leser durch Fallvignetten wie durch Prüfungsfragen und durch klar verständliche Ausführungen gedanklich nachvollziehen lässt. Gleichermaßen lässt sie mit meinem eigenen Inneren Auge bisher nicht gesehene Bilder sehen. Eine Art inneres Mitschwingen wird möglich. Erstmals wurde mir die Tragweite dieser therapeutischen Methode im Bereich des Psychotraumatologischen und weit darüber hinaus bewusst. Es handelt sich um eine Methode, die Vertrauen heranwachsen hilft.

Die Autorin und Herausgeberin lernte ich kennen, als ich der wissenschaftliche Leiter des Projektes „Hilfsprogramm für die Betroffenen des Grubenunglücks von Borken 1988" war, das erst zu Beginn dieses Jahrhunderts auslief. Unsere Bekanntschaft geht auf die Mitte der 1990er-Jahre zurück, als wir uns im Universitätsklinikum der Philipps-Universität Marburg trafen und sie zu dieser Zeit noch Psychologie-Studentin im Fachbereich unserer Universität war. Sie erwarb sehr schnell *mein Vertrauen* als dem damaligen Direktor der Klinik und Poliklinik für Psychosomatik im Zentrum für Innere Medizin.

Vertrauen ist das Stichwort, das sich durch alle Seiten des Buches und durch dessen 13 Kapitel hindurchzieht (besonders durch die Kap. 5, 8, 9, 10). Es ist ein Vertrauen darauf, dass mithilfe eines in der therapeutischen Beziehung erwachsenden Vertrauens bis dahin erstarrte Gedächtnisinhalte aufgetaut, also entfrostet werden. Die geklagten Beschwerden werden für den Leser zu Ankerbänden, so möchte ich es formulieren, eines Innehaltens und Besinnens, die ein Ankern ermöglichen, um zu *„SEHEN."*

Das Verb „sehen" ist das einzige Wort im Gesamttext, das durch Kursiv- und Großschrift hervorgehoben wird (vgl. Vorwort). Im Sehen, d. h. im „In-die-Augen-Sehen" liegt die Grundlage dieser Therapiemethode, die seit 1989 bis 2009 um die Welt ging „EMDR [went] around the World" (Kap. 1). Vertrauensvoll verfolgt der Patient die von der Therapeutin/dem Therapeuten angegebenen Bewegungsrichtungen durch den Raum. Raum und Zeit werden hierdurch eines. Dieses neuartige Sehen-Lernen ermöglicht ein Einlassen und Ankommen des Hilfesuchenden wie der Therapierenden, in einem vierstufigen Lernmodell zu erspüren und zu verfolgen (Kap. 6). Dieses Modell ist so einfach wie plausibel wie nachvollziehbar.

Es geht nämlich um das Zusammenspiel von Langzeitgedächtnis und Arbeitsgedächtnis. Es ist das Modell eines Überganges von 1. Langzeitgedächtnis hin zu 2. Arbeitsgedächtnis unter Anwendung 3. ständig oszillierend-interaktiven Bearbeitens zu 4. Aufbau eines Langzeitgedächtnisses mit neuartigen Qualitäten. Der Ablauf heißt Rekonsolidierung, was eine „*Neukonsolidierung*" zur Folge hat. – Die Autorin fragt jeweils nach dem „Wozu": „dysfunktional oder realistisch?" – Die Antwort: „Bis dass die (traumatische) Erinnerung sich nicht mehr (so) belastend anfühlt." –

Die Fallvignette des 50-jährigen Hans ermöglicht nicht nur, Einblick zu nehmen in die Entstehungsweise dieser auch im Tiermodell überprüften Therapieweise (Kap. 4. Das persönliche Modell F. Shapiros ist vielmehr das überzeugende Geschehen – weil so menschlich. In der englischsprachigen Welt würden Leser und Leserin sagen: „It is so „*humane*".

Francine Shapiro (1948–2019, New York, Palo Alto), ist *Bewegerin, Verankerin, Bedeuterin, Sinngeberin* des von ihr entdeckten und entwickelten EMDR. Sie ist vielfach ausgezeichnet worden, u. a. mit dem Sigmund-Freud-Preis der Stadt Wien im Jahre 2004. Sie wurde zur Entdeckerin, als sie Mitte der 1980er-Jahre durch einen Park in New York ging (ich könnte mir sehr gut den Central Park vorstellen)[1] und die sich bewegenden Sonnenstrahlen in ihre Augen fielen. Ihre schwermütigen Gedanken – sie war an Krebs erkrankt – verschwanden. Sie dachte nach, sie bezog diese Aha-Erfahrung auf ihren derzeitigen Wohnort, Ort und Zeit ihres Lebens, und sie beschloss, nach Kalifornien als dem Sun State der USA zu ziehen. Ich dachte hier an die Arbeit des Psychologen-Ehepaares Charlotte Bühler (1893–1974) und Karl Bühler (1879–1963) in der ersten Hälfte des vergangenen Jahrhunderts, die diesen Aha-Begriff wissenschaftlich bearbeitet hatten. Dieses Ehepaar verkörpert geradezu nicht nur die schrecklichen Entwicklungen der ersten Hälfte des letzten Jahrhunderts, sondern ist Teil europäischer Tradition, die von Shapiro in ihrem Werk aufgenommen und fortgesetzt wird.

Im Sonnenstaat Kalifornien traf Francine Shapiro auf den herausragenden Vertreter des Akademisch-Kognitiven in der Psychologie, nämlich Joseph Wolpe (1915–1997). Er war Südafrikaner, kam also aus dem englischsprachigen Raum, ging als dieser zum britisch-kontinental gefärbten Maudsley-Institut des Hans Eysenck, um dann lange vor Shapiro in Kalifornien einzutreffen. Francine Shapiro fand in ihm den geistig intellektuellen Begleiter in einem eigentlichen verhaltensmäßig- psychosomatisch-psychodynamischen Überschneidungsbereich. Wolpe und seinem akademischen

---

[1] EMDR-Trainer Dr. André Monteiro merkt an, es sei in Los Gatos in Kalifornien gewesen.

Ansehen ist es zu verdanken, dass wir uns als Europäer bereits im Jahre 1996 mit Shapiros Gedanken auseinandersetzen konnten. Mir persönlich war das möglich, als ich Francine Shapiro mit anderen europäischen Psychotraumatologen acht Jahre nach ihrer Erstbeschreibung des EMDR von 1989 anlässlich einer Tagung der Europäischen Gesellschaft für Traumatische Stressstudien 1996 in Sheffield traf, einem Arbeitskreis überwiegend europäischer Traumatologen im Umkreis von Lars Weisaeth und Wolter de Loos (2001).

Ich betone auch im Jahr 2021 und zur Zeit eines möglicherweise anstehenden vierten Lockdowns das Adjektiv „kognitiv". Die COVID-19-Zeit verlangt nach übersichtlichen Denk- und Diskussionsmodellen, wenn es global und zutiefst um affektive und globale Prozesse geht, die eine traumatische Grundlage haben. Ich bin als internistischer Arzt innerhalb einer klinischen Allgemeinmedizin immer wieder auf das neu zu strukturierende Jetzt (hier) im Sinne einer sinnbestimmten salutogenetischen Entwicklung gestoßen. Das geschah im Verbund mit Kolleginnen und Kollegen, die ähnliche Erfahrungen machten (1998). Nicht zuletzt ist das zu erspüren bei der Lektüre des (derzeit vorletzten) Werkes der Autorin zur Traumabehandlung (2019). Perspektivisch sollte das alles vor dem Hintergrund der Traumaforschung in Deutschland bzw. im deutschsprachigen Raum gesehen werden.

Fast die gesamte deutsche Psychiatrie, mit wenigen Ausnahmen in Göttingen, Heidelberg und Freiburg, sperrte sich, diese Vergangenheit und ihre fatalen, Generationen übergreifenden Auswirkungen traumatischer Art wahrzunehmen, geschweige denn, deren Folgen zu begreifen und Rückschlüsse zu ziehen. Noch gilt es zu entdecken, was die Beweggründe waren, die bereits 1888 entdeckte „traumatische Neurose" als Äquivalenzbegriff zum heutigen PTSD wahrzunehmen und sie für die nächsten einhundert Jahre im deutschsprachigen Raum „vergessen" zu lassen (…). Diese traurige Tatsache mussten wir damals in Borken des Jahres 1988 und wenige Wochen später desselben Jahres als einen kaum zu hinterfragenden Fakt wahrnehmen, als wir uns mit dem Grubenunglück von Borken auseinandersetzten. Das Gleiche widerfuhr dem Ehepaar Jatzko wenige Wochen später in der Hilfe für die Opfer des Flugzeugunglücks von Ramstein (1993).

Anna-Konstantina Richter setzt sich dem *Sehen als einem Geschehen*, also einem oft höchst traumatischen Prozess aus, so möchte ich formulieren, wenn sie auffordert, mit dem „EMDR-Ohr zu hören" (Kap. 6). Sie fordert aber auch zugleich den Therapeuten wie den Arzt auf, bei einem sich nun anbahnenden Heilungsprozess der Bewegung des Patienten *„aus dem Wege zu gehen."*, ihn also nicht durch eigene Vor-Stellungen zu behindern. Ausdrücklich zitiert sie die englisch beschriebene Erfahrung „trust the process". Sie arbeitet im Kernbereich einer „Beziehungsmedizin". Sie folgt hierbei einem dem Patienten oder Klienten vorgeschlagenen strukturierten, achtphasigen Vorgehen, das zwischenmenschliche Sicherheit erproben und erfahren lässt. Diese Formulierungen werden mitgetragen und weiter ausgeführt durch den Inhalt des 10. Kapitels und dessen Vorspann: „(Alles Lesen) ersetzt keine Supervision noch Beratung noch ist das Thema er-schöpft", wie es in therapeutischer Weisheit formuliert wird von Monteiro.

Es geht um ein neuartiges Aufmerken, das jetzt dem Anderen ermöglicht wird. Es spielt sich der am Anfang des Geleitwortes erwähnte und angesteuerte Lernprozess ab, nämlich Vertrauen aufzubauen, dem Anderen zu vertrauen.

Ich gratuliere der Verfasserin zu diesem Meisterwerk moderner Psychotherapie und wünsche ihm eine weite Verbreitung.

im September 2021

Prof. em. Dr. med. Wolfram Schüffel
Internist, Psychotherapeut
Ehem. Leiter der Univ.Klinik und Poliklinik für
Psychosomatische Medizin im Zentrum Innere Medizin,
Philipps-Universität Marburg
Marburg Deutschland

Geleitwort von Dr. André Maurício Monteiro

Wenn ich ein Buch suche, das in ein neues, mir unbekanntes Thema einführt, habe ich eine gewisse Befürchtung, dass es sich entweder als zu oberflächlich oder als zu tief und unergründlich erweisen könnte. Mit anderen Worten, es wird schwer sein, mich auf die eine oder andere Weise zufriedenzustellen. Dieses Buch, das Sie in den Händen halten (oder auf Ihrem Bildschirm sehen), zerstreut jedoch diese Befürchtungen. Der Autorin Konstantina Richter ist es gelungen, eine umfassende und anregende Einführung in die EMDR-Therapie zu verfassen, die sich an Fachleute aus dem Bereich der psychischen Gesundheit wendet, die neugierig auf EMDR sind, aber nicht damit vertraut. Gleichzeitig stillt es den Wissensdurst anderer Therapeuten, die bereits die Vorteile von EMDR in ihrer klinischen Praxis zu schätzen gelernt haben. Ich bin seit über einem Jahrzehnt EMDR-Trainer und habe auf diesen Seiten ebenfalls viel gelernt! Aber wo hat dieser Prozess begonnen?

Wenn wir ein wenig in der Zeit zurückgehen, trafen Konstantina und ich uns zum ersten Mal auf einer europäischen EMDR-Konferenz in Edinburgh (2014). Ich hatte gerade meinen Vortrag über EMDR und die transgenerationale Übertragung von Traumata beendet. Nachdem ich von der Bühne abgetreten war, kam sie auf mich zu und stellte sich vor. Wir sprachen kurz darüber, warum das Thema sie inspiriert hatte. Es wurde schnell klar, wie sehr sie sich für EMDR begeisterte und wie rastlos sie nach Wissen strebte. Obwohl wir auf verschiedenen Kontinenten leben, ist es uns gelungen, unsere Freundschaft zu erhalten.

Jetzt, ein paar Jahre später, mitten in der COVID-Pandemie, ruft Konstantina mich an, um über das Projekt, dieses Buch zu schreiben, zu sprechen, und lädt mich ein, ein Kapitel über die üblichen Fehler zu schreiben, die Therapeuten beim Erlernen von EMDR machen. Ich dachte, dies könnte eine Gelegenheit sein, dieses heikle Thema auf konstruktive Weise anzusprechen und dabei die Lernkurve der EMDR-Lernenden zu respektieren, aber auch die immer wiederkehrenden Hindernisse aufzuzeigen, auf die wir während der EMDR-Grundkurse und in der Supervision/Beratung stoßen. Aus Fehlern zu lernen berührt unsere Bescheidenheit und hält uns wachsamer gegenüber dem Unbekannten.

Nachdem ich den Text geschrieben hatte, stellte ich fest, dass ich keinen Zugang zu den anderen Kapiteln gehabt hatte, also beschloss ich, das Buch so zu lesen, als wäre es auch eines der oben erwähnten, und zwar mit Befürchtungen. Stattdessen habe ich das Geleitwort von Herrn Wolfram Schüffel von Anfang an sehr genossen. Es fühlte sich so kollegial an, und es bietet ein einzigartiges Leseverständnis, das über den unmittelbaren Wortlaut der Kapitel hinausblickt und historische und persönliche Erfahrungen miteinander verschränkt. Doch das Vergnügen an der Lektüre hörte damit nicht auf.

Konstantinas Idee, Kolleginnen und Kollegen mit unterschiedlicher EMDR-Erfahrung einzuladen, erwies sich als ebenso mutige wie fruchtbare Entscheidung. Sie bedeutete, den Raum für die Weisheit und die Stimmen von Kollegen zu öffnen, die sich in unterschiedlichen Stadien ihrer beruflichen Reifung befinden und unterschiedliche Erfahrungen mit EMDR gemacht haben. Es hat mich positiv überrascht zu sehen, wie diese Vielfalt der Gestalt des Buches eine besondere Note verleiht. Der daraus resultierende Effekt ist, dass die Leser*innen dort abgeholt werden, wo wir alle stehen, mit unterschiedlichen Vertrautheitsgraden in Bezug auf EMDR, von den Neulingen bis zu den erfahreneren EMDRler*innen. Erfahrene Kolleg*innen bieten nützliche Anregungen für unerfahrene Therapeut*innen und umgekehrt. Diese kollegiale Rückendeckung ist der Rat, den die meisten von uns gerne von einem älteren Geschwisterkind erhalten würden, wenn wir uns in einer neuen Umgebung unsicher fühlen. So erhält der Leser verschiedene Blickwinkel und Beiträge aus dem EMDR, Ressourcen, die für ein breiteres Spektrum von Kliniker*innen gelten.

Die ersten Kapitel kontextualisieren EMDR in einer eleganten Abfolge in Bezug auf das deutsche psychische Gesundheitssystem. Da ich im Ausland lebe, ist es in einer Weise strukturiert, die mir nicht vertraut war. Es folgt die Verortung der Psychotraumatologie als ein größeres Dach, unter dem EMDR eingeordnet werden kann.

Anstatt sich in ein Rezept zu stürzen, was in der traditionellen klinischen Praxis (nicht) zu tun ist, folgt auf diese einleitenden Kapitel ein humanitäres Gesamtbild, das zeigt, wie EMDR zur Behandlung traumatisierter Flüchtlinge eingesetzt werden kann. Diese Tätigkeit kann sowohl in unseren geschützten Räumen als auch in der realen weiten Welt stattfinden, wo wir soziale Konflikte vorfinden. Kap. 9 ist ein bemerkenswerter Beitrag, der die Augen für die Komplexität der Arbeit mit Flüchtlingen (und Übersetzern) öffnet.

Obwohl ich bereits einige Erfahrungen mit der Arbeit nach Katastrophen gesammelt habe, brachte mir das Kapitel neue Einsichten, indem es ein immer größer werdendes zeitgenössisches Phänomen der psychischen Gesundheit von geografisch vertriebenen Personen aufzeigte. Ein ähnliches Phänomen gibt es auch in meinem Land (Brasilien), wo Menschen aus weniger günstigen Gebieten und Nachbarländern in wohlhabendere Bundesstaaten und Großstädte wandern, um dort einen besseren Lebensstandard zu finden.

Trotz verschiedener Bemühungen, die Vertriebenen von der Gesellschaft fernzuhalten, wirkt sich die unbequeme Anwesenheit der Vertriebenen (und ihre traumatische Geschichte) schließlich auf unser kulturelles Milieu aus, da sie auf der Suche nach besseren Möglichkeiten für sich und ihre Nachkommen um einen sozialen Aufstieg kämpfen. Während sich bewaffnete Konflikte und wirtschaftliche Ungleichheiten weltweit verschärfen, entwurzeln traumatisierte Wanderer und lassen sich auf der Suche nach der Erfüllung der Hoffnung auf ein menschenwürdiges Leben treiben. EMDR kann einen bedeutenden Unterschied in der Behandlung ihrer Traumageschichte ausmachen, ihr Leiden lindern und als wichtiges Behandlungsinstrument dienen.

In diesem Kapitel werden auch forensische Anwendungen von EMDR erläutert und veranschaulicht, um Möglichkeiten für den Umgang mit dieser schwierigen (und auch zur Unsichtbarkeit gezwungenen) Bevölkerungsgruppe aufzuzeigen, die nur selten auf herkömmliche Therapien anspricht.

Kap. 1, das sich mit der Geschichte von EMDR im Allgemeinen und seiner anfänglichen Entwicklung in Deutschland befasst, beschreibt, wie sehr die Ursprünge von EMDR anderen psychotherapeutischen Ansätzen geschuldet sind, und zwar auf eine Art und Weise, die Francine zu betonen pflegte, indem sie sagte, EMDR sei eine Synthese des eklektischen, oder besser gesagt, ein synklektischer Ansatz. Der Text hilft uns, die Anfänge von EMDR in einem günstigen historischen Zusammenhang zu kontextualisieren.

Kap. 4 bietet dem Leser einen Einblick in die neurobiologischen Hypothesen darüber, wie EMDR im Gehirn funktioniert, und begibt sich damit an neurologische Orte, an die sich nur wenige andere Therapien gewagt haben. Diese wissenschaftliche Rechenschaftspflicht steht im Einklang mit der ständigen Suche nach einem Verständnis dafür, wie die beeindruckenden Veränderungen, die wir in der Praxis erleben, mit dauerhaften Veränderungen im Gehirn korrespondieren können.

Die acht Phasen und drei Säulen, aus denen die Standardversion von EMDR besteht, werden in Kap. 6 zusammengefasst. In den meisten Kapiteln helfen uns anschauliche Vignetten, die grundlegenden Konzepte konkreter darzustellen, sodass die Leser einen Eindruck davon bekommen, was sie in der direkten klinischen Praxis von EMDR erwarten und erleben können. Die Fallbeispiele geben weitere spezifische Tipps, die für Therapeuten, die bereits mit EMDR vertraut sind, leicht verständlich sind.

Die Darstellung der Phasen des Protokolls wird so erweitert, dass Vorschläge für EMDR-Supervisoren dargestellt werden, die neuen Klinikern helfen, neue Fähigkeiten zu erwerben. Ein solches Beispiel ist die EMDR-Rundlauftechnik, die in Kap. 7 beschrieben wird. Zufälligerweise habe ich diese Technik auf der EMDR-Europakonferenz in Straßburg (2018) aus erster Hand gesehen und hielt sie für eine großartige Ressource sowohl für Therapeuten als auch für Supervisoren. Die Schritt-für-Schritt-Beschreibung, gepaart mit konkreten Bildern, macht die Technik leichter begreifbar.

Diese Veranschaulichung des Umgangs mit dem Erlernen von EMDR wird in Kap. 8 durch realistische und flexible Möglichkeiten für EMDR-Anfänger ergänzt, ihre Geschicklichkeit und Klientenauswahl zu verbessern. Während der EMDR-Grundlagenschulungen neigen die Teilnehmer*innen dazu, ängstlich zu werden und Fragen zu stellen, welche Klient*innen sie auswählen sollen, um ihre Praxis voranzubringen, wenn sie daran denken, EMDR in der Praxis anzuwenden. Die hier dargestellten Vorschläge sind plausibel und didaktisch sinnvoll. Diese „weiteren Schritte der Umsetzung von EMDR in die Praxis" zeigen, dass dieses Buch nicht vor bestimmten Punkten zurückschreckt, die wir bei der beginnenden Erfahrung des Reprocessings beachten müssen. Die Implementierung von EMDR in den therapeutischen Alltag ermutigt Kliniker, EMDR als Rahmen für die Fallkonzeptualisierung zu betrachten und es als Teil der Routinearbeit, als flexiblen, freundlichen Ansatz, einzubinden.

Diese Freundlichkeit, gepaart mit einer methodischen Herangehensweise, die auf einem theoretischen Modell in Verbindung mit einer interaktionellen Perspektive von EMDR beruht, versuche ich in Kap. 10 als meinen Beitrag zum Werk einzubringen.

Eine Auswahl von Studien bietet in Kap. 11 einen Überblick über mögliche Auswirkungen auf die Forschung und zeigt, wie die mit EMDR erzielten klinischen Ergebnisse die Neugier von Forschern geweckt haben, um mögliche zusätzliche Anwendungen, die über PTBS hinausgehen, sowie therapeutische Effekte in der Neurophysiologie besser zu verstehen. Francines Motto lautete früher: „Forschen, forschen, forschen!" – eine kluge Art und Weise, die Kultivierung eines persönlichen Mythos zu vermeiden und EMDR zu ermutigen, auf beiden Beinen zu stehen und dem Test der Zeit standzuhalten, auch nachdem sie von uns gegangen war. Ungeachtet dessen verfügen die meisten Kliniker nicht über eine konsequente Forschungsausbildung. Kap. 12 bietet Optionen für die EMDR-Forschung, die von Klinikerinnen und Klinikern durchgeführt werden kann. Dabei wird die klinische Praxis mit der Erweiterung konzeptioneller Aspekte im Zusammenhang mit dem Modell der Adaptiven Informationsverarbeitung (AIP) integriert, das aus unserer Praxis stammt und sie mit der Theorie verwebt, der Grundlage für die Fallkonzeptualisierung und die therapeutische Entfaltung. Diese Integration der systematischen Praxis im ständigen Dialog mit der Theorie ist der Schlüssel für die Entwicklung dieses therapeutischen Ansatzes.

Für die erfahreneren EMDR-Therapeuten werden in Kap. 13 die kleinen Schritte beschrieben, die für eine konsequentere Vorbereitung von EMDR-Therapeuten über die Grundausbildung hinaus erforderlich sind. Es enthält auch wertvolle Informationen für Supervisoren über den Akkreditierungsprozess und einige Herausforderungen, die in der Praxis der Supervision auftreten.

Abschn. 13.1 schließt das Buch ab, indem es eine aufschlussreiche und umfassende Bewertung der vorhandenen Literatur und Wissensquellen für eine kontinuierliche Verbesserung der therapeutischen Fähigkeiten vorschlägt, die auf theoretische Konsistenz und ständige Aktualisierung ausgerichtet ist.

Die Zusammenfassung und Prüfungsfragen am Ende eines jeden Kapitels helfen dem Leser, das gerade Gelernte zu reflektieren und zu festigen, und verdichten so den didaktischen Aufbau der Abschnitte.

Vor allem seit Beginn der Pandemie hat die Psychotherapie an Dynamik gewonnen und wird von einer breiteren Öffentlichkeit aktiv genutzt, die gezwungen ist, die psychische Gesundheit als Priorität zu erhalten, die ebenso wichtig geworden ist wie andere, unmittelbarere Überlebensbedürfnisse. Die EMDR-Therapie hat sich als wirksames Mittel erwiesen, um diesen Bedürfnissen sowohl persönlich als auch online gerecht zu werden. Sie ist zu einer grundlegenden Ressource für Therapeuten geworden, die ihren Klienten einen hochmodernen therapeutischen Ansatz bieten wollen, der die Weisheit alter meditativer Praktiken mit den fortschreitenden Erkenntnissen der Neurowissenschaft verbindet. Dieses Buch wird mit Sicherheit ein wichtiger Akteur sein, der diesen Prozess ermöglicht.

Dr. André Maurício Monteiro
EMDR-Trainer Espaco da Mente
Brasilia

Vorwort

EMDR ist eine anerkannte und zugelassene Psychotherapiemethode, die seit 1988 gelehrt wird, damals zunächst von Francine Shapiro, die EMDR entwickelt hat, später im 1991 gegründeten EMDR Institute in den USA. Es wurden sukzessive Ausbildungsstrukturen entwickelt, die mittlerweile zu einer Zertifizierung zur EMDR-Therapeutin und zum EMDR-Therapeuten führen. Das Angebot, EMDR bis zu dieser Zertifizierung bei nationalen Fachgesellschaften unter der Dachgesellschaft EMDR Europe zu lernen, gilt für approbierte Psychotherapeut*innen oder solche, die sich in fortgeschrittener Psychotherapieausbildung befinden.

Von den Psychologie-Studierenden (meist von meiner Alma Mater, der Philipps-Universität Marburg), die in meiner psychotherapeutischen Praxis ihr Berufsfeldpraktikum absolvierten, habe ich gelernt, dass EMDR bereits im Studium in Seminaren Thema ist. Dieser Informationsanteil wird durch die Reform des Psychotherapeutengesetzes im Jahr 2020 sicher noch größer werden, denn Studierende sollen im Rahmen des Psychotherapie-Masterstudiums alle Richtlinienverfahren bereits im Studium kennenlernen, um psychotherapeutische Handlungskompetenzen zu erlernen.

Meine Berufsfeldpraktikant*innen hospitieren auch in einigen Psychotherapiesitzungen, und als Vorbereitung haben sie bisher auf das Material zurückgegriffen, was es zu dem Thema auf dem Markt gab, das ich ihnen zur Verfügung stellte. Wenn wir dann vor den EMDR-Sitzungen Fragen der Praktikant*innen besprochen haben, wurde klar, dass dies Material sich nicht dazu eignete, eine Vorstellung davon zu bekommen, wie eine EMDR-Sitzung abläuft und was dieses EMDR eigentlich ist. Meine Praktikant*innen mussten EMDR *sehen*, um ein Konzept davon zu bekommen, was EMDR-Therapie eigentlich *ist*.

Bis jetzt ist die Möglichkeit von Praktika in Einrichtungen, in denen mit EMDR behandelt wird, sicherlich begrenzt – Praktikumsplätze in Praxen sind selten, und die stationären Praktikumsplätze werden nicht ausreichen, um allen Psychologie- bzw. Psychotherapiestudierenden diesen meines Erachtens nötigen praktischen Einblick in die EMDR-Behandlung zu bieten, um das Konzept des EMDR zu verstehen.

Daher ist das Ziel dieses Buches, nötige theoretische Informationen zu vermitteln, um eine hinreichende Vorstellung zu vermitteln, worum es sich bei der Anwendung von EMDR handelt.

Als Herausgeberin halte ich dies insofern für wichtig, als in der EMDR-Szene immer wieder Thema ist, dass es ein Quantum approbierter Psychotherapeut*innen gibt, die EMDR zwar gelernt haben, aber die Phase des Einsatzes in der Praxis verpassen – ein Thema, auf das wir im Kap. 8 besonders eingehen. Es ist wegen der hohen Effektstärke von EMDR, die im weiteren Verlauf des Buches berichtet wird, ein vergeudetes Potenzial, wenn Psychotherapeut*innen die Umsetzung von EMDR in die Praxis verpassen.

Mit der Konzeption dieses Buches soll der Tatsache Rechnung getragen werden, dass die zukünftigen Teilnehmer*innen von EMDR-Kursen bereits *vor* der Seminarteilnahme über eine solide Fundierung über das Verfahren verfügen und die Kluft zwischen Theorie und Anwendung in der Praxis geschlossen wird.

Aus diesem Grund ist die Auswahl an Mitwirkenden für dieses Buch sorgsam gewählt:

- Es finden sich sowohl PiA, die EMDR bei mir als Berufsfeldpraktikantinnen kennengelernt haben,
- außerdem approbierte Anwenderinnen, die niedergelassen sind,
- ein EMDR-Trainer,
- eine preisgekrönte Autorin zum Thema (Lehr-)Therapieschäden und
- ein Hochschullehrer, der erfahren darin ist, neue anwendungsbezogene Instrumentarien ins Studium zu implementieren.

So finden sich sowohl Anfänger*innen als auch Altmeister*innen ihres Fachs mit Beiträgen in diesem Buch wieder, in der Hoffnung, dass diese Mischung den Leser*innen dienlich sein wird, EMDR früher oder später zum Wohle der Patient*innen einsetzen zu können: Ich danke meinen Kolleg*innen Jörg Stenzel, André Monteiro, Dörte von Drigalski, Christina Göttelmann und Franziska Beham sehr für ihre Beiträge zu diesem Buch, die sie unter erheblichen Einbußen von Freizeit neben Arbeit und Familie erbracht haben und die ich selbst sehr gern gelesen habe. Meinem früheren Chef Wolfram Schüffel danke ich dafür, dass er sich die Zeit genommen hat, das Manuskript zu lesen und seine Reflexionen zum Buch in seinem Geleitwort zu formulieren.

Ohne die liebevolle Unterstützung meines Ehemanns Khaled Mohi Ragab Mohamed wäre dieses Buch nicht möglich gewesen, und ich bin ihm zu großem Dank verpflichtet. Ebenso danke ich Heiko Sawczuk und Astrid Horlacher vom Springer Verlag für viele fruchtbare und anregende Gespräche vor, während und nach der Manuskripterstellung, die dafür sorgten, dass die Erstellung dieses Buches in viel Freunde eingebettet war. Ich danke etlichen Kolleg*innen, die praktische Fallbeispiele beisteuerten, allen voran Catherine Kemeny aus Marburg, der ich gebannt lauschte, wenn sie aus ihrer Praxis erzählte. Auch danke ich EMDR-Trainer André Monteiro aus Brasilia für seine Ermutigung und meinem früheren Chef Wolfram Schüffel für sein inspirierendes Vorbild als Behandler, Forscher und Autor. Søren Kierkegaard sagte, leben könne man nur vorwärts, verstehen jedoch nur rückwärts. Rückwirkend verstehe ich, dass ich als Erstsemester mit traumwandlerischer Sicherheit auf Professor Schüffels Stellenausschreibung geantwortet habe und dass ich fortan beobachten durfte, wie er eine Psychotherapie-Weiterbildungsstätte organisierte, Diagnosemodelle erschuf, eine Traumakonferenz organisierte (und ich sein Präsidentensekretariat sein durfte für die 5th European Conference der European Society for Traumatic Stress Studies, kurz ESTSS, 1997 in Maastricht), publizierte und ich mit großen Augen und Ohren alles an Psychotraumatologie aufsog, was ihn zu dieser Zeit bewegte, nachdem er Überlebende und Angehörige einer Bergwerkskatastrophe über Jahrzehnte betreute, die er zuvor an der Unglücksstelle als psychotherapeutischer Ersthelfer behandelt hatte. Professor Schüffel gab mir als Studierende auf diese Weise professionelle Konzepte für Dinge, die meine Seele transgenerational kannte, denn meine deutsche Familie mütterlicherseits hat, wie viele deutsche Familien, Krieg, Bombenangriffe, Evakuierung und Hunger erlebt[2]. So bin ich Psychotraumatologin geworden durch meine Familie und durch Professor Schüffel, wie ich heute weiß. Und heute weiß ich noch mehr einzuordnen, was ihn damals bewegte, als schon längst Tagesordnung war, was er zwanzig Jahre zuvor in die Lehre implementiert hatte, nämlich studentische Anamnesegruppen, die die Diagnostik verbessert haben.

Immer wird mein Dank Dieter Herrmann gelten, der mich als PiA in der Klinik Hohemark bei Frankfurt am Main als mein Supervisor mit EMDR in Berührung brachte, und meinem EMDR-Trainer Franz Ebner, mit dem das Erlernen von EMDR in Trainings und Supervisionen immer zutiefst spannend und aufregend war.

Mein Dank gilt auch meinem Mentor als Autorin, Günter H. Seidler, der mich vor drei Jahren einlud, mein erstes Buch zu verfassen und der mich damals großzügig mit einer erheblichen Bücherspende psychotraumatologischer Bücher versorgte, indem er mir einen riesigen und schweren Karton in meinen Kofferraum packte. Auch für mein zweites Buch war ich daher mit wichtigen Quellen versorgt. Ich hoffe, dass die fröhliche Atmosphäre des Austauschs mit Professor Seidler bei den Leser*innen dieses Werkes ankommt und EMDR auf diese Weise seinen inspirierenden Weg zu neuen Kolleg*innen findet.

---

[2] Die Beschäftigung mit dem Thema Migration und dem Verlust von Heimat und Fragen der Identität sollte mich erst später als Psychotherapeutin in Ausbildung, kurz PiA, ereilen, als ich mich erstmals in das Heimatdorf meiner väterlichen griechischen Familie aufmachte, am Grenzfluss Evros an der EU-Außengrenze gelegen und von dem aus mein Vater als 15-Jähriger nach Deutschland aufbrach. Diese Herkunft lässt mich zusammenzucken bei aktuellen Nachrichten, die Flüchtlingsströme über den Evros zum Thema haben sowie Pushbacks der Flüchtlinge durch Frontex.

Das Buch wurde verfasst in der Zeit der COVID-19-Pandemie, die ich sowohl in Marburg in meiner Praxis und in unserem Fortbildungszentrum als auch in Kairo bei meinem Mann erlebte, wenn ich von dystopisch ausgestorben wirkenden Flughäfen getestet, mit Mund-Nasen-Schutz und später geimpft zu ihm geflogen bin. Phasen des Lockdowns eignen sich sehr gut, um in Klausur zu gehen und ein Buch zu verfassen. Sie machen aber auch nachdenklich, welche Auswirkungen die Pandemie auf die Menschheit haben wird. Studieren und Weiterbildungen waren geprägt von Online-Veranstaltungen, was für manche Fluch, für manche Segen bedeutete. Für Psychotherapeut*innen war dies nicht nur eine Zeit, vermehrt Videositzungen anzubieten, sondern auch in größerem Maße EMDR-Sitzungen online anzubieten und zu überprüfen, welche EMDR-Stimulationsmöglichkeiten in einer Videositzung zielführend sind. Ich danke meinen Patient*innen und Supervisand*innen für die gemeinsamen erlebten Heilungsprozesse und Behandlungen in Präsenz und Online. Die im Buch erwähnten Fallbeispiele sind verfremdet, so dass die Identität der Betroffenen geschützt wird, die Erfahrungen aber trotzdem zur Lehrzwecken geteilt werden können.

In die Zeit der Herausgabe dieses Buches fällt der Tod meiner Mutter, die im Jahr 1945 kurz nach Ende des 2. Weltkrieges geboren worden war. Dies Ereignis hat mein Verständnis für Verlusterlebnisse rapide erweitert, es hat mich mit voller Wucht getroffen und mir auf eine sehr konkrete Art und Weise unsere Sterblichkeit und Verletzlichkeit vor Augen geführt. Was Sterblichkeit und Verletzlichkeit angeht, sitzen wir als Menschen alle in einem Boot. Möge EMDR immer weiter einen heilsamen Beitrag dazu leisten, dies Leben so lebenswert wie möglich zu gestalten.

Marburg und Kairo
im September 2021

Anna-Konstantina Richter
Zentrum für psychologische Beratung und Training

Inhaltsverzeichnis

Teil I Grundlagen

1 Historie von EMDR 3
Anna-Konstantina Richter
    1.1 Francine Shapiros Entdeckung und ihre Vorgeschichte 4
    1.2 Erste Publikationen über EMDR und Wolpes Unterstützung 6
    1.3 Kontroverse um EMDR zum Ende des 20. Jahrhunderts 7
    1.4 Weltweite Anerkennung von EMDR 7
    1.5 Anerkennung von EMDR in Deutschland 8
    1.6 EMDR-Fachgesellschaften im deutschsprachigen Raum 8
    1.7 Ausblick auf die Zukunft von EMDR 9
    1.8 Zusammenfassung 9
    1.9 Prüfungsfragen 10
    Literatur 10

2 EMDR als Richtlinien-Psychotherapiemethode – was heißt das? 13
Anna-Konstantina Richter
    2.1 Was bedeutet der Begriff Richtlinienpsychotherapie? 14
    2.2 Der Weg von EMDR zur Richtlinienpsychotherapiemethode 15
    2.3 Wofür ist EMDR gemäß den Psychotherapierichtlinien zugelassen
        und welche weiteren Entwicklungen sind zu erwarten? 15
    2.4 Zusammenfassung 16
    2.5 Prüfungsfragen 16
    Literatur 17

3 EMDR in der Psychotraumatologie 19
Anna-Konstantina Richter
    3.1 Kurzer Ausschnitt der Geschichte der Psychotraumatologie 20
    3.2 Psychotraumatologische Störungsmodelle 21
        3.2.1 Psychoökonomische Konzeption des Traumas nach Freud und
               Objektbeziehungsmodell des Traumas 22
        3.2.2 Traumagedächtnis nach Ehlers & Clark 22

	3.2.3	Phasen posttraumatischer Reaktionen nach Horowitz	23
	3.2.4	Überwindung des Ohnmachtsschemas nach Schmucker mit IRRT.	23
	3.2.5	Psychodynamisch Imaginative Traumatherapie (PITT) nach Reddemann.	25
	3.2.6	Trauma Recapitulation with Imagination, Motion and Breath (TRIMB®) nach Olbricht	25
3.3		Grade der Traumatisierung und Implikationen für die Anwendung von Traumatherapie.	26
	3.3.1	Akute Belastungsreaktion	26
	3.3.2	Monotrauma.	26
	3.3.3	Komplexe Traumatisierung	27
	3.3.4	Dissoziative Identitätsstörung	28
	3.3.5	Andauernde Persönlichkeitsänderung	29
3.4		Auswahl an Settings der psychotraumatologischen Behandlung und Beratung.	29
	3.4.1	Beratungsstellen.	29
	3.4.2	Ambulante Behandlung	31
	3.4.3	Stationäre Behandlung.	32
3.5		Welche psychotraumatologischen Behandlungen Anfänger*innen machen können und sollen – und welche nicht	33
3.6		Zusammenfassung	34
3.7		Prüfungsfragen.	34
		Literatur.	34

4 Die Wirkweise von EMDR 37
Anna-Konstantina Richter

4.1	Die Wirkweise von EMDR	38
4.2	Das EMDR-Störungsmodell: Das AIP-Modell von Shapiro	38
4.3	Befunde von Baek et al.: Inhibition der Amygdalae-Aktivierung durch EMDR	41
4.4	Zusammenfassung	43
4.5	Prüfungsfragen.	43
	Literatur.	44

5 Studienlage zu EMDR 45
Anna-Konstantina Richter

5.1	Wichtige Studien zu EMDR, die Sie kennen sollten	45
5.2	Zu welchen Störungsbildern liegen Wirksamkeitsnachweise zu EMDR vor?.	47
5.3	Zusammenfassung	50
5.4	Prüfungsfragen.	50
	Literatur.	50

Teil II Anwendungen

6 Die acht Phasen des EMDR 57
Anna-Konstantina Richter
- 6.1 EMDR Phase 1: Diagnostik 58
  - 6.1.1 Grundlagen der EMDR-Diagnostik 58
- 6.2 EMDR Phase 2: Stabilisierung 60
  - 6.2.1 Methoden der Stabilisierung 61
- 6.3 EMDR Phase 3: Auswahl eines zu bearbeitenden Ereignisses 64
- 6.4 EMDR Phase 4: Desensibilisierung und Reprozessieren 65
- 6.5 EMDR Phase 5–7: Verankerung der positiven Kognition, Körperscan, Nachbesprechung des EMDR-Prozesses 66
- 6.6 EMDR-Phase 8: Überprüfung 66
- 6.7 Zusammenfassung 66
- 6.8 Prüfungsfragen 67
- Literatur 67

7 Erste eigene Übungen mit EMDR 69
Anna-Konstantina Richter, Christina Göttelmann und Franziska Beham
- 7.1 Der EMDR-Rundlauf nach Brazil 70
- 7.2 Erste vollständige EMDR-Übung im Dreier-Setting mit Kolleg*innen 72
- 7.3 Erste eigene EMDR-Behandlung mit Patient*innen 74
- 7.4 Zusammenfassung 74
- 7.5 Prüfungsfragen 75
- Literatur 75

8 Weitere Schritte der Umsetzung von EMDR in die Praxis 77
Anna-Konstantina Richter
- 8.1 Implementierung von EMDR in den therapeutischen Alltag 78
- 8.2 Zusammenfassung 81
- 8.3 Prüfungsfragen 82
- Literatur 82

9 EMDR mit speziellen Populationen 83
Jörg Stenzel
- 9.1 Behandlung von Flüchtlingen mit EMDR 84
  - 9.1.1 Finanzierung der Behandlung 84
  - 9.1.2 Verständnis von psychischen Erkrankungen und Psychotherapie 85
  - 9.1.3 Vertrauen 87
  - 9.1.4 Sprache und Übersetzung 87
  - 9.1.5 Diagnostik 89
  - 9.1.6 Mögliche Blockaden für Therapiefortschritte 94
  - 9.1.7 Suizidalität 94

		9.1.8 Eignung von EMDR für die Behandlung von Flüchtlingen......	95
	9.2	Behandlung von Straftäter*innen mit EMDR	96
		9.2.1 Unterschiedliche Indikationen	96
		9.2.2 Besonderheiten der therapeutischen Beziehung.............	99
	9.3	Zusammenfassung	100
	9.4	Prüfungsfragen..	101
	Literatur...		101
10	**Häufige Fallstricke in der EMDR-Therapie**.........................		105
	André Maurício Monteiro		
	10.1	Hinweise für die EMDR-Arbeit in Phase 1 und 2	106
	10.2	Hinweise für die EMDR-Arbeit ab Phase 3.......................	110
	10.3	Optimierungsmöglichkeiten für den EMDR-Prozess	112
	10.4	Zusammenfassung	115
	10.5	Prüfungsfragen..	116
	Literatur...		116
11	**EMDR in Forschungsprojekten**...................................		117
	Anna-Konstantina Richter		
	11.1	Die EMDR-Fachgesellschaft in Deutschland und weitere Unterstützungsmöglichkeiten..	118
	11.2	Beispiele für erfolgreich publizierte Fallstudien	118
	11.3	Beispiel eines erfolgreichen EMDR-Promotionsprojektes	122
	11.4	Zusammenfassung	124
	11.5	Prüfungsfragen..	124
	Literatur...		124

Teil III Aus-, Fort- und Weiterbildung

12	**In die EMDR reingeschnuppert – was nun? Die weitere außeruniversitäre Ausbildung**		129
	Anna-Konstantina Richter		
	12.1	Der minimale Baustein für die Abrechnungsgenehmigung bei den Kassenärztlichen Vereinigungen: EMDR-Fachkunde	130
	12.2	EMDR-Ausbildung bei EMDR-Trainer*innen und EMDR-Supervisor*innen, die bei EMDR-Dachgesellschaften zertifiziert sind...	130
	12.3	Zertifizierung als EMDR-Therapeut*in...........................	131
	12.4	Zusammenfassung	134
	12.5	Prüfungsfragen..	134
	Literatur...		134
13	**Weitere Fortbildung**		137
	Anna-Konstantina Richter und Dörte von Drigalski		
	13.1	Buchlektüre: Überblick über deutschsprachige EMDR-Literatur	138

13.2	Überblick über EMDR-Journals	142
13.3	Regelmäßige Konferenzen im deutschsprachigen Raum und international	143
13.4	EMDR in der Intervision und im Qualitätszirkel	143
13.5	EMDR-Supervision und allgemeine Hinweise zur Lehrsupervision und Selbsterfahrung	144
13.6	Zusammenfassung	153
13.7	Prüfungsfragen	153
	Literatur	153

Herausgeber- und Autorenverzeichnis

Über die Herausgeberin

Anna-Konstantina Richter (geb. 1967 in Offenbach am Main), verheiratet, eine erwachsene Tochter. Psychologie-Studium in Marburg, Diplom 2002, Psychologische Psychotherapeutin (Approbation 2007), EMDR-Therapeutin seit 2009, EMDR-Supervisorin seit 2017. Weiterbildungen in Mediation und Transaktionsanalyse, DBT, IRRT, TRIMB, verhaltenstherapeutischer Supervision (IFKV). Berufliche Stationen: M.M. Warburg Bank Frankfurt, Bankhaus Schröder Münchmeyer Hengst & Co. Frankfurt, Uniklinik Marburg (stud. Hilfskraft bei Prof. Schüffel), Bildungswerk der Hessischen Wirtschaft Gießen, Klinik Hohe Mark (Oberursel b. Frankfurt, PiA), Poliklinische Institutsambulanz der GAP in Bruchköbel b. Hanau (PiA), niedergelassen in Friedberg/Hessen (2004–2016), niedergelassen in Marburg (seit 2017), Gründungspartnerin eines EMDR-Fortbildungszentrums in Marburg. Vorträge und Publikationen über EMDR bei Sozialen Angststörungen, Hypochondrie, Borderline-Störung und in der Behandlung eines gehörlosen Traumapatienten.

Autorenverzeichnis

Franziska Antonia Beham (geb. 1995 in Landau a. d. Isar). Psychologie-Studium an der Philipps-Universität Marburg: Bachelor 2018, Master 2020. Seit September 2020 in der verhaltenstherapeutischen Ausbildung zur psychologischen Psychotherapeutin an der KIRINUS CIP Akademie, München. Berufliche Stationen: Lebenshilfewerk (Marburg, 2016–2020), Psychiatrische Klinik Clínica Saint Michel (Argentinien, Praktikum 2017), Psychotherapeutische Praxis Richter (Marburg, 2017–2019), Studentische Hilfskraft an der Philipps-Universität Marburg (2019–2020), Wissenschaftliche Hilfskraft beim FASD Kompetenzzentrum Bayern am LMU Klinikum (München, 2020), Psychotherapeutin in Ausbildung am BKH Augsburg (2020–2021), Psychotherapeutin in Ausbildung an der KIRINUS Tagesklinik Nymphenburg (seit 2021).

Dörte von Drigalski 1942 geboren in Halle, Mutter eines Sohnes. Nach kriegsbedingtem Umzug aufgewachsen in Marburg. Zwischen Abitur und Medizinstudium ein Jahr in Süd- und Nordamerika. Promotion 1969. Als Medizinalassistentin in Berlin, Kontakt mit Studentenbewegung und mit Psychosomatik. In Gießen tätig bei Prof. H. E. Richter, Psychosomatische Klinik der Univ. Gießen mit Beginn der psychoanalytischen Ausbildung (Deutsche Psychoanalytische Vereinigung). Fortsetzung der Lehranalyse während der Tätigkeit in der Kinderklinik in Tübingen (Fachärztin) sowie an der Psychosomatischen Klinik Gengenbach. Seit dieser Zeit Autorin von Publikationen über Therapieschäden, zunächst in Form von Sammlung von Patientenberichten, dann Beschreibung von Situationen *ihrer* eigenen Analyse auch unter *ihrem* Namen. Das Ergebnis dieser neunmonatigen Auseinandersetzung war „Blumen auf Granit. Eine Irr- und Lehrfahrt durch die deutsche Psychoanalyse", übersetzt als „One Woman's Odyssey through Psychoanalysis", Berkeley 1986. Aufnahme des Werks in die 1000 Meisterwerke der Psychotherapie.

Christina Marie Göttelmann (geb. 1994 in Sigmaringen), ledig. Psychologie-Studium in Marburg, Bachelor 2018, Master 2020. Seit 2020 in Ausbildung zur psychologischen Psychotherapeutin (KVT) bei der AWKV gGmbH Marburg. Berufliche Stationen: Campus Benjamin Franklin der Charité, Berlin (Praktikum, 2017), Psychotherapeutische Praxis Richter, Marburg (Praktikum, 2018), Studienfachberatung des Fachbereichs Psychologie der Phillips-Universität Marburg (Studentische Hilfskraft, 2019–2020), Arbeitsgruppe klinische Psychologie und Psychotherapie der Phillips-Universität Marburg (Studentische Hilfskraft, 2019–2020), Arbeitsgruppe Persönlichkeit und Diagnostik der Phillips-Universität Marburg (Studentische Hilfskraft, 2020–2020), MediClin Klinik Bad Wildungen (Psychologin in der Akutpsychosomatik, seit 2020).

André Maurício Monteiro (geboren 1962 in Brasilien) wollte zunächst Ameisen und ihr Sozialverhalten erforschen, als er Ende der 70er-Jahre an die Universität kam. Danach hat er sich für Psychotherapie entschieden und schloss sein Studium als Psychologe 1986 ab. Durch klinische Praxis wurde er zum Psychodrama-Trainer. Danach kehrte er für den Master 1997 und für das Doktorat in Psychologie 2001 an die Universität zurück. André hat die Ausbildung in EMDR 2000–2001 gemacht. Er wurde 2007 EMDR Institute Trainer und 2011 EMDR Institute Trainer of Trainers. Außerdem ist er seit 2013 akkreditierter EMDR-Europe-Trainer und unterrichtet EMDR-Grund- und -Weiterbildungen in Portugal. Er ist Mitbegründer und 1. Präsident der EMDR Brazil Association (2009–2012). Er bildet die EMDR-Grundlagenschulung vor Ort und online aus. Auf EMDR-Konferenzen (EMDRIA, EMDR-Europe, EMDR IberoAmérica und EMDR Brasilien) leitet er Workshops in Portugiesisch, Englisch und Spanisch über die Theorie und Psychotherapie dissoziativer Störungen und die transgenerationale Übertragung von Traumata und Ressourcen (TTT). Er unterrichtet EMDR-Gruppenpsychotherapie in Brasilien, Portugal, Paraguay, Uruguay, Argentinien, den USA, Schottland, Kanada und Strassbourg. Er ist Gründer von www.espacodamente.com, einer Website mit Online-Kursen zur Psychotherapie. Er hat mitgewirkt bei Büchern über Psychodrama und EMDR.

Wolfram Schüffel (geb. 1938 in Pirna/Elbe), verheiratet, Vater von einem Sohn und einer Tochter, Großvater von vier Enkeln, FA Innere Medizin, FA Psychosomatische Medizin, Psychotherapie. Studium 1958–1965 in Hamburg, Berlin, Heidelberg mit Auslandsfamulaturen. 1975 Habilitation in Ulm. 1976 Ruf der Philipps-Universität Marburg auf den Lehrstuhl für Psychosomatische Medizin, Aufbau der Klinik für Psychosomatik im Zentrum für Innere Medizin. Emeritierung im Jahre 2005. Spezielle Traumaerfahrung in den Bombennächten von Magdeburg 1942/43, in kriegs- und nachkriegsbedingten Umzügen innerhalb Ost- und Westdeutschlands zwischen 1943 und 1952. Als Arzt Erfahrungen beim Grubenunglück von Borken im Jahre 1988 mit dessen 51 Toten und 83 Halbwaisen sowie einem Hilfseinsatz der Bundesrepublik Deutschland in Ostanatolien zugunsten der Geflohenen und von Saddam Hussein verfolgten Kurden. DFG-Forschungsprojekt zur Sozialisation von Ärztinnen und Ärzten von 1972 bis 1979. Hieraus entstanden die heute über 50-jährigen Anamnesegruppen im deutschsprachigen Bereich. Mitbegründung und Geschäftsführung des Deutschen Kollegiums für Psychosomatische Medizin (DKPM; gegründet 1974 in Ulm). Co-Präsident (mit Walter de Loos, Rotterdam) der Europäischen Gesellschaft zum Studium des traumatischen Stresses, Maastricht (in Verbindung mit Aachen), 1997. Mitbegründer sowohl der Europäischen Gesellschaft wie der deutschsprachigen Gesellschaft zur Erforschung des traumatischen Stresses. Seit 1988 Arbeiten im Ausbildungsbereich in Verbindung mit der Landesärztekammer Hessen. Diese Veranstaltung ist verbindlich für alle Allgemeinärzte, fakultativ für die Angehörigen aller anderen ärztlichen Disziplinen. Verleihung der Gustav-von-Bergmann-Plakette in Anerkennung der Verdienste um die deutsche Ärzteschaft, Verleihung der Ehrennadel der hessischen Ärzteschaft. Aktuell Forschung und Lehre über „Beziehungsmedizin Transgenerationell/Transkulturell – Wahlpflichtfach Klinik für Vorkliniker".

 **Jörg Stenzel** (Jahrgang 1974), verheiratet, Vater von drei Kindern, arbeitet als Psychologischer Psychotherapeut in eigener Praxis (Schwerpunkt VT) in Armsheim sowie als Supervisor und Dozent für verschiedene Ausbildungsinstitute. Psychologie-Studium in Freiburg, PiA in der Klinik Hohe Mark in Oberursel/Ts. und in der Poliklinischen Institutsambulanz der GAP in Frankfurt am Main, Psychotherapeut in der Salus Klinik Friedberg/Hessen. Aktuell ist er - neben seiner Arbeit als niedergelassener Psychotherapeut - Honorarmitarbeiter der Justizvollzugsanstalt Wiesbaden.

Teil I
Grundlagen

Historie von EMDR

Anna-Konstantina Richter

Inhaltsverzeichnis

1.1	Francine Shapiros Entdeckung und ihre Vorgeschichte	4
1.2	Erste Publikationen über EMDR und Wolpes Unterstützung	6
1.3	Kontroverse um EMDR zum Ende des 20. Jahrhunderts	7
1.4	Weltweite Anerkennung von EMDR	7
1.5	Anerkennung von EMDR in Deutschland	8
1.6	EMDR-Fachgesellschaften im deutschsprachigen Raum	8
1.7	Ausblick auf die Zukunft von EMDR	9
1.8	Zusammenfassung	9
1.9	Prüfungsfragen	10
Literatur		10

Überblick

EMDR hat seit 1988, seit Francine Shapiros Dissertation, eine wechselvolle Geschichte hinter sich, indem es zunächst sehr kontrovers aufgenommen wurde. Während sich der Verhaltenstherapie-Pionier Wolpe (1991) sehr für EMDR aussprach, gab es mehrere Autor*innen, die EMDR für eine Pseudowissenschaft hielten. Parallel zu dieser Kritik wurden jedoch mehr und mehr randomisierte kontrollierte Studien vorgelegt und im weiteren Verlauf Metaanalysen veröffentlicht, die zu einer Anerkennung von EMDR als wirksamer Psychotherapiemethode in der Behandlung der Posttraumatischen Belastungsstörung führten. Dies geschah

---

A.-K. Richter (✉)
Zentrum für psychologische Beratung und Training, Marburg, Deutschland
E-Mail: richter@zpbt-marburg.de

© Der/die Autor(en), exklusiv lizenziert an Springer-Verlag GmbH, DE, ein Teil von Springer Nature 2023
A.-K. Richter (Hrsg.), *EMDR*, https://doi.org/10.1007/978-3-662-64662-5_1

zunächst in den USA, dann auch in Deutschland und weltweit. Mittlerweile arbeiten Forscher*innen daran, Wirksamkeitsnachweise für EMDR bei weiteren psychischen Störungen zu führen, sodass davon auszugehen ist, dass EMDR auch für weitere F-Diagnosen eine Zulassung in Deutschland bekommen wird. Wie es kam, dass sich die Psychotherapie mit Augenbewegungen befasste, wird in diesem Kapitel erörtert.

1.1 Francine Shapiros Entdeckung und ihre Vorgeschichte

Maxfield (2009) beschreibt in ihrem Artikel „EMDR Milestones: The First 20 Years" den Weg, den „EMDR Around the World" gemacht hat, und viele Menschen haben ihren Anteil daran. Wenn Maxfield beschreibt, dass Francine Shapiro 1987 die Wirkung von Augenbewegungen auf die Qualität von Erinnerungen entdeckte (S. 211), stimmt dies überein mit dem Narrativ, das Shapiro (1995) selbst beschreibt mit dem sogenannten „Walk in the Park": Shapiro beschreibt, dass es ihr bei einem Spaziergang im Jahr 1987 nicht gut ging und dass sich ihre Stimmung besserte, als sie ihre Augen bewegte, indem sie Lichtstrahlen folgte, die durch die Bäume schienen (Abb. 1.1).

Shapiro schreibt dazu in eigenen Worten: „Davon war ich so fasziniert, dass ich versuchte, dem Phänomen durch genaue Beobachtung auf die Spur zu kommen. Ich merkte schließlich, dass immer dann, wenn mir belastende Gedanken kamen, meine Augen spontan anfingen, sich sehr schnell in einer Diagonale hin- und her zu bewegen. Danach verschwanden die Gedanken, und wenn ich sie mir bewusst vergegenwärtigte, war der mit ihnen verbundene negative Affekt stark verringert. Nachdem ich dies festgestellt hatte, fing ich an, die Augenbewegungen absichtlich zu vollführen, während ich mich jeweils auf bestimmte belastende Gedanken und Erinnerungen konzentrierte. Auch bei diesem absichtlichen Einsatz der Augenbewegungen verschwanden die betreffenden Gedanken und verloren ihren belastenden Charakter." (Shapiro, 1998, S. 29, eigene Übersetzung der Herausgeberin).

Abb. 1.1 Francine Shapiro, die Entwicklerin von EMDR (mit freundlicher Genehmigung der Francine Shapiro Library, Austin/Texas, USA)

1 Historie von EMDR

Im offiziellen Narrativ wird für die Vorgeschichte erläutert, dass Shapiro eine Dissertation über englische Literatur nach ihrer Krebserkrankung abbrach, von New York nach Kalifornien umzog und sich dort der Erforschung widmete, wie Menschen ihre Gesundheit wiedererlangen (Wikipedia, 2021, Shapiro, 1985).

Hofmann (2009) berichtet, wie er Shapiro 1991 im Mental Research Institute (MRI) in Palo Alto/USA besuchte, bei ihr EMDR lernte und diese Technik danach im Rahmen seiner Assistenzarztstelle an der Klinik Hohe Mark bei Frankfurt am Main einführte.

Dass Shapiro sich davor mit Neurolinguistischem Programmieren (kurz NLP) beschäftigt hatte, ist einem Artikel von 1985 zu entnehmen, in dem sie als Direktorin des Human Development Institute dargestellt wird und das Ziel verfolgt, Redner*innen für die Bildung der Öffentlichkeit zu rekrutieren (Shapiro, 1985).

Hierbei war Shapiro der Bedeutung von Augenbewegungen zunächst unter dem NLP-Blickwinkel auf der Spur. NLP war seinerzeit von deren Gründern Richard Bandler und John Grinder eine als Kurzzeit-Psychotherapie konzipierte Sammlung von Methoden und Techniken (s. Wikipedia, 2020). Hier findet sich ein Augenbewegungsmodell (siehe hierzu auch Keller & Revenstorf, 1996, S. 225–250, Abb. 1.2):

Im NLP gab es die Hypothese, dass kognitive Operationen mit bestimmten autonomen Augenbewegungen einhergingen. So würde jemand unwillkürlich nach rechts oben schauen, wenn etwas imaginiert wird, während jemand nach links oben schauen würde, wenn etwas erinnert würde (s. Abb. 1.2). Hierauf nahm Shapiro im Artikel von 1985 explizit Bezug.

Wie kommt es, dass Psychotherapeut*innen sich mit einer möglichen psychotherapeutischen Wirkung von Augenbewegungen befasst haben? Keller und Revenstorf (1996) beschreiben, dass Augenbewegungen in verschiedenen Theorien und in der Forschung ein Stellenwert eingeräumt wurde, und beschreiben die unterschiedlichen Rollen, die diese dabei spielten (S. 240): So sei Augenbewegungen eine grundlegende

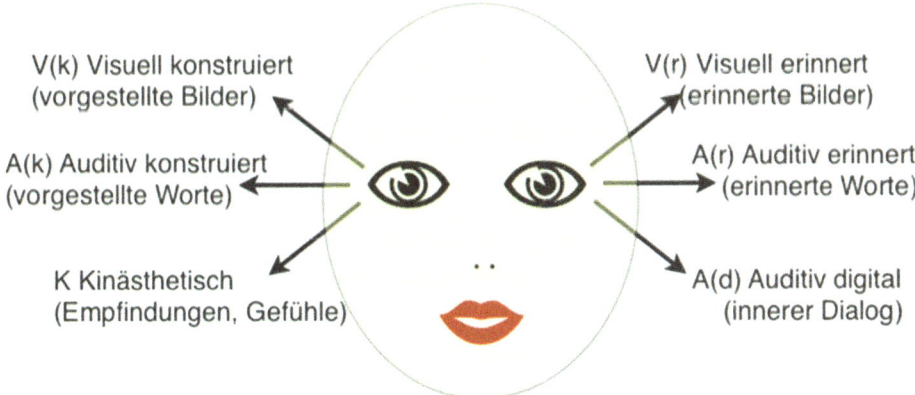

Abb. 1.2 Augenmuster im NLP. (Quelle: van Valkenberg, Wikipedia)

Funktion beim Vorstellen zugeschrieben worden. Bezug genommen wurde dabei u. a. auf Baddeleys (1986, zitiert nach Keller & Revenstorf) räumlich-visuellen Skizzenblock in seinem Konzept des Arbeitsgedächtnisses. Dieser habe „die Funktion der Augenbewegungen beim Aufrechterhalten einer Vorstellung im Arbeitsgedächtnis diskutiert" (S. 242), und auch in Hebbs neurophysiologischer Theorie (1968, zitiert nach Keller & Revenstorf) seien motorische Komponenten „wesentlich für das Vorstellen" (S. 243). Demgegenüber sehen Keller & Revenstorf bezüglich Augenbewegungen im NLP-Bereich „eine Reihe unüberprüfter Hypothesen", die „in suggestiver Weise als Tatsachen ausgegeben" würden (S. 245).

Shapiro wiederum wollte ihre Hypothese, dass Augenbewegungen Belastungen senken, wissenschaftlich untersuchen: Sie absolvierte ein Promotionsstudium an der Professional School of Psychological Studies in San Diego/USA und befasste sich in ihrer Dissertation mit sakkadischen (d. h. ruckartig bewegten) Augenbewegungen: In ihrer Studie zur „Efficacy of the multi-saccadic movement desensitization technique in the treament of post-traumatic stress disorder" aus dem Jahr 1988 untersuchte sie $N = 22$ traumatisierte Proband*innen nach Kriegserlebnissen oder sexuellem Missbrauch, die sich an erlebte Belastungen erinnern sollten (ein Erinnerungsbild, eine negative Selbstaussage und ihre Angstreaktion), während sie sogenannte multisakkadische Augenbewegungen ausführten. Nach jeweils einer Sitzung berichteten die Proband*innen von einer Desensibilisierung der traumatischen Erinnerungen sowie von einer Änderung der kognitiven Einschätzung des Traumas. Dies war die Geburtsstunde von EMDR.

1.2 Erste Publikationen über EMDR und Wolpes Unterstützung

Shapiro veröffentlichte 1989 zwei Artikel: Die Ergebnisse ihrer Dissertation (Shapiro, 1989a) und eine Fallstudie über die erfolgreiche Behandlung einer Patientin, die durch eine Vergewaltigung traumatisiert war (Shapiro, 1989b). 1990 begann Shapiro mit Ausbildungen in EMD (wie das heutige EMDR damals genannt wurde, als Shapiro noch davon ausging, dass Desensibilisierung der Wirkmechanismus der neu entwickelten Psychotherapiemethode war[1]) bei Angehörigen von Gesundheitsberufen in den USA (Maxfield, 2009), und Joseph Wolpe, der Pionier in der Entwicklung der systematischen Desensibilisierung, stellte Shapiros Arbeit bei der Konferenz der Association for Advancement of Behavior Therapy vor. Es folgte sein Artikel über die Fallstudie einer vergewaltigten Frau mit EMD (Wolpe & Abrams, 1991), und er schrieb von „remarkable changes", zu Deutsch von bemerkenswerten Veränderungen (S. 43).

---

[1] Mit der Entwicklung des AIP-Modells von Shapiro (1995, s. Kap. 4 dieses Buches) wurde ein Netzwerkmodell zur Erklärung der Wirkweise von EMDR vorgelegt und es wurde der Bezeichnung EMD ein R für „Reprozessieren" hinzugefügt.

1.3 Kontroverse um EMDR zum Ende des 20. Jahrhunderts

Vom Ende der 1990er-Jahre sind zwei Kontroversen um EMDR überliefert:

Maxfield (2009) berichtet, dass Leser*innen in veröffentlichten Briefen im *Behavior Therapist Journal* 1992 diskutierten, ob spezielle Trainings für eine behaviorale Behandlung wie EMDR nötig seien (als behaviorale Behandlungsmethode wurde EMDR seinerzeit offenbar angesehen). Außerdem sei über Shapiros Beschränkungen diskutiert worden, dass nur lizensierte Angehörige von Gesundheitsberufen zur Ausbildung zugelassen worden seien.

Eine andere Diskussion drehte sich um Kritik an der Wissenschaftlichkeit von EMDR und einer verkaufsorientiert wahrgenommenen Ausbildung: McNally (1999) schrieb, es fehle jegliche empirische Unterstützung für die therapeutische Wirkung von Augenbewegungen, und Herbert et al. (2000) beklagten eine aggressive Werbung sowie rapide Akzeptanz von EMDR bei Behandler*innen. EMDR wurde als pseudowissenschaftliche Methode erachtet. Die Metaanalyse von Davidson und Parker (2001) fand in einer Analyse von 34 Studien, dass EMDR effektiv sei, aber nicht effektiver als andere Expositionstechniken, und Augenbewegungen wurden als überflüssig erachtet.

1.4 Weltweite Anerkennung von EMDR

Boudewyns et al. (1993, zitiert nach Maxfield, 2009) veröffentlichen die erste randomisierte kontrollierte Studie (kurz RCT) über die Wirksamkeit von EMD in zwei Sitzungen bei Kriegsveteranen, und 1995 erschien die erste RCT über die Behandlungen von $n = 80$ Zivilist*innen mit EMDR, die mit drei Sitzungen EMDR erfolgreich behandelt und im 90-Tages-Follow-up stabil waren. 1998 erschien die erste Metaanalyse über EMDR von Van Etten & Taylor, in der 61 Studien über EMDR gesichtet wurden und nach der sich EMDR als genauso wirksam erwies wie KVT.

Nachdem die Clinical Division der American Psychological Association EMDR 1998 zu den möglicherweise wirksamen Behandlungen zählte, führte die International Society for Traumatic Stress Studies (ISTSS) EMDR in ihren Leitlinien als wirksame Behandlungsmethode für die Behandlung der PTBS auf, und 2004 empfahl die American Psychiatric Association EMDR als effektive Traumabehandlung (Maxfield, 2009). 2013 wurde EMDR von der Weltgesundheitsorganisation WHO (World Health Organization) für die Behandlung der PTBS bei Kindern, Jugendlichen und Erwachsenen anerkannt (Hase et al., 2013).

1.5 Anerkennung von EMDR in Deutschland

2005 stellten Hofmann, Liebermann, Sack, Mattheß, Seidler, Wagner und Wöller im Auftrag der deutschen Fachgesellschaft EMDRIA Deutschland e. V. den Antrag auf wissenschaftliche Anerkennung von EMDR als Methode zur Behandlung der Posttraumatischen Belastungsstörung. Der Wissenschaftliche Beirat Psychotherapie erkannte für den Nachweis der Wirksamkeit von EMDR bei Erwachsenen von den eingereichten 21 RCTs acht Studien an, während die wissenschaftliche Anerkennung von EMDR in der Behandlung von Kindern und Jugendlichen zunächst nicht erfolgte, da von sieben eingereichten Studien nur eine methodisch anerkannt wurde, dieser aber wegen geringer Stichprobengröße mangelnde Aussagekraft zugeschrieben wurde (Rudolf & Schulte Bundespsychotherapeutenkammer, 2006). Einem nochmals eingereichten Antrag wurde im Jahr 2014 ebenfalls noch keine Anerkennung von EMDR in der Behandlung traumatisierter Kinder und Jugendlicher beschieden, da nur drei der zehn eingereichten RCTs methodisch akzeptiert wurden (Esser & Cierpka, Bundespsychotherapeutenkammer, 2014). Die Kassenärztliche Bundesvereinigung und der GKV-Spitzenverband (GKV steht für Gesetzliche Krankenversicherung) haben EMDR im Jahr 2015 in die Psychotherapievereinbarung für die Behandlung von PTBS aufgenommen (§ 5 (8) bzw. § 6 (8)). Somit können die Kosten einer EMDR-Behandlung für PTBS von Gesetzlichen Krankenkassen übernommen werden.

1.6 EMDR-Fachgesellschaften im deutschsprachigen Raum

Von den zur Zeit des Verfassens des Buches (Stand, 2021) 34 Mitgliedsorganisationen der Dachgesellschaft EMDR Europe sind drei deutschsprachige Organisationen vertreten:

- EMDRIA Deutschland e. V. (gegründet 1999) mit ca. 2000 Mitgliedern,
- Verein EMDR Fachgesellschaft Österreich (gegründet 2003) mit 181 Mitgliedern (Stand 2019) und
- Verein EMDR Schweiz · Suisse · Svizzera · Switzerland (gegründet 1998).

In den drei Ländern ist der Zugang zum Psychotherapeut*innenberuf unterschiedlich geregelt; so kann in Österreich der Beruf des Psychotherapeuten/der Psychotherapeutin erlernt werden, ohne dass ein Psychologie- oder Medizinstudium absolviert wurde. In der deutschen EMDR-Fachgesellschaft wiederum finden sich auch einige Mitglieder, die Heilpraktiker*innen für Psychotherapie sind, auch wenn in den aktuellen Aufnahmebedingungen eine Approbation bzw. zumindest eine fortgeschrittene Psychotherapieausbildung vorausgesetzt wird.

In der Gesellschaft für Psychotraumatologie, Traumatherapie und Gewaltforschung (kurz GPTG) gibt es einen Arbeitskreis „EMDR-Didaktik" unter der Leitung von Oliver Schubbe (Stand bei Drucklegung des Buches). Dieser hat das Ziel, „die Kontinuität und Qualität der Lehre von EMDR im lebendigen Austausch der Lehrenden untereinander aufrechtzuerhalten" (s. hierzu die Website der GPTG).

In Deutschland wurde 2017 außerdem die Deutsche EMDR Gesellschaft e. V. (kurz DEMDRG) gegründet, deren Vorstände zum Zeitpunkt des Verfassens des Buches (Stand, 2021) zwei Heilpraktiker*innen für Psychotherapie sind (s. hierzu Website und Satzung der DEMDRG).

1.7 Ausblick auf die Zukunft von EMDR

EMDR hat mit einem Cohens *d* von *1.43* (Bradley et al., 2005, S. 222 Tab. 4) eine große Effektstärke. Sein universelles Störungsmodell, das AIP-Modell nach Shapiro (1995), sagt voraus, pathogene Erinnerungen bei vielen psychischen Störungen aufzulösen. Die fortschreitende Forschung zur Wirkung von EMDR bei weiteren Diagnosen als der PTBS wird aller Voraussicht nach zu weiteren Anträgen auf die Anerkennung der wissenschaftlich nachgewiesenen Wirksamkeit beim Wissenschaftlichen Beirat Psychotherapie führen mit dem Ziel, EMDR sowohl für die Behandlung von Kindern und Jugendlichen anzuerkennen als auch für weitere Diagnosen. Um EMDR für alle Diagnosen zuzulassen, benötigt es noch hinreichende Wirksamkeitsnachweise für drei weitere Diagnosen.

1.8 Zusammenfassung

Augenbewegungen nahmen bereits im Neurolinguistischen Programmieren (kurz NLP) einen Stellenwert ein, ohne dass dort ein wissenschaftlicher Nachweis erbracht werden konnte, dass die damit verbundenen kognitionswissenschaftlichen Hypothesen richtig sind. Shapiro war es 1989 mit ihrer Pilotstudie erstmals gelungen nachzuweisen, dass Augenbewegungen in der Psychotherapie über eine große Wirksamkeit verfügen. Mittlerweile ist diese Wirksamkeit sowohl durch die Weltgesundheitsorganisation anerkannt worden als auch durch den Wissenschaftlichen Beirat Psychotherapie der deutschen Bundesregierung, durch die Kassenärztliche Bundesvereinigung sowie den Spitzenverband der Gesetzlichen Krankenversicherungen.

1.9 Prüfungsfragen

1. In welchem Jahr erschienen die ersten Veröffentlichungen zu EMDR?
2. In welchem Jahr wurden EMDR in Deutschland in die Psychotherapievereinbarung aufgenommen?
3. Für die Behandlung welcher Diagnose ist EMDR in Deutschland (Stand 2021) zugelassen?

Literatur

Boudewyns, P.A., Swertka, S.A., Hyer, L.A., et al. (1993). Eye movement desensitization for PTSD of combat: A treatment outcome pilot study. *The Behavior Therapist, 16*, 29–33.

Bradley, R., Greene, J., Russ, E., Dutra, L., & Westen, D. (2005). A multidimensional Meta-analysis of psychotherapy for PTSD. *The American journal of psychiatry, 162*, 214–227. https://doi.org/10.1176/appi.ajp.162.2.214

Davidson, P. R., & Parker, K. C. H. (2001). Eye Movement Desensitization and Reprocessing (EMDR): A Meta-Analysis. *Journal of Consulting and Clinical Psychology, 69*(2), 305–316.

Esser, G., & Cierpka, M. (2014). Gutachten zur wissenschaftlichen Anerkennung der EMDR-Methode (Eye-Movement-Desensitization and Reprocessing) zur Behandlung von Anpassungs- und Belastungsstörungen sowie zur Behandlung der Posttraumatischen Belastungsstörung (PTBS) bei Kindern und Jugendlichen. *Deutsches Ärzteblatt*. https://doi.org/10.3238/arztebl.2015.ga_emdr_kiju_baek_01. Zugegriffen: 01. Dez. 2014.

Hase, M., Leutner, S., Tumani, V., & Hofmann, A. (2013). EMDR – eine ungewöhnliche Form der Psychotherapie. *Deutsches Ärzteblatt, 12*(11), 512–514.

Herbert, J.D., Lilienfeld, S., Lohr, J.M., Montgomery, R.W., O'Donohue, W.T., Rosen, G., & Tolin, D.F. (2000). Science and pseudoscience in the development of eye movement desensitization and reprocessing: implications for clinical psychology. *Clinical psychology review, 20*(8), 945–971.

Hofmann, A. (2009). Das EMDR-Institut Deutschland. *Trauma & Gewalt, 3*(2), 170–173.

Hofmann, A., Liebermann, P., Sack, M., Mattheß, H., Seidler, G.H., Wagner, F.E., & Wöller, W. (2005). *Antrag auf wissenschaftliche Anerkennung von Eye Movement Desensitization and Reprocessing (EMDR) als Methode zur Behandlung der Posttraumatischen Belastungsstörung (PTBS)*. Antragsteller: EMDRIA Deutschland e.V. (Fachgesellschaft für EMDR in Deutschland).

Kassenärztliche Bundesvereinigung und GKV-Spitzenverband. (2015). *Vereinbarung über die Anwendung von Psychotherapie in der vertragsärztlichen Versorgung* (Psychotherapievereinbarung).

Keller, D., & Revenstorf, D. (1996). Das Augenbewegungsmodell des NLP. Physiologische und kognitive Grundlagen. *Hypnose und Kognition, 13*(1+2), 225–250.

Maxfield, L. (2009). EMDR milestones: The first 20 years. *Journal of EMDR Practice and Research, 3*(4), 211–216.

McNally, R.J. (1999). EMDR and Mesmerism: a comparative historical analysis. *Journal of Anxiety Disord, 13*(1–2), 225–236. https://doi.org/10.1016/s0887-6185(98)00049-8. PMID: 10225510.

Rudolf, G., & Schulte, D. (2006). Bekanntmachungen: Wissenschaftlicher Beirat Psychotherapie nach § 11 PsychThG – Gutachten zur wissenschaftlichen Anerkennung der EMDR-Methode

(Eye-Movement-Desensitization and Reprocessing) zur Behandlung der Posttraumatischen Belastungsstörung. *Dtsch Arztebl, 103*(37), A-2417/B-2098/C-2022.

Seite „Neuro-Linguistisches Programmieren". In: Wikipedia, Die freie Enzyklopädie. Bearbeitungsstand: 10. Januar 2021, 22:34 UTC. URL: https://de.wikipedia.org/w/index.php?title=Neuro-Linguistisches_Programmieren&oldid=207480372. Zugegriffen: 27. Febr. 2021, 23:06 UTC.

Seite „Francine Shapiro". In: Wikipedia, Die freie Enzyklopädie. Bearbeitungsstand: 6. Mai 2020, 10:05 UTC. URL: https://de.wikipedia.org/w/index.php?title=Francine_Shapiro&oldid=199670762. Zugegriffen: 18. Juli 2021, 15:18 UTC.

Shapiro, F. (1985). Neuro-linguistic programming. The new success technology. *Holistic Life Magazine, 2*, 41–43.

Shapiro, F. (1988). *Efficacy of the multi-saccadic movement desensitization technique in the treatment of post-traumatic stress disorder*. Unpublished dissertation, The Professional School of Psychological Studies, San Diego, CA.

Shapiro, F. (1989a). Efficacy of the eye movement desensitization procedure in the treatment of traumatic memories. *Journal of Traumatic Stress Studies, 2*, 199–223.

Shapiro, F. (1989b). Eye movement desensitization: A new treatment for post-traumatic stress disorder. *Journal of Behavior Therapy and Experimental Psychiatry, 20*, 211–217.

Shapiro, F. (1995). *Eye movement desensitization and reprocessing: Basic principles, protocols, and procedures* (3. Aufl.,). Guilford Press.

Shapiro, F. (1998). *EMDR Grundlagen und Praxis*. Junfermann.

Van Etten, M. L., & Taylor, S. (1998). Comparative efficacy of treatments for posttraumatic stress disorder: A meta-analysis. *Clinical Psychology and Psychotherapy, 5*, 126–144.

Van Valkenberg, J., CC BY-SA 3.0 DE. https://creativecommons.org/licenses/by-sa/3.0/de/deed.en, via Wikimedia Commons

Wissenschaftlicher Beirat Psychotherapie. (2006). Gutachten zur wissenschaftlichen Anerkennung der EMDR-Methode (Eye-Movement-Desensitization and Reprocessing) zur Behandlung der Posttraumatischen Belastungsstörung. *Deutsches Ärzteblatt, 103*(37), A2417–2419

Wolpe, J., & Abrams, J. (1991). Post traumatic stress disorder overcome by eye movement desensitization: A case report. *Journal of Behavior Therapy and Experimental Psychiatry, 22*, 39–43.

EMDR als Richtlinien-Psychotherapiemethode – was heißt das?

Anna-Konstantina Richter

Inhaltsverzeichnis

2.1 Was bedeutet der Begriff Richtlinienpsychotherapie? 14
2.2 Der Weg von EMDR zur Richtlinienpsychotherapiemethode 14
2.3 Wofür ist EMDR gemäß den Psychotherapierichtlinien zugelassen und welche weiteren Entwicklungen sind zu erwarten? 15
2.4 Zusammenfassung 16
2.5 Prüfungsfragen 16
Literatur 16

> **Überblick**
>
> Wer als Patient*in mit einer Posttraumatischen Belastungsstörung in Deutschland in eine psychotherapeutische Kassenpraxis (genauer: vertragsärztliche Praxis)[1] geht, wird nicht nur die Kosten einer Verhaltenstherapie, tiefenpsychologisch fundierten Psychotherapie, Psychoanalyse, Hypnotherapie oder systemischen

---

[1] Vertragsärzte (früher als „Kassenärzte" bezeichnet) sind Ärzte, die im Besitz einer Zulassung zur Teilnahme an der ambulanten ärztlichen Versorgung der gesetzlich Krankenversicherten sind. Die Zulassung ist an Voraussetzungen gebunden wie zum Beispiel die Approbation, eine Eintragung in das Arztregister sowie eine Verpflichtung auf die vertraglichen und gesetzlichen Grundlagen der GKV. Sie ist jeweils an einen bestimmten Vertragsarztsitz gebunden.

A.-K. Richter (✉)
Zentrum für psychologische Beratung und Training, Marburg, Deutschland
E-Mail: richter@zpbt-marburg.de

© Der/die Autor(en), exklusiv lizenziert an Springer-Verlag GmbH, DE, ein Teil von Springer Nature 2023
A.-K. Richter (Hrsg.), *EMDR*, https://doi.org/10.1007/978-3-662-64662-5_2

> Psychotherapie übernommen bekommen, sondern auch die einer EMDR-Behandlung (sofern der/die Behandler*in die Mindestvoraussetzung bezüglich der Qualifikationsanforderungen erfüllt, siehe hierzu Abschn. 12.1). Auch Privatkassen und Berufsgenossenschaften/Unfallkassen orientieren sich an dieser Anerkennung. Was dies im Einzelnen bedeutet, zeigt dieses Kapitel auf.

2.1 Was bedeutet der Begriff Richtlinienpsychotherapie?

Richtlinienpsychotherapie bedeutet, dass ein Psychotherapieverfahren in die sogenannte Psychotherapierichtlinie aufgenommen wurde und damit eine sogenannte Kassenleistung ist, die von einem sog. Vertragsarzt/einer Vertragsärztin bzw. Vertragspsychotherapeut*in in deren Kassenpraxis erbracht werden darf. Psychotherapierichtlinie ist eine Abkürzung für die Richtlinie des gemeinsamen Bundesausschusses über die Durchführung der Psychotherapie. In ihr wird die Durchführung von Psychotherapie durch approbierte Behandler*innen geregelt. Daneben existiert die sogenannte Psychotherapie-Vereinbarung: Diese wurde geschlossen zwischen der Kassenärztlichen Bundesvereinigung und dem Spitzenverband Bund der Krankenkassen und befasst sich mit Psychotherapie als Leistung der Gesetzlichen Krankenkassen (2021, Wikipedia).

Der Psychotherapie-Richtlinie ist in der Anlage unter Punkt I. 3. Folgendes zu entnehmen: „Eye-Movement-Desensitization and Reprocessing (EMDR) kann bei Erwachsenen mit Posttraumatischen Belastungsstörungen als Behandlungsmethode im Rahmen eines umfassenden Behandlungskonzeptes der Verhaltenstherapie, der tiefenpsychologisch fundierten Psychotherapie oder analytischen Psychotherapie Anwendung finden. Die Anwendung setzt eine hinreichende fachliche Befähigung voraus, das heißt eine Qualifikation in der psychotherapeutischen Behandlung der Posttraumatischen Belastungsstörung einschließlich der Methode EMDR. Das Nähere ist entsprechend § 37 in der Psychotherapie-Vereinbarung zu bestimmen." Die Bedeutung wird umso klarer bei der Betrachtung von II.4–9., wo mehrere Psychotherapieverfahren, -methoden und Techniken aufgeführt sind, die in der Psychotherapierichtlinie keine Anwendung finden und daher nicht die die Psychotherapierichtlinie aufgenommen wurden (z. B. Gestalttherapie).

Unter den „§ 5 Fachliche Befähigung ärztlicher Psychotherapeuten", Kap. 8, sowie „§ 6 Fachliche Befähigung Psychologische Psychotherapeuten", Kap. 7, findet sich die Definition der fachlichen Befähigung, damit Psychotherapeut*innen EMDR mit den kassenärztlichen Vereinigungen abrechnen dürfen (sogenannte EMDR-Fachkunde, s. Abschn. 12.1).

2.2 Der Weg von EMDR zur Richtlinienpsychotherapiemethode

Bevor Psychotherapieverfahren, -methoden und Techniken in die Psychotherapierichtlinie aufgenommen werden, muss die Hürde genommen werden, dass der sogenannte Wissenschaftliche Beirat Psychotherapie (kurz WBP) der Bundesregierung überprüft, ob das beantragte Verfahren nach wissenschaftlichen Kriterien seine Wirksamkeit belegen kann.

Im § 8 des Psychotherapeutengesetzes (kurz PsychThG) ist die Aufgabe des Wissenschaftlichen Beirats Psychotherapie folgendermaßen definiert: „Die zuständige Behörde stellt die wissenschaftliche Anerkennung eines psychotherapeutischen Verfahrens oder einer psychotherapeutischen Methode fest. Sie stützt ihre Entscheidung dabei in Zweifelsfällen auf ein Gutachten des Wissenschaftlichen Beirats Psychotherapie, der gemeinsam von der Bundespsychotherapeutenkammer und der Bundesärztekammer errichtet worden ist." Beide Kammern entsenden Mitglieder in dieses Gremium.

Im Januar 2005 stellte die Fachgesellschaft EMDRIA Deutschland e. V. einen Antrag auf Anerkennung von EMDR in der kassenärztlichen Versorgung (Hofmann et al., 2005). Der Antrag wurde ergänzt „durch insgesamt 21 Originalstudien zur EMDR bei Erwachsenen, die als kontrolliert und randomisiert bezeichnet werden, zwei kontrollierte nicht randomisierte Originalstudien. Der Antrag wurde ergänzt durch vier Meta-Analysen zur Wirkung von EMDR bei Erwachsenen, von denen zwei in Zeitschriften mit Peer-Review-Verfahren veröffentlicht sind" (S. 476). Eine der beigefügten Metaanalysen war diejenige von Seidler und Wagner (2006), siehe Abschn. 11.3.

Die Begutachtung des WBP aus dem Jahr (2006) ergab, „dass die EMDR-Methode bei Erwachsenen als Methode zur Behandlung der Posttraumatischen Belastungsstörung als wissenschaftlich anerkannt gelten kann" (S. 478). Die Kassenärztliche Bundesvereinigung und der GKV-Spitzenverband haben 2015 zur Aufnahme in der *Vereinbarung über die Anwendung von Psychotherapie in der vertragsärztlichen Versorgung* für die Behandlung der Posttraumatischen Belastungsstörung geführt.

Damit EMDR für die vertiefte Ausbildung zum/zur Psychologischen Psychotherapeut*in empfohlen werden kann, muss die Wirksamkeit von EMDR für fünf der zwölf Anwendungsbereiche der Psychotherapie als wissenschaftlich anerkannt gelten, was noch nicht der Fall ist.

2.3 Wofür ist EMDR gemäß den Psychotherapierichtlinien zugelassen und welche weiteren Entwicklungen sind zu erwarten?

Da das EMDR-Störungsmodell, das AIP-Modell (AIP steht für Adaptive Information Processing nach Shapiro, 1995, s. Abschn. 4.2), ein universelles Modell ist, das die Auflösung von Folgen vergangener Belastung postuliert, nicht nur im Bereich der Posttraumatischen Belastungsstörung, gibt es seit den 1990er-Jahren Studien über die

Wirksamkeit von EMDR bei anderen Diagnosen als der Posttraumatischen Belastungsstörung. Hierbei sind beispielsweise folgende Diagnosen (in Klammern die Namen der Forscher*innen) zu nennen:

- Depressionen (EDEN-Forschungsgruppe Hofmann, Ostacoli, Hase, Lehnung, Carletto, Timani, González Vázquez & Abler; EDEN steht für European Depression EMDR Network; Gießelmann, 2018)
- Zwangsstörungen (Böhm & Voderholzer, 2010).
- Schmerzstörungen (Tesarz et al., 2014)
- Spezifische Phobien (De Jongh et al., 1999)
- Panikstörung (Horst et al., 2017).

In Abschn. 5.2 wird eine Auswahl an Studien vorgestellt.

Es ist damit zu rechnen, dass in den nächsten Jahrzehnten weitere Anträge auf Anerkennung von EMDR bei weiteren Diagnosen an den WBP gestellt werden und EMDR perspektivisch für die Behandlung aller psychischen Störungen zugelassen wird.

2.4 Zusammenfassung

17 Jahre nach den ersten Publikationen über EMDR in Peer-Reviewed-Journals (Shapiro, 1989a, b) wurde 2006 vom WBP anerkannt, dass die Wirkung von EMDR als wissenschaftlich erwiesen anzusehen ist. Dies hatte zur Folge, dass 2015 EMDR in den Leistungskatalog der Gesetzlichen Krankenversicherungen aufgenommen wurde, in die Psychotherapierichtlinie und die Psychotherapievereinbarung. Noch bezieht sich dies nur auf die Behandlung von Posttraumatischer Belastungsstörung. Es existieren jedoch bereits viele Studien über die Wirksamkeit von EMDR bei anderen Diagnosen wie z. B. Depressionen, Zwangsstörungen, Schmerzstörungen, spezifischen Phobien und Panikstörungen.

2.5 Prüfungsfragen

1. Was regelt die Psychotherapierichtlinie?
2. Wofür ist EMDR in Deutschland zugelassen?
3. Für wie viele Diagnosen müssen Wirknachweise anerkannt worden sein, damit ein Psychotherapieverfahren für alle Diagnosen uneingeschränkt zugelassen ist?

Literatur

Böhm, K., & Voderholzer, U. (2010). EMDR in der Behandlung von Zwangsstörungen: Eine Fallserie. *Verhaltenstherapie., 20*, 175–181. https://doi.org/10.1159/000319439

De Jongh, A., Ten Broeke, E., & Renssen, M. R. (1999). Treatment of specific phobias with eye movement desensitization and reprocessing (EMDR): Protocol, empirical status, and conceptual issues. *Journal of Anxiety Disorders., 13*(19), 69–85.

Gemeinsamer Bundesausschuss (2021). *Richtlinie des Gemeinsamen Bundesausschusses über die Durchführung der Psychotherapie (Psychotherapie-Richtlinie).* Bundesanzeiger (BAnz AT 17.02.2021 B1).

Gießelmann, K. (2018). EMDR kann auch bei Depressionen wirken. *Deutsches Ärzteblatt, 17*(12), 566.

Hofmann, A., Liebermann, P., Sack, M., Matheß, H., Seidler, G.H., Wagner, F.E., & Wöller, W. (2005). *Antrag auf wissenschaftliche Anerkennung von Eye Movement Desensitization and Reprocessing (EMDR) als Methode zur Behandlung der Posttraumatischen Belastungsstörung (PTBS).* EMDRIA Deutschland e.V. (Fachgesellschaft für EMDR in Deutschland).

Horst, F., Den Oudsten, B., Zijlstra, W., de Jongh, A., Lobbestael ,J., De Vries, J. (2017). Cognitive behavioral therapy vs. eye movement desensitization and reprocessing for treating panic disorder: A randomized controlled trial. *Frontiers in Psychology, 8*, 1409, DOI=https://doi.org/10.3389/fpsyg.2017.01409

Kassenärztliche Bundesvereinigung und der GKV-Spitzenverband. (2015). *Vereinbarung über die Anwendung von Psychotherapie in der vertragsärztlichen Versorgung(Psychotherapievereinbarung) Dtsch Arztebl International, 16,*3, 141–151. https://www.aerzteblatt.de/pdf.asp?id=186704

Seidler, G. H., & Wagner, F. E. (2006). Comparing the efficacy of EMDR and trauma-focused cognitive-behavioral therapy in the treatment of PTSD: A meta-analytic study. *Psychological Medicine, 36*(11), 1515. https://doi.org/10.1017/S0033291706007963

Shapiro, F. (1989). Efficacy of the eye movement desensitization procedure in the treatment of traumatic memories. *Journal of Traumatic Stress, 2*(2), 199–223.

Shapiro, F. (1989). Eye movement desensitization: A new treatment for post-traumatic stress disorder. *Journal of Behavior Therapy and Experimental Psychiatry, 20*(3), 211–217.

Shapiro, F. (1995). *Eye Movement Desensitization and Reprocessing: Basic Principles, Protocols, and Procedures.* Edition: 3rd. New York: Guilford Press.

Seite „Psychotherapie-Richtlinie". In: *Wikipedia – Die freie Enzyklopädie. Bearbeitungsstand: 10. Dezember 2021, 13:38 UTC.* https://de.wikipedia.org/w/index.php?title=Psychotherapie-Richtlinie&oldid=218064590 (Abgerufen: 3. Juli 2022, 17:14 UTC).

Seite „Wissenschaftlicher Beirat Psychotherapie" In: *Wikipedia – Die freie Enzyklopädie. Bearbeitungsstand: 9. April 2022, 11:44 UTC.* https://de.wikipedia.org/w/index.php?title=Wissenschaftlicher_Beirat_Psychotherapie&oldid=221915783 (Abgerufen: 3. Juli 2022, 17:15 UTC) 5. Wissenschaftlicher Beirat Psychotherapie. (2006).

Tesarz, J., Leisner, S., Gerhardt, A., Janke, S., Seidler, G. H., Eich, W., & Hartmann, M. (2014). Effects of eye movement desensitization and reprocessing (EMDR) treatment in chronic pain patients: a systematic review. *Pain Med, 15*(2), 247–63.

Wissenschaftlicher Beirat Psychotherapie. (2006). Gutachten zur wissenschaftlichen Anerkennung der EMDR-Methode (Eye-Movement-Desensitization and Reprocessing) zur Behandlung der Posttraumatischen Belastungsstörung. *Deutsches Ärzteblatt, 103*(37), A 2417–A2419

EMDR in der Psychotraumatologie

Ein praxisorientierter Grundlagenexkurs für Studierende, Psychotherapeut*innen in Aus- und Weiterbildung und psychotraumatologische Anfänger*innen

Anna-Konstantina Richter

Inhaltsverzeichnis

3.1	Kurzer Ausschnitt der Geschichte der Psychotraumatologie	20
3.2	Psychotraumatologische Störungsmodelle	21
	3.2.1 Psychoökonomische Konzeption des Traumas nach Freud und Objektbeziehungsmodell des Traumas	22
	3.2.2 Traumagedächtnis nach Ehlers & Clark	22
	3.2.3 Phasen posttraumatischer Reaktionen nach Horowitz	23
	3.2.4 Überwindung des Ohnmachtsschemas nach Schmucker mit IRRT	23
	3.2.5 Psychodynamisch Imaginative Traumatherapie (PITT) nach Reddemann	25
	3.2.6 Trauma Recapitulation with Imagination, Motion and Breath (TRIMB®) nach Olbricht	25
3.3	Grade der Traumatisierung und Implikationen für die Anwendung von Traumatherapie	26
	3.3.1 Akute Belastungsreaktion	26
	3.3.2 Monotrauma	26
	3.3.3 Komplexe Traumatisierung	27
	3.3.4 Dissoziative Identitätsstörung	28
	3.3.5 Andauernde Persönlichkeitsänderung	29
3.4	Auswahl an Settings der psychotraumatologischen Behandlung und Beratung	29
	3.4.1 Beratungsstellen	29
	3.4.2 Ambulante Behandlung	31
	3.4.3 Stationäre Behandlung	32
3.5	Welche psychotraumatologischen Behandlungen Anfänger*innen machen können und sollen – und welche nicht	33
3.6	Zusammenfassung	34
3.7	Prüfungsfragen	34
Literatur		34

A.-K. Richter (✉)
Zentrum für psychologische Beratung und Training, Marburg, Deutschland
E-Mail: richter@zpbt-marburg.de

> **Überblick**
> EMDR ist entstanden in einer Zeit, in der Psychotraumatologie bereits ein Begriff war, in der zeitgleich aber auch weitere Psychotherapiemethoden zur Behandlung der Folgen von Traumatisierungen entwickelt wurden. Oftmals wird eine EMDR-Behandlung eingebettet sein in eine andere Richtlinienpsychotherapie bzw. kombiniert werden können oder müssen mit anderen psychotraumatologischen Interventionen. In diesem Kapitel wird eine beispielhafte Auswahl getroffen als psychotraumatologischer Reigen, der eine EMDR-Behandlung flankieren kann bzw. innerhalb dessen EMDR stattfindet.

3.1 Kurzer Ausschnitt der Geschichte der Psychotraumatologie

Als Beginn der Psychotraumatologie wird von Seidler (2012) zum einen die Industrialisierung im 19. Jahrhundert genannt, zum anderen die Etablierung des Eisenbahnverkehrs: Beides brachte eine neue Qualität bezüglich Arbeits- bzw. Verkehrsunfällen mit sich. Im 20. Jahrhundert brachten die Weltkriege und der Holocaust Kriegstraumatisierte sowie Holocaust-Überlebende hervor. Als dritten Entwicklungsstrang der Psychotraumatologie bezeichnet Seidler die Erkenntnisse der Frauenbewegung der 70er-Jahre des 20. Jahrhunderts, die darauf hinwiesen, „dass nicht Männer im Krieg, sondern Frauen im zivilen Leben am stärksten von posttraumatischen Störungen betroffen sind".

Seidler beschreibt ebenda, dass zunächst die Vorstellung vorherrschte, dass die menschliche Seele unbegrenzt belastbar sei und daher keine Schäden durch das Erleben eines Traumas davontragen könne. Dass hinter dieser Sichtweise eine Funktionalität steckte, wird in der Beschreibung Venzlaffs (2019) deutlich, der anhand verschiedener Fallbeispiele berichtet, wie er als Gutachter u. a. von Holocaust-Überlebenden deren Traumafolgestörungen feststellte, die er als „Reaktionen auf schicksalhafte Eingriffe in die Daseinsordnung" (S. 254) bezeichnet. Er rät dazu, das Funktionieren von Menschen in Extremsituationen folgerichtig als Notfallfunktion (S. 255) einzuschätzen, mit dem „die letzten rettenden Reserven" ausgeschöpft werden, und nicht als Verkennung der seelischen Belastungsfähigkeit als unendlich, wie Hoff (zitiert nach Venzlaff) dies fälschlicherweise postuliert habe.

Welche Brisanz dieser Diskussion vorausging, beschreiben Freyberger und Freyberger (2019) in einem dem Handbuch der Psychotraumatologie vorangestellten Kapitel, in dem sie Venzlaff als den „Nestor und Wegbereiter der Psychotraumatologie" bezeichnen, dem die Herausgeber*innen das gesamte Handbuch gewidmet haben. Venzlaff habe 1952 einem „Nazi-Verfolgten eine ‚verfolgungsbedingte Neurose' anerkannt", was „das zuständige Entschädigungsamt in Aufruhr" versetzt habe „wegen der ‚Gefahr einer nachfolgenden Lawine von Rentenansprüchen'". Das Gericht sei aber nicht dem Gegengutachten des Tübinger Lehrstuhlinhabers Kretschmer gefolgt, der schrieb, dass es eine „verfolgungsbedingte Neurose" nicht geben könne, sondern dem damaligen Assistenzarzt Venzlaff. Venzlaffs Habilitation über „psychoreaktive Störungen nach entschädigungspflichtigen Ereignissen" im Jahr 1956 bezeichnen Freyberger und Freyberger denn auch als bahnbrechend (S. 13) und berichten, dass die Mehrheit der deutschen Universitätspsychiater „die Relevanz von Traumatisierungen nahezu vollständig verleugneten und die Karrieren ihrer inhaltlichen Gegner zu behindern versuchten". Dass Eisler (1963, zitiert nach Freyberger und Freyberger) darauf hinwies, dass „betroffene traumatisierte Menschen eigentlich eine Entschädigung für die Aufregungen und Erniedrigungen erhalten müssten, die sie im Zuge der entsprechenden Wiedergutmachungserfahrungen erlitten" haben, weist darauf hin, wie aufreibend die Anerkennung von Traumafolgeschäden sowohl für die betroffenen Traumatisierten als auch für deren Gutachter*innen war, die die Anerkennung von Traumafolgeschäden befürwortet haben.

Mit Venzlaffs Wegbereitung der Anerkennung von posttraumatischen Beschwerden war ein wichtiger Grundstein gelegt, um theoretische Störungsmodelle und Behandlungsansätze zu entwickeln, von denen einige im Folgenden dargestellt werden.

3.2 Psychotraumatologische Störungsmodelle

Nachdem die Diagnose der Posttraumatischen Belastungsstörung im Jahr 1980 ins DSM (Diagnostic and Statistical Manual of Mental Disorders, das amerikanische Diagnose-Manual der American Psychiatric Association, kurz APA) aufgenommen worden war und so einen weiteren Schritt in Richtung Anerkennung genommen hatte, entstanden verschiedene Störungsmodelle der PTBS, von denen hier einige beschrieben werden sollen (ohne den Anspruch auf Vollständigkeit zu erheben). Dies geschieht im Hinblick darauf, dass eine EMDR-Behandlung in der Praxis oftmals, wenn nicht sogar immer, eingebettet sein wird in eine Richtlinienpsychotherapie. Um für eine theoretische Fallkonzeption entscheiden zu können, welche praktische Vorgehensweise sich aufgrund welchen Störungsmodells empfiehlt, folgen hier eine kurze Darstellung verschiedener Traumatheorien und eine Auswahl an psychotraumatologischen Interventionen. EMDR eignet sich dazu, in eine andere Richtlinientherapie implementiert zu werden. Die S3-Leitlinie zur Behandlung der PTBS (Schäfer et al., 2019) empfiehlt zur Behandlung einer PTBS unter anderem:

- Traumafokussierte Kognitive Verhaltenstherapie (TK-KVT) mit imaginativer Exposition, narrativer Exposition, Exposition in vivo und kognitiver Umstrukturierung traumabezogener dysfunktionaler Überzeugungen (S. 23),
- EMDR,
- Imagery Rescripting.

Im Weiteren werden einige Traumakonzepte in ihrer historischen Entwicklung beschrieben. Zur historischen Entwicklung von EMDR wiederum siehe Kap. 1.

3.2.1 Psychoökonomische Konzeption des Traumas nach Freud und Objektbeziehungsmodell des Traumas

Bohleber (2019) beschreibt in seiner Darstellung der Traumatheorie in der Psychoanalyse die Wichtigkeit der Differenzierung zwischen „Einwirkungen der Außenwelt", an der er seine Darstellung einer psychoanalytischen Traumatheorie orientiert, und Traumata, die durch starke Triebkonflikte, „pathogene Entwicklungsdefizite oder Entwicklungskonflikte" entstanden sind. „Extremerfahrungen und deren Auswirkungen, die bis dahin nicht bekannt waren, aber nun verstanden und konzeptuell erfasst werden mussten" (Bohleber, ebenda), hätten „die Entwicklung des Traumabegriffs" in der frühen Zeit der Psychoanalyse vorangebracht. Von Breuer und Freud (1895d, zitiert nach Bohleber) sei die Erinnerung an traumatische Ereignisse ein „Fremdkörper im psychischen Gewebe", der durch „affektives Erinnern und die Abreaktion des eingeklemmten Affektes seine Fremdkörperstruktur" verliere. Bis dahin gebe es „ein Zuviel an Erregung und ein gelähmtes, hilfloses Ich." Ferenczi (1993, zitiert nach Bohleber) habe objektbeziehungstheoretisch herausgearbeitet, wie ein Erwachsener das Kind beim sexuellen Missbrauch „in einen Zustand totaler Hilflosigkeit" stößt und sich das Kind mit dem Erwachsenen identifiziert, um an seinem positiven Bild vor der Tat festhalten zu können. Beim Kind werde auf diese Weise nicht nur vermeintliche eigene Schuld internalisiert, sondern ein Vertrauen in mitmenschliche Empathie abgebaut.

3.2.2 Traumagedächtnis nach Ehlers & Clark

Ehlers und Clark (2000, zitiert nach Maercker & Michael, 2009) haben ein kognitives Störungsmodell entwickelt, das annimmt, dass ein Verarbeitungsprozess bei Traumatisierten derart ablaufen kann, dass erlebte Bedrohung und Beschädigung als etwas Gegenwärtiges wahrgenommen werden. Dies kann einhergehen mit Interpretationen wie „Ich bin nirgends sicher" und bringt mit sich, dass Intrusionen eine Hier-und-jetzt-Qualität haben (Maercker & Michael, 2009, S. 112) und Emotionen ohne Erinnerung an das Trauma erlebt werden. Vermeidung und Sicherheitsverhalten hätten demnach einen paradoxen Effekt, dass Intrusionen zunehmen. Zurückzuführen sei dies darauf, dass das Trauma im eigenen Erleben noch nicht abgeschlossen sei und daher die Wahrscheinlichkeit hoch eingeschätzt werde, dass es sich wiederholt. Pieper et al. (2021) haben in ihrem kognitiv-behavioralen Behandlungsmanual SBK sowohl dem Traumagedächtnis-Störungsmodell als auch dem AIP-Modell nach Shapiro Rechnung getragen, indem Traumaexposition in sensu und in vivo zum Abbau des Traumagedächtnisses als auch EMDR zur Verarbeitung traumatischer Erlebnisse durchgeführt werden. Kirsch et al. (2011/2015) bemühen Person und Klars (1997) Erklärung, dass „die traumatische Erfahrung (…) aufgrund eines physiologischen Hyperarousals als eine sensomotorische, visuelle und affektive Erinnerung und nicht als symbolisch-linguistischer Kode in Form eines Narrativs gespeichert" wird (S. 15).

3.2.3 Phasen posttraumatischer Reaktionen nach Horowitz

Horowitz (1993) beschreibt ein Phasenmodell posttraumatischer Reaktionen, das (Post) traumatisches in folgende Abschnitte unterteilt, s. Abb. 3.1:

- Betroffene erleben eine unbekannte bzw. traumatische Situation, die mit Überwältigtsein, Orientierungsverlust und Konfusion einhergeht.
- Emotionale Folgen können ein innerer Aufschrei, Angst, Furcht, Wut, Trauer und/oder Bestürzung sein; damit einhergehen können Panik, Kontrollverlust oder Erschöpfung.
- Um mit dieser emotionalen Überflutung umzugehen, können Versuche der Abwehr, der Verleugnung und des Ausblendens stattfinden. Folge kann extreme Vermeidung sein, auch durch Medikamenten- oder Drogenabusus.
- Es folgt die auch schon im Traumagedächtnis von Ehlers & Clark formulierte paradoxe Reaktion der Steigerung von Intrusionen und Flashbacks, sodass die Gefahr einer Überflutung mit persistierenden Gedanken und Bildern besteht, die u.a. psychosomatische Reaktionen zur Folge haben können.
- Um eine Aggravierung, z. B. in Form von Persönlichkeitsveränderungen bis hin zu Persönlichkeitsstörungen zu vermeiden, wird die Durcharbeitung der traumatischen Erinnerung zur Integration und Bewältigung empfohlen.

3.2.4 Überwindung des Ohnmachtsschemas nach Schmucker mit IRRT

Mervyn Schmucker (in früheren Publikationen: Mervin R. Smucker) hat seit den 1990er-Jahren eine Psychotherapiemethode entwickelt, das sogenannte IRRT (steht für Imagery Rescripting and Reprocessing Therapy), in der er, angelehnt an die Gestalttherapie (Schmucker & Köster, 2017/2021, S. 20 ff.), auf einer inneren Bühne einen Prozess ablaufen lässt, der in drei Phasen verläuft:

- Eine belastende Erfahrung wird in einer psychotherapeutischen Sitzung berichtet, es wird der schlimmste Hotspot ermittelt (d. h. der belastendste Moment); der/die Patient*in wird gebeten, die Erfahrung noch einmal *bis zum belastendsten Moment* zu berichten.
- In der Imagination auf der inneren Bühne betritt das heutige Ich die Szene und kann dem/der Täter*in alles sagen und alles machen, was von Patient*innenseite

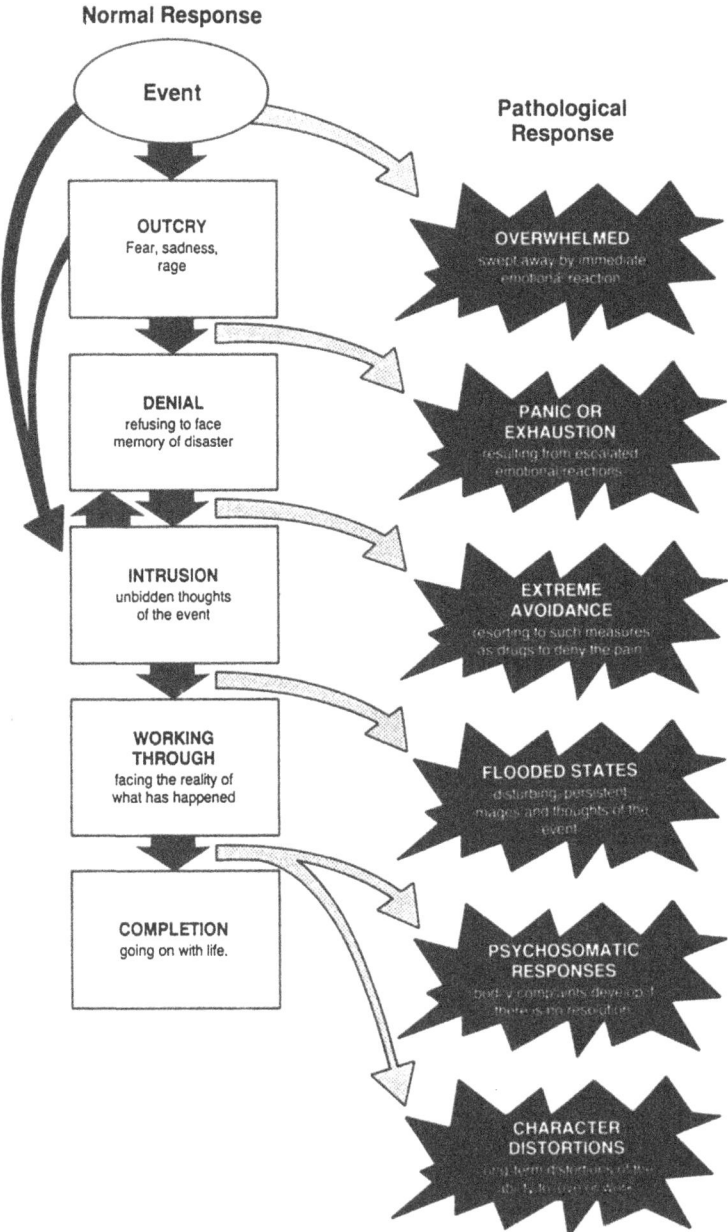

Abb. 3.1 Phasen der posttraumatischen Stressreaktion. (Horowitz, 1986, zitiert nach Horowitz, 1993)

gewünscht wird, sowie das frühere Ich in Sicherheit bringen; Ziel ist die Entmachtung des Täters/der Täterin.
- In einem dritten Schritt kann das heutige Ich sich in der Vorstellung um das damalige Ich kümmern.

Schmucker und Köster (2017/2021) beschreiben hierbei, dass die Methode ermöglicht, dass Patient*innen aus einem Ohnmachtsschema herauskommen können und Bewältigungsbilder entwickeln.

Einige Untersuchungen wie z. B. von Alliger-Horn et al. (2015) konnten die Wirksamkeit von IRRT in der Behandlung von Posttraumatischer Belastungsstörung zeigen.

3.2.5 Psychodynamisch Imaginative Traumatherapie (PITT) nach Reddemann

Luise Reddemann hat PITT im Rahmen ihrer Leitungstätigkeit der Klinik für psychotherapeutische und psychosomatische Medizin des Ev. Johannes-Krankenhauses in Bielefeld entwickelt. Hierbei handelt es sich um ein Verfahren, das getragen sei von einer mitfühlenden Beziehungsgestaltung und Ressourcenorientierung als Gegengewicht zur Konfrontation mit belastendem Material. Eine mögliche Intervention in der Behandlung mit PITT kann sein, das traumatisierte Kind-Ich mit dem heutigen Ich in der Vorstellung zu treffen und an einen schönen und sicheren Ort zu bringen, an dem sich auch ein innerer Helfer befinden darf (Reddemann, 2021).

3.2.6 Trauma Recapitulation with Imagination, Motion and Breath (TRIMB®) nach Olbricht

Ingrid Olbricht setzte sich im Rahmen ihrer Tätigkeit als Oberärztin und später Chefärztin der Abteilung Psychosomatik/Psychotherapie der Wicker-Klinik Bad Wildungen besonders für sexuell traumatisierte Frauen ein. Ziel war es, eine wenig konfrontierende Psychotherapiemethode zu finden, mit der auch schwer traumatisierte Patient*innen gut behandelt werden konnten. Olbricht fand eine spezifische Atemtechnik, den „Fege-Atem" im Buch „Die Zauberin" von Taisha Abelar (zitiert nach Spangenberg, 2015, S. 14/15), den Olbricht in den 1990er-Jahren zur TRIMB®-Technik mit Affektdifferenzierung ausbaute. Elemente dieser Behandlung sind Imagination, Bewegung und Atmung. Betroffene imaginieren ein belastendes Bild so klein wie gewünscht auf eine vorgestellte Leinwand in einen vorgestellten Rahmen, definieren die Belastung auf der SUD-Skala von 0–10 (Wolpe, 1969) und können dann beim Blick auf das kleine imaginäre belastende Bild auf der imaginären Leinwand wahrnehmen, welche Gefühle nacheinander auftauchen, als Verbindung zum belastenden Bild imaginiert und nacheinander durchtrennt werden. Zum Schluss werden die durchtrennten Gefühle durch eine charakteristische Kopfbewegung mit begleitender Atmung in der Vorstellung nochmal durchtrennt (Spangenberg, 2015). Die Methode wird heute von Spangenberg, einer früheren Mitarbeiterin von Olbricht, gelehrt. Es handelt sich um eine Methode, die sich in der stationären Praxis bewährt habe, aber noch nicht beforscht wurde.

3.3 Grade der Traumatisierung und Implikationen für die Anwendung von Traumatherapie

3.3.1 Akute Belastungsreaktion

Laut ICD-10 (1991) dauert eine akute Belastungsreaktion Minuten, geht oft nach Stunden zurück, spätestens nach zwei bis drei Tagen. Symptome können sein: ein Gefühl der Betäubung, Unfähigkeit, Reize zu verarbeiten, Desorientiertheit, zuweilen begleitet von Rückzug oder Unruhe und Überaktivität. Es kann auch vegetative Symptome geben wie Tachykardie, Schwitzen und Erröten, einhergehend mit panischer Angst. Eine Erstbetreuung und Beratung (z. B. auch von Consulting-Unternehmen wie HumanProtect oder Betriebspsycholog*innen) kann dabei helfen zu verstehen, dass es sich um normale Reaktionen auf außergewöhnliche Belastungen handelt. Im ICD-11 wird diese Diagnose nicht mehr vorkommen.

3.3.2 Monotrauma

Diese Beschwerdelage eignet sich für psychotraumatologische Anfänger*innen meist sehr gut, um Psychotherapiemethoden wie EMDR anzuwenden. Sollte die Traumatisierung als Jugendliche*r oder Erwachsene*r erfolgt sein, wird möglicherweise keine dissoziative Störung vorliegen, die eine Kontraindikation für das EMDR-Standard-Protokoll darstellen würde, so lange zu starke dissoziative Symptome bestehen.

Monotraumata können folgende sein, die den Einstiegsfragen zu traumatischen Ereignissen aus dem DIPS-OA (Diagnostisches Interview bei psychischen Störungen, Margraf et al., 2017) entnommen sind (S. 103):

- körperlicher Angriff im Erwachsenenalter,
- sexuelle Gewalt im Erwachsenenalter,
- Naturkatastrophe,
- Feuer, Explosion,
- schwerer Verkehrsunfall,
- schwerer Arbeitsunfall,
- schwerer anderer Unfall (z. B. zu Hause oder in der Freizeit),
- Bedrohung mit einer Waffe,
- Kampfhandlungen oder Aufenthalt in einem Kriegsgebiet,

- lebensbedrohliche Krankheit,
- starkes Leid eines anderen Menschen,
- schwere Verletzung, Bedrohung oder Tod einer anderen Person,
- schwere Verletzung oder Bedrohung einer nahestehenden Person,
- überraschender Unfalltod einer nahestehenden Person,
- berufliche Konfrontation mit grausamen Details (z. B. auf Bildern oder Videoaufnahmen.

Diagnostisch ist hier zu erwarten, dass die Proband*innen in einem Traumatest wie der IES-R (Impact of Event Scale-Revised, Horowitz et al., 1979) erhöhte Werte erzielen, aber einen Durchschnittswert von unter 25 % in der DES-II (Dissociation Experience Scale, Bernstein & Putnam, 1986), was gegen das Vorliegen einer dissoziativen Störung spricht.

> **Fallbeispiel**
>
> Daniel hat bei der Arbeit auf einer Baustelle Verbrennungen erlitten, als er im Keller eines neu zu errichtenden Hauses arbeitete und es dort wegen der Anwendung eines für Innenräume nicht geeigneten Anstriches zu einem Brand und einer Verpuffung kam. Er wurde danach mit einem Hubschrauber in eine Unfallklinik geflogen. Die dortigen Blutabnahmen und Abtragung verbrannter Hautschichten habe er als extrem schmerzhaft empfunden. Seither leidet er unter Albträumen, fühlt sich angespannt und reizbar und vermeidet Blutabnahmen, Kliniken und Arztbehandlungen. Seinem Ersthelfer, einem Nachbarn der Baustelle, würde er gern eine Flasche Wein vorbeibringen, traue sich aber nicht, die Unfallstelle aufzusuchen. ◄

3.3.3 Komplexe Traumatisierung

Einstiegsfragen zu traumatischen Ereignissen aus dem DIPS-OA (Diagnostisches Interview bei psychischen Störungen, Margraf et al., 2017, S. 103), deren Bejahung auf das Vorliegen einer komplexen Traumatisierung hindeuten können, sind:

- körperliche Misshandlung im Kindesalter,
- sexuelle Grenzüberschreitung oder Missbrauch im Kindesalter.

Diagnostisch ist hier zu erwarten, dass die Proband*innen in einem Traumatest wie der IES-R (Impact of Event Scale-Revised, Horowitz et al., 1979) erhöhte Werte erzielen, und das Ergebnis der DES-II (Dissociation Experience Scale, Bernstein & Putnam, 1986) zeigt auf, ob eine dissoziative Störung vorliegt und entweder mit dem EMDR-Standard-Protokoll (bei unter 25 % im DES-II) oder dem CIPOS-Protokoll bei dissoziativen Beschwerden (bei über 25 % im DES-II) gearbeitet werden kann (s. Kap. 6).

Im Kap. 8 findet sich ein Fallbeispiel für die Anwendung des CIPOS-Protokolls.

3.3.4 Dissoziative Identitätsstörung

Im ICD-10 ist unter F44.81 die Multiple Persönlichkeit(sstörung) codiert. Fliß (2019) beschreibt, wie diese entstehen kann: Durch „systematische, wiederholte Traumatisierung" wird z. B. mittels Mind-Control-Techniken (Gehirnwäsche zur psychischen Manipulation) eine psychische Spaltungsbereitschaft von Erwachsenen bei Kindern entwickelt. Kinder wachsen in Kulten auf, in denen Familien Mitglieder sind, nur Kontakt zu anderen Mitgliedsfamilien besteht und in Schlüsselpositionen Täter*innen sitzen und ebenfalls Zugriff auf die Kinder erhielten. Durch eine gezielte Spaltung würden psychische Innensysteme erschaffen, die verschiedenen Aufgaben nachkommen könnten, wie Menschenhandel, Drogen- und Waffenhandel, Auftragsmorden und Akquise weiterer Mitglieder (S. 131). Eine Psychotherapie könne ähnlich einer Gruppentherapie zunächst die Beziehungen der Binnenpersönlichkeiten klären, die aufgrund eines gegenseitigen Aufhetzens durch Täter*innen oftmals nichts mehr miteinander zu tun haben wollten. Beispiele von Therapiezielen könnten laut Fliß folgende sein:

- Ausstieg,
- Stabilisierung der aktuellen Lebenssituation,
- Beseitigung belastender Symptome.

Fliß schreibt, dass die Traumata „mit allen daran beteiligten Persönlichkeiten bearbeitet und damit Trennungen aufgeweicht bis aufgelöst werden" können (S. 136).

Fallbeispiel

Melanie kommt in die ambulante Psychotherapie und berichtet nach und nach mit deutlich unterscheidbaren verschiedenen Stimmen und Altersstufen von Kind über Teenager bis zur Erwachsenen von sexuellem Missbrauch durch Vater, Bruder und Onkel sowie vom Priester. Als Jugendliche sei sie Ritualen zur Teufelsaustreibung unterzogen worden, sie habe als Teenager auch ein Kind geboren, von dessen Verbleib sie nichts wisse, das vom Onkel gewesen sei. Sie seien auch als Kinder zu einem Ort gebracht worden, wo sie Urlauber getroffen hätten. Dazu malt Melanie in dissoziativen Zuständen Bilder, z. B. von im Kreis stehenden Männern mit erigierten Penissen. Melanie möchte belastende Erinnerungen an den sexuellen Missbrauch, vor allem Albträume mit ekelhaften Gefühlen, loswerden. Obwohl Melanie sagt, dass sie garantiert keinen Kontakt mehr zu ihrer Ursprungsfamilie habe, zeigt ein Blick auf die Anrufliste ihres Handys, dass Telefonate mit ihren Schwestern stattfinden. Es folgt die Ermittlung verschiedener Innenpersönlichkeiten. Melanie erinnert, dass ihr Onkel von den verschiedenen Innenpersönlichkeiten gewusst haben muss, da er verschiedene von ihnen zu sich gerufen habe. Nach der Ermittlung der Innenpersönlichkeiten werden ebenfalls identifizierte Wächterpersönlichkeiten befragt, ob sie einer weiteren Therapie zustimmen und ob die Patientin bei einer Therapie mitmachen wird, was die Wächterpersönlichkeiten verneinen. ◄

3.3.5 Andauernde Persönlichkeitsänderung

Im ICD-10 ist eine Andauernde Persönlichkeitsänderung nach Extrembelastung codiert, die nach einer Posttraumatischen Belastungsstörung auftreten kann und sich durch eine feindliche und misstrauische Haltung der Welt gegenüber, sozialen Rückzug und Leere, Hoffnungslosigkeit und Anspannung sowie ein ständiges Bedrohungsgefühl und Entfremdungsgefühl zeigen kann.

Fallbeispiel

Irene ist in ihrer Kindheit nicht nur von ihrem Onkel sexuell missbraucht worden; ihre Mutter hieß es gut, dass ihr Tennislehrer Irene als Teenager vergewaltigte, und nahm Irene zu Treffen mit Affären mit, bei denen Irene von den älteren Herren ebenfalls angefasst wurde. Irene ist beim ersten Telefonkontakt mit ihrer ambulanten Psychotherapeutin extrem misstrauisch, stellt in 30 min. am Telefon etliche Fragen, bevor sie sich auf ein Erstgespräch einlassen kann. Obwohl eine charmante manipulative Seite in ihr ihren damaligen Chef umgarnt hat, mit ihm eine Beziehung einging und nach dessen Tod dessen Erbin von Haus und Hof war, hat Irene starke konstante Verarmungsängste, fühlt sich ständig bedroht und nicht zugehörig, auch wenn sie als Kommunalbeamtin über eine große finanzielle Sicherheit verfügt. So verlangt Irene über die 50 min. der Sitzungen hinaus stabilisierende Übungen, ist aber nicht bereit, eine längere Dauer der Sitzung (z. B. eine Doppelsitzung) zu bezahlen. ◄

3.4 Auswahl an Settings der psychotraumatologischen Behandlung und Beratung

3.4.1 Beratungsstellen

Psychotraumatolog*innen können beispielsweise in Beratungsstellen tätig sein, in denen traumatisierte Menschen kostenfrei Rat suchen können. Hier kann eine grundlegende Informationsvermittlung an Betroffene stattfinden, welche Möglichkeiten ihnen in therapeutischer Hinsicht offenstehen und welche Finanzierungsmöglichkeiten einer Traumatherapie bestehen. Beratungsstellen für traumatisierte Menschen führen ein Register mit regionalen traumatherapeutischen Praxen und können Betroffene dabei unterstützen, mit ihren sensiblen Anliegen qualifizierte Praxen zu finden.

Beratungsstellen können auch die Aufgabe haben, Einrichtungen und Unternehmen in (Verdachts-)Fällen von sexuellem Missbrauch zu beraten und Öffentlichkeitsarbeit in Einrichtungen wie z. B. in Schulen zu leisten.

Fallbeispiel

Stefanie wurde als Kind über Jahre von Pflegebrüdern sexuell missbraucht und versuchte jahrelang mehr schlecht als recht, dies zu verdrängen. In ihre erste ambulante Psychotherapie kam sie als Studentin, allerdings wegen Magersucht. Um das 30. Lebensjahr herum erlebte sie beim Petting mit ihrem Partner massive Flashbacks und wurde zunächst zur Stabilisierung stationär in die regionale Psychiatrie eingeliefert. Danach suchte sie die regionale Beratungsstelle von Wildwasser e. V. auf und wurde über das vorliegende Störungsbild der Postraumatischen Belastungsstörung informiert sowie über regionale ambulante Behandlungsmöglichkeiten. So wurde ihr ein ambulanter Psychotherapieplatz vermittelt. Als die 80 Stunden Verhaltenstherapie nicht ausreichten, um ihre komplexe Traumatisierung erfolgreich zu behandeln, half Wildwasser ihr dabei, einen Antrag beim Fonds Sexueller Missbrauch (kurz FSM) zu stellen, der ihr 10.000 € für weitere Therapien bewilligte. ◄

Fortsetzung Fallbeispiel

Melanie fiel bereits in der Mittelstufe in der Schule auf, dass etwas nicht stimmte, gemeinsame Gespräche führten aber zu nichts. Eine gynäkologische Untersuchung erbrachte den Hinweis, dass Melanie ein Kind geboren hatte. Daraufhin wurde eine Beratungsstelle gegen sexuellen Missbrauch eingeschaltet, wo eine dort tätige Psychotherapeutin Melanie in Gesprächen begleitete. Es wurde Melanie angeboten, sie aus ihrer Familie herauszuholen, was aufgrund innerer Konflikte nicht gelang. Erst später, als Melanie geheiratet hatte, war sie fähig, eine ambulante Psychotherapie aufzunehmen, die nach und nach die Information erbrachte, dass Melanie innerhalb der Familie rituelle sexuelle Gewalt erlebt hatte und durch die Heirat ausgestiegen war. Die Beratungsstelle half nach Auslaufen der 80 Sitzungen Verhaltenstherapie dabei, erfolgreich einen Antrag beim Fonds Sexueller Missbrauch zu stellen, sodass die Behandlung weitergehen konnte. ◄

Nach dem unmittelbaren Erleben einer Traumatisierung bei der Arbeit besteht für viele Menschen die Möglichkeit, zur Verhinderung einer Chronifizierung Beratungsgespräche zur Erstversorgung bei Consultingunternehmen wie z. B. HumanProtect Consulting in Anspruch zu nehmen.

3.4.2 Ambulante Behandlung

In Deutschland kann die ambulante Psychotherapie von traumatisierten Patient*innen in Praxen und Ambulanzen erfolgen, finanziert durch verschiedene Kostenträger wie die

- Gesetzlichen und Privaten Krankenversicherungen,
- Berufsgenossenschaften und Unfallkassen nach Arbeitsunfällen im sogenannten Psychotherapeutenverfahren,
- den Fonds Sexueller Missbrauch und
- andere Versicherungen wie z. B. Kraftfahrzeug-Haftpflichtversicherungen nach Autounfällen,
- Leistungen nach dem Opferentschädigungsgesetz in entsprechenden Ambulanzen.
- Natürlich steht ambulante Psychotherapie auch privat zahlenden Selbstzahler*innen offen.

Üblich ist es, ein- bis zweimal die Woche einen regelmäßigen Termin wahrzunehmen, bei Konfrontationsbehandlungen auch mehr Sitzungen am Stück täglich, die zum Ende der Therapie in größeren Abständen auslaufen können.

Patient*innen können arbeitsfähig oder arbeitsunfähig sein bzw. sich in Wiedereingliederungen befinden (d. h. in Zeiten, in denen sie während ihrer Arbeitsunfähigkeit ihre Arbeitsfähigkeit erproben und trainieren). Das Funktionsniveau im Alltag sollte jedoch in der Form gegeben sein, dass den grundlegenden Alltagsfunktionen der Selbstfürsorge nachgekommen werden kann.

> **Fallbeispiel**
>
> Martha ist über 80 Jahre alt und hat als Kind im Zweiten Weltkrieg Bombenangriffe auf ihre Heimatstadt erlebt. Ihre Mutter brachte sie und sich selbst dann in einem Bunker in Sicherheit, wo sie mit Nachbarn ausharrte, bis die Angriffe vorbei waren. Als ihr Vater vom Krieg wieder zu Hause war, erlebte die Patientin häusliche Gewalt durch den Vater. Erst als sie ein Teenager war, konnte sie sich ihm entgegenstellen und auch die Mutter schützen. Im Laufe der Jahre verbesserte sich die Beziehung zum Vater, die Patientin pflegte ihn vor seinem Tode, und ihr Vater entschuldigte sich bei ihr für sein früheres Verhalten, was die Patientin auch akzeptieren konnte. Mit über 80 Jahren nahm die Patientin erstmals in ihrem Leben Psychotherapie in Anspruch, um ihre Symptome der Albträume und Flashbacks behandeln zu lassen sowie eine komorbide Depression. Die Patientin lebte selbstständig im eigenen Haus gemeinsam mit ihrem Mann, der sie wöchentlich zu den ambulanten psychotherapeutischen Sitzungen fuhr. Die posttraumatischen Beschwerden konnten sehr gut mit EMDR behandelt werden, sodass die Patientin nach einigen Wochen diesbezüglich symptomfrei war. ◄

3.4.3 Stationäre Behandlung

Stationäre Behandlung von Traumapatient*innen kann aus verschiedenen Gründen angeraten sein. Sofern das Funktionsniveau im Alltag sehr niedrig ist und jemand massive Probleme damit hat, seinen/ihren Alltag zu bewältigen, kann eine stationäre Psychotherapie sinnvoll sein, aber auch, wenn ambulante Psychotherapie (möglicherweise samt flankierenden Maßnahmen wie z. B. ambulante Ergotherapie, ambulante Soziotherapie, ambulante psychiatrische Behandlung) nicht mehr ausreicht, um die nächste Phase der Psychotherapie erfolgreich zu gestalten. Hier kann es zielführend sein, eine Klinik mit psychotraumatologischem Angebot aufzusuchen, um in einem interdisziplinären Team Stabilisierung und/oder Traumabearbeitung zu leisten. Auch Intervallbehandlungen sind möglich, d. h. dass Patient*innen mehrfach in die Kliniken zurückkehren, um einen weiteren Teil der Traumabehandlung durchzuführen.

Hierbei kommen in Betracht:

- psychotherapeutisch/psychiatrische Kliniken (mit offenen Stationen sowie geschlossenen Stationen für suizidale oder fremdgefährliche Patient*innen) sowie
- Rehabilitationskliniken, in denen die Arbeitsfähigkeit wiederhergestellt oder eine Suchtentwöhnung durchgeführt werden soll; Kostenträger sind meist Rentenversicherungen.

Möglich ist es auch, teilstationär in einer Tagesklinik behandelt zu werden, was bedeutet, dass die Patient*innen abends nach Hause fahren, um zu Hause zu übernachten, und morgens wieder in die Klinik kommen.

Fallbeispiel

Regine war als Vorschulkind anlässlich einer Mandeloperation allein im Krankenhaus. Wie viele Patient*innen es von Krankenhausaufenthalten vor den 70er-Jahren des 20. Jahrhunderts berichten, hat die Patientin nicht mitbekommen, dass ihre Eltern sie im Krankenhaus besuchten. Die Krankenschwestern hätten den Eltern empfohlen, dass sie zu Besuch kämen, wenn Regine schlief, weil die Kinder sich sonst so aufregen würden. So hatte Regine das Gefühl, dass ihre Eltern sie weggegeben hätten und nie wiederkommen würden. Die Tage bzw. Wochen im Krankenhaus erschienen Regine wie eine Ewigkeit. Zu Hause fühlte sich Regine fremd und nicht mehr zugehörig, was durch die Alkoholabhängigkeit ihrer Eltern noch verschlimmert wurde. Ab der Schulzeit wurde Regine vom mehrere Jahre älteren Nachbarsjungen im Treppenhaus und im Keller sexuell missbraucht. Sie pflegte als junge Erwachsene ihre kranken Eltern bis zum Tod, absolvierte erfolgreich ein duales Studium zur Diplom-Verwaltungswirtin, litt jedoch in zunehmendem Maße unter posttraumatischen Beschwerden, Dissoziationen und Depressionen. Trotz starker Beziehungswünsche ist Regine in ihrem Leben nie eine intime Beziehung eingegangen. Im Rahmen einer ambulanten Psychotherapie wurde Regine in eine Klinik eingewiesen, in der einige EMDR-Therapeut*innen tätig sind. Dort wurde empfohlen, dass Regine wegen der komplexen Traumatisierung bis auf Weiteres zweimal jährlich für einige Wochen aufgenommen wird, um im Rahmen einer Intervallbehandlung an einzelnen Zwischenzielen der Behandlung (Stabilisieren, Durcharbeiten, Integrieren bei gleichzeitiger Entpflichtung vom Alltag) zu arbeiten. ◄

3.5 Welche psychotraumatologischen Behandlungen Anfänger*innen machen können und sollen – und welche nicht

Traumatherapeutischen Anfänger*innen wird empfohlen, mit Patient*innen mit einem sogenannten Monotrauma zu arbeiten, das bedeutet, dass die Patient*innen nur *ein* traumatisches Ereignis erlebt haben sollten, und dies möglichst als Erwachsene. Dies kann zum Beispiel bei Arbeitsunfällen der Fall sein. Behandler*innen sollten sich durch die Nutzung diagnostischer Interviews und Erhebung einer Traumalandkarte (s. Abschn. 6.1) vergewissern, dass es sich wirklich nur um dieses eine Monotrauma handelt. Beispiele hierfür können Banküberfälle oder Überfälle im Einzelhandel sein.

Sollten Patient*innen als Erwachsene mehrere Traumatisierungen erlebt haben, könnten diese auch gut behandelbar sein. Beispiele dafür können Marktleiter*innen im Einzelhandel sein, die mehrfach überfallen wurden, oder Zugführer*innen, die mehrfach in Schienensuizide involviert waren.

Die Trennlinie für die Frage, ob psychotraumatologische Anfänger*innen Traumatisierte behandeln sollten, kann darin liegen, ob die Betroffenen eine dissoziative Störung haben, in der Kindheit traumatisiert wurden, sich selbst verletzen und/oder unter einer Borderline-Störung leiden. Hier sollten in der Supervision bzw. in anderen Fortbildungen Kenntnisse über sogenannte Skills (wie im Skillstraining der Dialektisch-Behavioralen Therapie nach Linehan, kurz DBT) angeeignet werden, um diese an die Betroffenen weitergeben zu können. Ihr Übungspool an stabilisierenden Übungen sollte gut gefüllt sein, um mit komplex und/oder früh traumatisierten Patient*innen qualifiziert die Phase der Stabilisierung (s. Kap. 6) gestalten zu können.

Sollten Ihre Patient*innen Ihnen Hinweise darauf geben, dass sie ritualisierte sexuelle Gewalt erlebt haben, sollten Sie sich von entsprechend erfahrenen Supervisor*innen begleiten lassen, die mit Ihnen zum Beispiel die Frage eruieren, ob etwaig vorhandene innere Wächteranteile der Betroffenen eine Psychotherapie zulassen oder nicht, und ob die Grundlagen für eine Psychotherapie gegeben sind (siehe hierzu Fliß, 2019). Dies kann auch in einer ambulanten Akuttherapie geklärt werden. Bei Behandlungen dieser Patient*innengruppe wird der Besuch entsprechender Fortbildungen sehr empfohlen.

Die Behandlung von Patient*innen nach Arbeitsunfällen kann in vielen Fällen erst gelingen, wenn Existenzsorgen der Betroffenen geklärt sind (z. B. durch Wiedereinstieg in die alte Arbeit, durch Berentung oder Umschulung). Da finanzielle Existenzsorgen das erlebte Trauma quasi fortbestehen lassen, kann eine psychotherapeutische Behandlung in der Phase vor Klärung der finanziellen Zukunft der Patient*innen stocken und eine Quelle der Frustration für psychotherapeutische Anfänger*innen (im Übrigen nicht nur für diese) darstellen.

Erfahrungsgemäß kann sich die Behandlung von Soldat*innen als anspruchsvoll erweisen, die bei Auslandseinsätzen nicht nur eine Fülle von Traumatisierungen und konstante Bedrohung erlebt haben können (zum Beispiel durch die ständig bestehende Gefahr von Anschlägen), sondern weil ein starkes Vermeidungs- und Verleugnungsverhalten vorherrschen kann aufgrund eines berufsbezogenen Kodexes der Stärke. Für Soldat*innen kommt zudem noch der Schwierigkeitsgrad dazu, dass Einsätze als sehr positiv erlebt werden können im Sinne eines „richtigen Soldat*innenlebens", indem endlich erlernte Techniken angewandt werden können oder dürfen, die in der Heimatkaserne nur trainiert werden oder sogar verboten sind (Beispiel: Einsatz von Funkstörern). Dies kann es erschweren, das Erlebte als Vergangenes hinter sich zu lassen. Empfohlen werden hier Fortbildungen durch Psycholog*innen und Ärzt*innen der Bundeswehr.

3.6 Zusammenfassung

EMDR entwickelte sich in einem zeitlichen Kontext, eingebettet in die weltweit fortschreitende Entwicklung der Psychotraumatologie. Hierbei kann von Behandler*innenseite entschieden werden, in welche Richtlinienbehandlung EMDR eingebettet werden kann und ob EMDR ggf. von weiteren Psychotherapiemethoden flankiert wird. EMDR-Behandlung kann in unterschiedlichen Settings ambulant und teil- bzw. vollstationär stattfinden.

3.7 Prüfungsfragen

1. Wodurch hat sich Psychotraumatologie entwickelt?
2. Zählen Sie einige Trauma-Störungsmodelle auf.
3. Nennen Sie verschiedene Traumafolgestörungen.
4. Wodurch kann eine psychische Traumatisierung ausgelöst werden?

Literatur

Alliger-Horn, C., Zimmermann, P., & Mitte, K. (2015). Vergleichende Wirksamkeit von IRRT und EMDR bei kriegstraumatisierten deutschen Soldaten. Stuttgart: *Trauma & Gewalt, 9*(3), 204–215.
Bernstein, E. M., & Putnam, F. W. (1986). Development, reliability and validity of a dissociation scale. *Journal of Nervous & Mental Disease, 174*, 727–735.

Bohleber. (2019). Die Traumatheorie in der Psychoanalyse. In G.H. Seidler, H.J. Freyberger, H. Glaesmer, & S.B. Gahleitner (Hrsg.), *Handbuch der Psychotraumatologie*. Klett-Cotta.

Fliß, C. (2019). Organisierte rituelle Gewalt. Besonderheiten einer Traumatherapie. *Trauma & Gewalt., 13*(2), 128–138.

Freyberger., & Freyberger (2019). Ulrich Venzlaff – Nestor und Wegbereiter der Psychotraumatologie. In G.H. Seidler, H.J. Freyberger, H. Glaesmer, & S.B. Gahleitner (Hrsg.), *Handbuch der Psychotraumatologie*. Klett-Cotta.

Horowitz, M.J. (1993). Stress-Response syndromes. In J.P. Wilson & B. Raphael (Hrsg.), *International handbook of traumatic stress syndromes. The plenum series on stress and coping*. Springer. https://doi.org/10.1007/978-1-4615-2820-3_4

Horowitz, M. J., Wilner, N., & Alvarez, W. (1979). Impact of event scale: A measure of subjective stress. *Psychosomatic Medicine, 41*, 209–218.

Kirsch, A., Michael, T., & Lass-Hennemann, J. (2011/2015). Trauma und Gedächtnis. In G.H. Seidler, H.J. Freyberger, & A. Maercker (Hrsg.), *Handbuch der Psychotraumatologie*, (2. Aufl.,). Klett-Cotta.

Maercker, A., & Michael, T. (2009). *Posttraumatische Belastungsstörungen*. In J. Margraf & S. Schneider (Hrsg.), *Lehrbuch der Verhaltenstherapie* (Bd. 2). Springer.

Margraf, J., Cwik, J. C., Suppiger, A., & Schneider, S. (2017). *DIPS open access: Diagnostic interview for mental disorders*. [DIPS Open Access: Diagnostisches Interview bei psychischen Störungen]. https://doi.org/10.13154/rub.100.89

Pieper, G., Pieper, D., & Pieper, J. (2021). *Traumatherapie in sieben Stufen. Ein kognitiv-behaviorales Behandlungsmanual (SBK). 2, vollständig überarbeitete und (erweiterte)*. Hogrefe.

Reddemann, L. (2021). *Psychodynamisch Imaginative Traumatherapie – PITT*. Klett-Cotta.

Schäfer, I., Gast, U., Hofmann, A., Knaevelsrud, C., Lampe, A., Liebermann, P., Lotzin, A., Maercker, A., Rosner, R., & Wöller, W. (Hrsg.). (2019). *S3-Leitlinie Posttraumatische Belastungsstörung*. Springer.

Schmucker, M., & Köster, R. (2017/2021). *Praxishandbuch IRRT*. Klett-Cotta.

Seidler, G. H. (2012). *Psychotraumatologie. Das Lehrbuch*. Kohlhammer.

Spangenberg, E. (2015). *Behutsame Trauma-Integration (TRIMB)*. Klett-Cotta.

Venzlaff (2019). Der erlebnisbedingte Persönlichkeitswandel. In G.H. Seidler, H.J. Freyberger, H. Glaesmer & S.B. Gahleitner (Hrsg.), *Handbuch der Psychotraumatologie*. Klett-Cotta.

WHO/Dilling, H., Mombour, W., & Schmidt, M. H. (Hrsg.). (1991). *Internationale Klassifikation psychischer Störungen, ICD-10 Kapitel V (F)*. Bern: Huber.

Wolpe, J. (1969). *The practice of behavior therapy*. Pergamon.

Die Wirkweise von EMDR

Anna-Konstantina Richter

Inhaltsverzeichnis

4.1 Die Wirkweise von EMDR 38
4.2 Das EMDR-Störungsmodell: Das AIP-Modell von Shapiro 38
4.3 Befunde von Baek et al.: Inhibition der Amygdalae-Aktivierung durch EMDR 41
4.4 Zusammenfassung 43
4.5 Prüfungsfragen 43
Literatur. 43

> **Überblick**
>
> Wieso EMDR wirkt, war bis 2019 ein Thema, das Spekulationen unterworfen war und Kritiker*innen zur Frage veranlasste, ob EMDR eine Pseudowissenschaft sei (McNally, 2003). Das AIP-Modell von Shapiro (1995) sagt die Verarbeitung belastender Ereignisse voraus. Untersuchungen sprachen auch dafür, dass die Wirkung von EMDR mit dem Arbeitsgedächtnismodell von Baddeley und Hitch (1974) erklärt werden kann (z. B. Gunter & Bodner, 2008). 2019 erschien die Publikation der Untersuchung von Baek et al., die aufzeigt, welche Wirkung EMDR im Gehirn hat und welche Rolle Augenbewegungen dabei spielen und dass es sich dabei nicht um „Magie" handelt, wie der Artikel „Eye Movement Magic" von Rosen et al. (1999) hinterfragt.

A.-K. Richter (✉)
Zentrum für psychologische Beratung und Training, Marburg, Deutschland
E-Mail: richter@zpbt-marburg.de

4.1 Die Wirkweise von EMDR

Um das Jahr 2000 herum gab es Kritik an EMDR derart, dass für die therapeutische Wirkung von Augenbewegungen beim EMDR aus Sicht von McNally (1999) jegliche empirische Unterstützung fehle. Es ähnele der Augenstimulation des Wiener Arztes Mesmer (1734–1815), die er im Rahmen seiner sogenannten magnetischen Kuren durchführte. Herbert et al. (2000, S. 946) besprachen die seinerzeit wahrgenommene enorme Popularität von EMDR kritisch: Es wurde konzediert, dass Wirksamkeitsnachweise in kontrollierten Studien erbracht worden seien, aber die Autor*innen beschrieben eine aus ihrer Sicht als aggressiv wahrgenommene Werbung und eine rapide Akzeptanz unter Behandler*innen. EMDR wurde von ihnen als pseudowissenschaftliche Methode bezeichnet.

Andererseits hat nicht nur Shapiro (1995) eine neurophysiologische Wirkweise von EMDR in ihrem AIP-Modell vermutet und formuliert. Auch mit einem kognitiven Modell lässt sich die Wirkweise von EMDR erklären: Sobald belastende Erinnerungen vom Langzeitgedächtnis ins Arbeitsgedächtnis (nach Baddeley & Hitch, 1974) abgerufen werden, werden sie formbar, bearbeitbar und können in verarbeiteter Form, die möglichst beschwerdefrei ist, ins Langzeitgedächtnis zurückgespeichert werden, jedoch bei erfolgreicher Bearbeitung in neuer Form. Daher hat Richter (2019) die Begrifflichkeit *Neokonsolidierung* als Effekt der erfolgreichen Bearbeitung einer belastenden Erinnerung gewählt (Abb. 4.1).

Mit der Studie von Baek et al. (2019) kann die Wirkweise von EMDR auch auf hirnanatomischer Ebene als geklärt gelten. In den beiden folgenden Unterkapiteln werden das AIP-Modell und die Studie von Baek et al. genauer beleuchtet.

4.2 Das EMDR-Störungsmodell: Das AIP-Modell von Shapiro

Als Shapiro im Jahr 1995 das EMDR-Störungsmodell beschrieben hat, das sogenannte AIP-Modell (zunächst *Accelerated* Information Processing Model, später *Adaptive* Information Processing Model), hat sie sich eines Begriffes aus der neurophysiologischen Informationsverarbeitung (Bower, 1981 und Lang, 1979, zitiert nach Shapiro, 1995) bedient, nämlich des Begriffs der „neural networks" (S. 25; zu Deutsch: neuronale Netzwerke). Damit meint sie nicht nur *neuronale* Netzwerke, sondern auch die darin enthaltenen *Erinnerungs*netzwerke. In den neuronalen Netzwerken seien Erinnerungen, Gedanken, Bilder, Gefühle und Wahrnehmungen abgespeichert, und Verarbeitung belastender Erinnerungen bedeute, dass eine physiologische Balance hergestellt werde mit dem Ziel der Integration eines positiven kognitiven Schemas (S. 26, „adaptive resolution", zu Deutsch: lernende Auflösung).

4 Die Wirkweise von EMDR

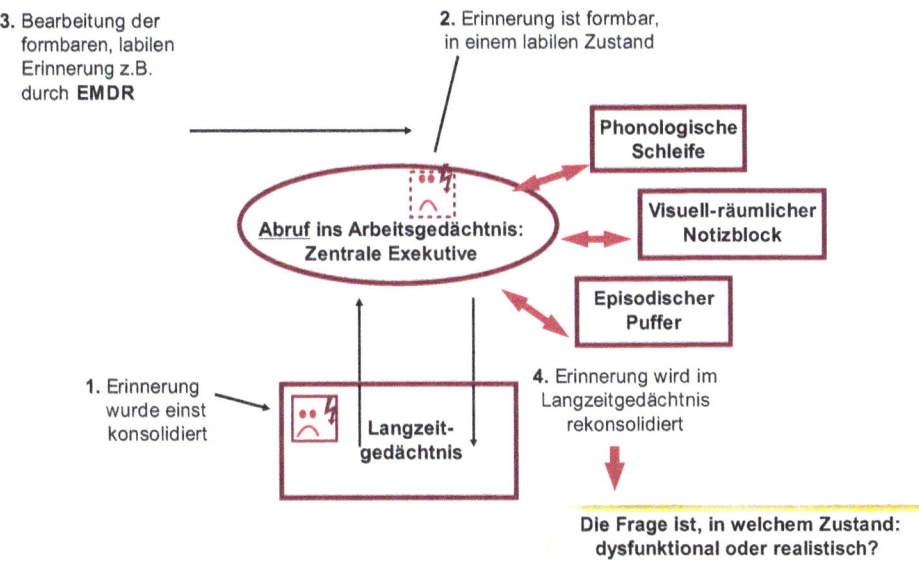

Abb. 4.1 Neokonsolidierungsmodell – Rekonsolidierungshypothese verbunden mit dem Modell des Arbeitsgedächtnisses nach Baddeley & Hitch. Ansatzpunkt für die Behandlung z. B. mit EMDR (3.) ist der Abruf einer Erinnerung (2.) aus dem Langzeitgedächtnis (1.) ins Arbeitsgedächtnis zur Rekonsolidierung, bestenfalls nach einem durch erfolgreiche Psychotherapie erfolgtem „Neu-Lernen", wie von Rüegg (2009) beschrieben (4.). Hierfür führte Richter (2019) den Begriff der Neokonsolidierung ein

> **Übersicht**
> „Shapiro empfiehlt dazu eine Metapher für die Psychoedukation:
>
> Den Verarbeitungsprozess müsse man sich vorstellen wie einen Zug, der seiner festen Route folge. Die Information starte zunächst in ihrer dysfunktionalen Form, und wenn die Informationsverarbeitung durch EMDR angeregt werde, folge der Zug seinen Gleisen und werfe an jeder Haltestelle dysfunktionale Information raus und nehme weniger problematische Information auf, so wie an einer Haltestelle Passagiere in den Zug ein- und aussteigen. Information sei bei traumatisierten Patient/-innen genau so abgespeichert, wie sie ursprünglich erlebt wurde, da das Informationsverarbeitungssystem blockiert worden sei (s. hierzu Person & Klar, 1997). Die Information sei 'eingefroren in der Zeit' ('frozen in time'; S. 37) und isoliert in einem eigenen neuronalen Netzwerk, abgespeichert in seiner ursprünglichen verstörenden Form." (Richter, 2019, S. 46.)

Shapiros AIP-Modell (Abb. 4.2) basierte auf der Annahme, dass unverarbeitete Erinnerungsnetzwerke aufgrund eines Verlustes neuronaler Homöostase Beschwerden

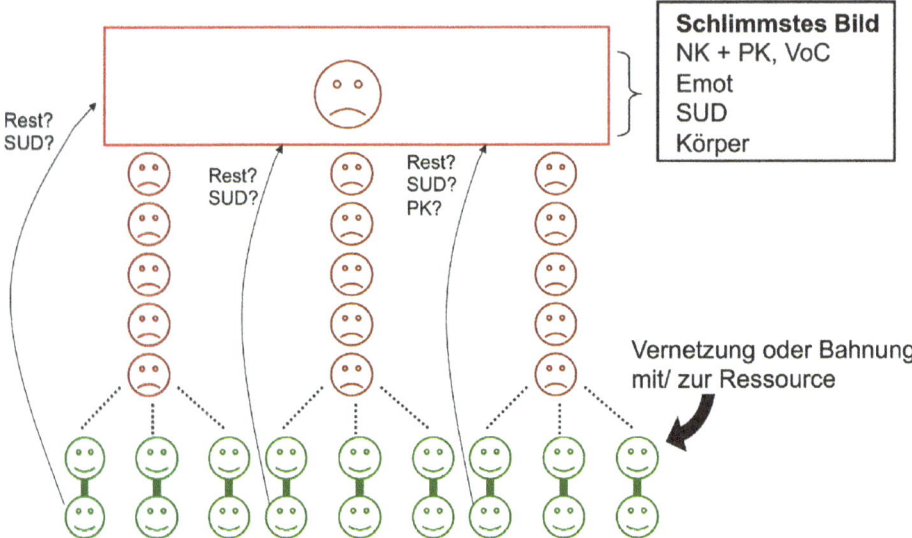

Abb. 4.2 AIP-Modell nach Shapiro. (Aus Richter, 2018, S. 339) NK = negative Kognition, PK = positive Kognition, VoC = Validity of Cognition (Skala von 1 „ganz falsch" bis 7 „ganz richtig" nach Shapiro), Emot = Emotion beim Erinnern des schlimmsten Bildes, SUD = Subjective Units of Disturbance nach (Wolpe, 1969) (Skala von 0 „neutral" bis 10 „maximal vorstellbare Belastung"), Körper: wo die Belastung genau spürbar ist. Die zu ermittelnden Informationen im Kasten werden in der EMDR-Behandlungsphase 3 exploriert (s. Kap. 6)

auslöse, und EMDR löse einen Zustand der Verarbeitung aus durch folgende mögliche Mechanismen:

- Dekonditionierung durch Entspannung;
- Zustand des Gehirns, der schwache Assoziationen aktiviere und stärke;
- Ansteuern des Arbeitsgedächtnisses, s. hierzu auch Abschn. 3.3;
- bilaterale Stimulation;
- Prozesse wie im REM-Schlaf;
- eine Kombination multipler Verarbeitungsprozesse.

Den zu einer belastenden Erinnerung gehörenden Erinnerungskanälen wird in einer EMDR-Behandlung gefolgt, bis diese mit Ressourcen vernetzt werden. Die aus dem Individuum kommenden Ressourcen werden mit den belastenden Erinnerungen vernetzt und tragen so dazu bei, dass die Erinnerung sich nicht mehr (so) belastend anfühlt.

Fallvignette 1 (PTBS)

„Hans (Mitte 50) war Filialleiter eines Supermarktes und wurde in seiner langjährigen Dienstzeit dreimal überfallen. Viele Jahre blieb seine PTBS unerkannt, wegen Angstsymptomen wurden ihm u. a. Benzodiazepine verordnet. Angetriggert wurde er durch

4 Die Wirkweise von EMDR

das Geräusch, wenn Türen sich schlossen, was mit dem ersten Überfall, den er erlebt hatte, zusammenhing: Er hatte morgens um 5 Uhr als Erster den Markt geöffnet, und beim Öffnen der zweiten Tür in der Schleuse drangen die Täter hinter ihm durch die erste Tür ein, was er erst durch das Türgeräusch bemerkt hatte. Während des EMDR-Behandlungsprozesses fand die Vernetzung mit Ressourceninhalten dergestalt statt, dass Hans sich erinnerte, wie er nach dem Überfall und nach der Vernehmung durch die Polizei auf den Parkplatz des Supermarktes trat, die Sonne aufging (Bild), er dachte: „Ich habe überlebt" (positive Kognition), und er erleichtert und erfreut war (Emotionen), was er im Körper durch Wegfall von Anspannung merkte (physiologische Reaktion). In Zukunft dachte Hans, wenn er an den Überfall erinnert wurde, vor allem an diese Sequenz der Ereignisse, die ihm vor der EMDR-Bearbeitung völlig entfallen war." (Richter, 2019, S. 58). ◄

4.3 Befunde von Baek et al.: Inhibition der Amygdalae-Aktivierung durch EMDR

Wer die Studie von Baek et al. (2019) auf Deutsch ausführlich beschrieben lesen möchte, kann auf den Artikel von Spitzer (2019) zurückgreifen.

Mäuse sind in dieser Untersuchung derart klassisch konditioniert worden, dass ein Ton (CS für conditioned stimulus) einen milden elektrischen Stromstoß (US für unconditioned stimulus) ankündigte. Die Reaktionen der Mäuse waren sichtbare Schockstarren (CR für conditioned respons). Die CR trat jedoch nicht ein, wenn der Ton präsentiert wurde und danach die Mäuse die Augen hin- und herbewegten, stimuliert durch laufende LED-Leuchten in einem Ring im Acrylglas, in dem die Mäuse sich befanden siehe Abb. 4.3.

Abb. 4.3 aus Spitzer, 2019, S. 232 . Mit freundlicher Genehmigung © Georg Thieme Verlag KG Stuttgart · New York

Baek et al. leiten durch optogenetische Verfahren (d. h. intrazellulärer Messung mit Kontrolle durch Licht wie z. B. fluoreszierende Proteine) u. a. Latenzen von den Amygdalae (lat. für Mandelkerne, Angstzentren im sogenannten limbischen System, lokalisiert im Zwischenhirn) ab. Spitzer bewertet dabei die Ergebnisse folgendermaßen, dass es „bei einer durch EMDR verstärkten Extinktion (…) zu vermehrter Hemmung der Amygdala und verminderter Erregung" kommt, „d. h. zu einem verminderten Output von der Amygdala zu weiteren Angst-generierenden Regionen. Durch diesen Mechanismus wird die Wirkungsweise von EMDR im Sinne einer verstärkten Extinktion von traumatisch entstandener Angst plausibel" (S. 236).

Wie kann es zu diesen Befunden durch Augenbewegungen kommen? Im limbischen System des Zwischenhirns existiert die sogenannte Vierhügelplatte (Abb. 4.4), in deren oberem Teil sich die beiden Colliculi superiores befinden. Diese sind (wie durch Experimente an Affen ermittelt wurde, s. Spitzer, 2019, S. 235) für Augenbewegungen zuständig sowie für Aufmerksamkeitsprozesse.

Spitzer interpretiert die Ergebnisse von Baek et al. bezüglich einer „dämpfenden Wirkung rascher Augenbewegungen auf Salienz-Output-Signale im Colliculus superior", indem er auf Holmes (2019, zitiert nach Spitzer) zurückgreift und modellhaft darstellt, dass die Verschaltung zwischen Colliculi superiores und Amygdalae über den mediodorsalen Thalamus zur Folge hat, dass ein „verminderter Output zu Angst-generierenden Regionen" erfolgt (Abb. 4.5).

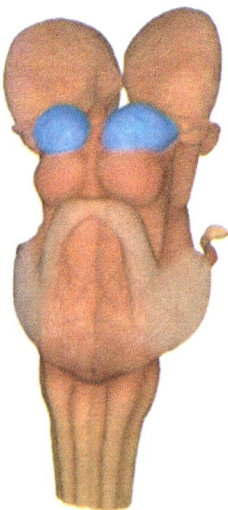

Abb. 4.4 aus Spitzer, 2019. Mit freundlicher Genehmigung © Georg Thieme Verlag KG Stuttgart · New York

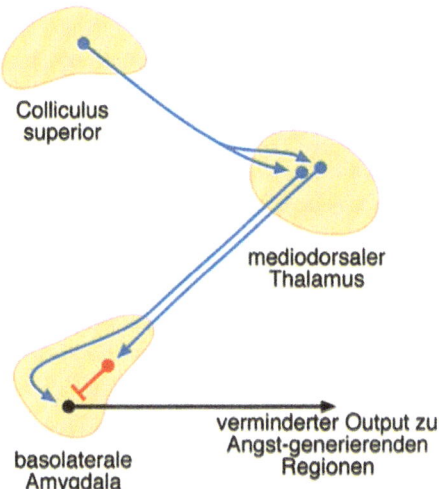

Abb. 4.5 aus Spitzer, 2019, S. 232. Mit freundlicher Genehmigung © Georg Thieme Verlag KG Stuttgart · New York

4.4 Zusammenfassung

Nachdem über 30 Jahre nach der Entdeckung der Wirksamkeit von EMDR diskutiert wurde, weshalb EMDR wirksam ist, und kritisiert wurde, dass der Wirkmechanismus nicht bekannt war, fanden Baek et al. (2019) heraus, dass Augenbewegungen die Colliculi superiores im limbischen System stimulieren, was eine inhibierende Wirkung auf den Output zu angstauslösenden Regionen im Gehirn hat.

4.5 Prüfungsfragen

1. Was ist das zentrale theoretische Modell des EMDR?
2. Was besagt die Neokonsolidierungshypothese?
3. Welche Rolle spielen Augenbewegungen in der Untersuchung von Baek et al. (2019)?

Literatur

Baddeley, A. D., & Hitch, G. J. (1974). (1974) Working memory. In G. H. Bower (Hrsg.), *The psychology of learning and motivation: Advances in research and theory* (Bd. 8, S. 47–89). Academic.

Baddeley, A. (2012). Working memory: Theories, models, and controversies. *Annual Review of Psychology, 2012*(63), 1–29.

Baek, J., et al. (2019). Neural circuits underlying a psychotherapeutic regimen for fear disorders. *Nature, 566*, 339–343.

Bower, G.H. (1981). Mood and memory. *American Psychologist, 36*, 129-148.

Gunter, R. W., & Bodner, G. E. (2008). How eye movements affect unpleasant memories: Support for a working-memory account. *Behaviour Research and Therapy, 46*(2008), 913–931.

Hase, M., Balmacedam, U. M., Ostacoli, L., Liebermann, P., & Hofmann, A. (2017). The AIP model of EMDR therapy and pathogenic memories. *Frontiers in Psychology, 8*, 1578. https://doi.org/10.3389/fpsyg.2017.01578

Herbert, J. D., Lilienfeld, S., Lohr, J. M., Montgomery, R. W., O'Donohue, W. T., Rosen, G., & Tolin, D. F. (2000). Science and pseudoscience in the development of eye movement desensitization and reprocessing: Implications for clinical psychology. *Clinical psychology review, 20*(8), 945–971.

Lang, P. J. (1979). A bioinformational theory of emotional imagery. *Psychophysiology, 16*, 495–512.

McNally, R. J. (2003) Is the pseudoscience concept useful for clinical psychology?: The demise of pseudoscience. In: *The Scientific Review of Mental Health Practice, 2*, 2. Commission for Scientific Medicine and Mental Health.

McNally, R.J. (1999) EMDR and Mesmerism: a comparative historical analysis. *Journal of Anxiety Disorders, 13*(1–2), 225–236. https://doi.org/10.1016/s0887-6185(98)00049-8. PMID: 10225510.

Person ES, Klar H. (1997). *Trauma diagnosis: difficulty in differentiating between recall and fantasy Psychotherapie, Psychosomatik, Medizinische Psychologie. 47*(3–4), 97–107. PMID: 9206799

Richter, A.-K. (2018). Vernachlässigte Folgen sozialer Traumatisierung: Soziale Angststörung (SAS) – „Stiefkind" in der psychotherapeutischen Versorgung. *Trauma und Gewalt, 12*, 334–344. DOI https://doi.org/10.21706/TG-12-4-334, https://elibrary.klett-cotta.de/article/https://doi.org/10.21706/tg-12-4-334

Richter, A.-K. (2019). *EMDR bei Sozialen Angststörungen*. Klett-Cotta.

Rosen, G. M., McNally, R. J., & Lilienfeld, S. O. (1999). Eye movement magic. *Sceptic, 7*(4), 66–69.

Rüegg, J. C. (2009). Traumagedächtnis und Neurobiologie – Konsolidierung, Rekonsolidierung Extinktion. *Trauma & Gewalt, 3*(1), 6–17.

Shapiro, F. (1995). *Eye movement desensitization and reprocessing: Basic principles, protocols, and procedures* (3. Aufl.). Guilford Press.

Spitzer, M. (2019). Psychotherapie im Mausmodell. Was bei EMDR im Gehirn passiert. *Nervenheilkunde 38*(05), 231–239.

Wolpe, J. (1969). *The practice of behavior therapy*. Pergamon.

Studienlage zu EMDR

Anna-Konstantina Richter

Inhaltsverzeichnis

5.1	Wichtige Studien zu EMDR, die Sie kennen sollten	1
5.2	Zu welchen Störungsbildern liegen Wirksamkeitsnachweise zu EMDR vor?	3
5.3	Zusammenfassung	6
5.4	Prüfungsfragen	6
	Literatur	6

Überblick

EMDR ist eine relativ junge Psychotherapiemethode; daher finden laufend neue Erkenntnisprozesse statt – auch bezüglich neuer Wirksamkeitsnachweise. Seit den ersten Publikationen über EMDR im Jahr 1989 gibt es einige Untersuchungen, die Meilensteine in der bisherigen Entwicklung darstellen. Einige davon werden in diesem Kapitel vorgestellt.

5.1 Wichtige Studien zu EMDR, die Sie kennen sollten

Die erste Studie über EMDR wurde im Rahmen von Shapiros Dissertation durchgeführt: Shapiro wurde an der Professional School of Psychological Studies in San Diego 1988 über eine Arbeit zur „Efficacy of the multi-saccadic movement desensitization technique

---

A.-K. Richter (✉)
Zentrum für psychologische Beratung und Training, Marburg, Deutschland
E-Mail: richter@zpbt-marburg.de

© Der/die Autor(en), exklusiv lizenziert an Springer-Verlag GmbH, DE, ein Teil von Springer Nature 2023
A.-K. Richter (Hrsg.), *EMDR*, https://doi.org/10.1007/978-3-662-64662-5_5

in the treatment of post-traumatic stress disorder" promoviert; die von ihr erforschte Augenbewegungstherapie nannte sie in ihrer Dissertation MSMD (für „multi-saccadic movement desensitization"). Die Ergebnisse ihrer Untersuchung veröffentlichte sie 1989 (1989a), hier aber unter der Bezeichnung EMD für Eye Movement Desensitization[1]: $N=22$ Proband/-innen, die durch Kriegserlebnisse traumatisiert worden oder durch sexuellen Missbrauch (u. a. in der Kindheit) belastet worden waren, wurden mittels der EMD-Prozedur behandelt, indem sie ihre Aufmerksamkeit gerichtet lassen sollten auf

- ein Erinnerungsbild des belastenden Ereignisses,
- eine negative Selbstaussage in Bezug auf das erlebte Trauma,
- die Angstreaktion,

während die Proband/-innen instruiert wurden, multisakkadische Augenbewegungen auszuführen. Es wurde berichtet, dass bereits *eine* Sitzung zu signifikanten Änderungen in Form einer

- völligen Desensibilisierung der Erinnerungen an traumatische Ereignisse sowie
- Änderung der subjektiven kognitiven Einschätzung der Situation führte,

was sich auch einen Monat nach der Behandlung bestätigt habe. Im gleichen Jahr erfolgte Shapiros Veröffentlichung einer Fallstudie über die erfolgreiche Behandlung einer Patientin nach einer Vergewaltigung (1989b).

1993 wurde die erste RCT-Pilotstudie über die Wirkung von EMD veröffentlicht, in der Ergebnisse der Behandlung von Kriegsveteranen mit PTBS in zwei Sitzungen publiziert wurden (Boudewyns, Stwertka, Hyer, Albrecht & Sperr, zitiert nach Maxfield, 2009). 1995 folgte die erste RCT über die Wirkung von EMDR bei Zivilist*innen mit PTBS von Wilson et al. (1995), in der über die erfolgreiche Behandlung von $n=80$ Proband/-innen mittels drei EMDR-Sitzungen à 90 min berichtet wurde, die im 90-Tages-Follow-up stabil waren.

1998 listete die Clinical Division der American Psychological Association mit ihrer Publikation von Chambless et al. (1998) bei den möglicherweise wirksamen Behandlungen („probably efficacious treatments", S. 9) EMDR für PTBS bei Zivilist*innen auf. Im gleichen Jahr wurde die erste EMDR-Metaanalyse publiziert (Van Etten & Taylor, 1998), in der 61 Arbeiten über PTBS-Behandlung auf ihre Wirksamkeit untersucht wurden und sich EMDR als ebenso wirksam erwies wie KVT.

---

[1] Die Methode wurde anfangs EMD genannt, da Shapiro Desensibilisierung als Wirkmechanismus vermutete. Mit der Entwicklung des AIP-Modells (Shapiro, 1995) verlagerte sich der beobachtete Wirkmechanismus auf das Reprozessieren neuronaler Netzwerke, sodass eine Erweiterung des Namens der Methode auf den Begriff EMDR erfolgte.

Wagner wurde über eine Metaanalyse über die Wirksamkeit von EMDR bei PTBS im Vergleich zu kognitiver Verhaltenstherapie promoviert (s. Abschn. 11.2): EMDR erwies sich in dieser Untersuchung ebenso wirksam wie Verhaltenstherapie. Die Ergebnisse publizierten Seidler und Wagner im Jahr 2006, und die Studie wurde eingeschlossen bei der Beantragung der Anerkennung von EMDR zur Behandlung der PTBS in Deutschland. Im Anerkennungsprozess von EMDR für die Behandlung von PTBS in Deutschland hat der Wissenschaftliche Beirat Psychotherapie außerdem folgende Studien positiv beurteilt, als er EMDR als wissenschaftliche Psychotherapiemethode anerkannt hat:

Wilson et al. (1995), Boudewyns und Hyer (1996), Marcus et al. (1997, 2004), Rothbaum (1997), Carlson et al. (1998), Scheck et al. (1998), Lee et al. (2002), Power et al. (2002) und Jaberghaderi et al. (2004).

Bradley et al. (2005) haben eine multidimensionale Metaanalyse publiziert, bei der sie psychotherapeutische Behandlungen (drei Arten Verhaltenstherapie und EMDR) von PTBS untersucht haben. Bei zehn eingeschlossenen Studien zu EMDR wurde eine Effektstärke von Cohens $d = 1,43$ gemessen, was einer sehr hohen Wirksamkeit von EMDR entspricht (S. 222, Tab. 4).

Baek et al. (2019) konnten mit ihrer Arbeit den Wirkmechanismus von EMDR aufzeigen, wie Spitzer (2019) in seiner Veröffentlichung anschaulich erläutert: Baek et al. hatten Mäuse klassisch konditioniert, auf einen akustischen Reiz mit Schockstarre zu reagieren, nachdem der akustische Reiz mit einem elektrischen Reiz über den Fußboden des Käfigs gepaart worden war, in dem sich die Mäuse befanden. Diese Angstreaktion nahm ab, wenn den Mäuse parallel zur Präsentation des akustischen Reizes Lichtreize durch LEDs dargeboten wurden, die den Blick der Mäuse hin- und herlenkten. Der Effekt war größer als der Effekt der Extinktion in den Kontrollbedingungen. Die optogenetische Untersuchung in den Gehirnen der Mäuse (d. h. die Untersuchung der zellulären Aktivität der Gehirne der Mäuse mit biologischer Lichttechnologie) zeigte, dass die Augenbewegungen der Mäuse deren Colliculi superiores aktivierte. Diese sind verschaltet mit dem mediodorsalen Thalamus, der die Aktivierung der Colliculi superiores weiterleitet an die basolateralen Amygdalae, was eine Erhöhung inhibitorischer Potenziale zur Folge hat (Spitzer, 2019, S. 237, Abb. 11, s. Kap. 4 in diesem Buch) und das Verlernen der zuvor klassisch konditionierten Freeze Reaktion der Mäuse nach Applikation von Augenbewegungen erklärt.

5.2 Zu welchen Störungsbildern liegen Wirksamkeitsnachweise zu EMDR vor?

Studien über die Behandlung von Depressionen mit EMDR liegen unter anderem von der EDEN-Arbeitsgruppe vor, wobei EDEN für European Depression and EMDR Network steht:

Hase et al. (2018) berichteten von ihrer randomisierten kontrollierten Studie mit 30 stationär behandelten Patient*innen, in der die TAU-Bedingung (TAU steht für

„treatment as usual", zu Deutsch: Behandlung wie üblich) verglichen wurde mit der Bedingung EMDR+TAU. Die Besserung in der EMDR+TAU war signifikant.

Carletto et al. (2017) haben ein Review veröffentlicht, in dem sie sieben Studien über die Behandlung von **Depressionen** mit EMDR eingeschlossen haben, davon drei kontrollierte Studien und vier randomisierte kontrollierte Studien. Die Studienqualität wurde noch nicht als zufriedenstellend angesehen, auch wenn davon ausgegangen wurde, dass EMDR eine vielversprechende Behandlung für depressive Patient*innen darstellen könne. Ostacoli et al. (2018) veröffentlichten ihre Untersuchung von 66 Patient*innen (Completer der ursprünglich 82 Patient*innen) von zwei psychiatrischen Einrichtungen in Italien und Spanien. Verglichen wurden die Patient*innen, die mit KVT behandelt wurden, mit denen, die mit EMDR behandelt wurden. In beiden Gruppen wurden vergleichbare Senkungen der Testscores gefunden, aber kein Unterschied zwischen den Gruppen, was dafür spricht, dass EMDR eine wirksame Behandlungsmethode gegen Depressionen darstellt. Eine Übersicht weiterer Studien über die Behandlung von Depressionen mit EMDR findet sich bei Hofmann et al. (2020).

Über verschiedene Formen der **spezifischen Phobien** hat de Jongh geforscht: Er hat Fallstudien vorgelegt zur Behandlung von Emetophobie (De Jongh, 2012) und Zahnarztphobie (De Jongh et al., 2002): Eine Patientin mit Angst vor Erbrechen wurde in vier EMDR-Sitzungen behandelt und verlor ihre Angst nachhaltig auch noch im Drei-Jahres-Follow-up. Vier Patient*innen mit Zahnarztangst konnten unter einer EMDR-Behandlung ihre Zahnbehandlungen aufnehmen, und bei drei der vier Patient*innen sanken die Ängste erheblich.

Horst et al. (2017) habe in einer randomisierten kontrollierten Studie mit $N=84$ Patient*innen mit **Panikstörung** herausgefunden, dass sich EMDR als ebenso wirksam erwies wie kognitive Verhaltenstherapie.

Über die Behandlung von **sozialer Phobie,** Prüfungsangst, Auftrittsangst und Redeangst liegen mehrere Fallstudien und RCTs sowie Fallvignetten vor. Richter (2019b) hat neun RCTs zu EMD bzw. EMDR bei Prüfungsangst beschrieben, von denen sechs den Evidenzgrad IIb erfüllten (gemäß den Kriterien der Fachgruppe für Klinische Psychologie und Psychotherapie der Deutschen Gesellschaft für Psychologie, zitiert nach Heinrichs et al., 2010, S. 9). Von vier Studien über EMDR bei Vortrags- und Auftrittsängsten erfüllten zwei Evidenzgrad IIb. In der Fallstudie von Sun und Chiu (2006) wurde die erfolgreiche Behandlung eines sozial phobischen Patienten mit Achtsamkeit (MBSR, kurz für Mindfulness Based Stress Reduction) und EMDR beschrieben.

Tesarz et al. (2014) und van Rood und de Roos (2009) haben in zwei systematischen Reviews Arbeiten zu EMDR bei **Schmerzstörungen** gesichtet. Tesarz et al. (2014) schlossen 12 Studien mit 196 Patient*innen ein und fanden für die Wirkung von EMDR hohe Effektstärken bezüglich der Verbesserung der Stärke der Schmerzen, auch bei den Follow-up-Messungen. van Rood und de Roos (2009) untersuchten 16 Studien (13 Fallstudien, zwei unkontrollierte Studien und eine randomisierte kontrollierte Studie) mit Patient*innen mit Schmerzstörung oder Konversionsstörung. Van Rood & de Roos fanden eine für sie Störung typische hohe Dropout-Rate von 43 %, aber auch vielversprechende Ergebnisse für Phantomschmerzen.

Böhm und Voderholzer (2010) haben wegen der hohen Rate an Therapieabbrüchen von 15–40 % von Zwangspatient*innen bei kognitiver Verhaltenstherapie eine Fallserie mit Patient*innen beschrieben, deren **Zwänge** sich nach einer Behandlung mit EMDR um 60 % reduziert haben.

De Bont, van Minnen und de Jongh (2013) konnten in ihrer Feasibility-Studie (zu Deutsch: Machbarkeitsstudie) zeigen, dass bei $N=5$ Patient*innen, die **traumatisiert und psychotisch** waren, EMDR erfolgreich angewandt werden konnte und in der Anwendung genauso sicher war wie die Behandlungen in der Prolongued-Exposure-Bedingung.

Für die Behandlung von **Krankheitsangststörung** bzw. Hypochondrie liegt eine Fallstudie von Richter (2019c) vor. Im beschriebenen Fall wurden mit EMDR Belastungen verarbeitet, die mit Erkrankungen verbunden waren, die selbst erlebt oder im Umfeld bezeugt wurden, sowie Verlusterlebnisse. Damit thematisch verbunden waren Trigger sowie Flashforwards, deren Belastung mit EMDR erfolgreich gesenkt werden konnte.

Zaccagnimo et al. (2017) haben eine Fallstudie der Behandlung einer **anorektischen** Patientin mit EMDR und Ego-State-Therapie veröffentlicht. Mit EMDR angesteuert wurden Beziehungstraumata, und nach der sechsmonatigen stationären Behandlung war der BMI von 14 auf 21,5 gestiegen.

In einer Untersuchung mit **autistischen** Patient*innen von Lobregt-van Buuren et al. (2018) haben $N=22$ Teilnehmer*innen die Studien abgeschlossen. Nach bis zu acht Sitzungen EMDR sanken die Testwerte bezüglich Traumasymptomen, Stresssymptomen und autistischen Merkmalen signifikant.

Auch die Fallstudie von Kosatka und Ona (2014) mit einer 21-jährigen Patientin mit **Asperger-Syndrom** bestätigte die Möglichkeit, autistische Patient*innen mit EMDR behandeln zu können: Die Patientin bekam acht EMDR-Behandlungen und zeigte eine Senkung der Werte in der verwendeten Posttraumatischen Checkliste, die im 8-Monats-Follow-up stabil blieb.

Hase et al. (2008) haben eine Untersuchung der EMDR-Behandlung mit $N=34$ **alkoholabhängigen Patient*innen** veröffentlicht: In der Experimentalgruppe wurden dem TAU (kurz für „treatment as usual", zu Deutsch: übliche Behandlung) zwei Sitzungen EMDR zugefügt, und die Ergebnisse zeigten eine signifikante Senkung des Suchtdrucks.

Rikkert et al. (2018) haben eine multizentrische Pilotstudie mit **Tinnitus-Patient*innen** veröffentlicht: In der Studie führten jeweils sechs 90-minütige EMDR-Sitzungen zu signifikanten Verringerungen der Tinnitus-Symptome, und die Ergebnisse waren im Drei-Monats-Follow-up stabil.

Richter (2019a) zeigte in ihrer Fallstudie, dass mit EMDR auch ein **gehörloser** traumatisierter Patient erfolgreich behandelt werden konnte. Der Patient war als Fußgänger von einem Auto erfasst worden und wurde im Rahmen einer Verhaltenstherapie erfolgreich mit EMDR behandelt. Unterstützt wurde diese Behandlung durch die Begleitung von Gebärdensprachdolmetscherinnen. Schmidt und Metzner

(2020) haben diese Studie in ihr systematisches Literatur-Review über Psychotherapie für gehörlose Patienten durch hörende Psychotherapeuten mittels Gebärdensprachdolmetscher eingeschlossen und eine hohe Studienqualität bescheinigt.

5.3 Zusammenfassung

Für die Zulassung von EMDR im System der Gesetzlichen Krankenversicherung in Deutschland wurde dem WBP eine Anzahl an Studien für die Behandlung von EMDR bei PTBS vorgelegt, die zur Anerkennung führte. Von Fallstudien bis hin zu multizentrischen Studien gibt es für verschiedene Diagnosen Wirksamkeitsnachweise für EMDR, auch bei Diagnosen, die schwer behandelbar sind, wie Emetophobie, oder Angebote schaffen für unterversorgte Patient*innengruppen wie Gehörlose.

5.4 Prüfungsfragen

1. Wann veröffentlichte Francine Shapiro ihre ersten Studien zu EMDR?
2. Zu welchen Diagnosen liegen randomisierte kontrollierte Studien zu EMDR vor?
3. Zu welchen Diagnosen bezüglich der Behandlung mit EMDR liegen Reviews mehrerer Studien vor?

Literatur

Baek, J., et al. (2019). Neural circuits underlying a psychotherapeutic regimen for fear disorders. *Nature, 566*, 339–343.

Böhm, K., & Voderholzer, U. (2010). Use of EMDR in the treatment of obsessive-compulsive disorders: A case series. *Verhaltenstherapie, 20*, 175–181.

Boudewyns, P. A., & Hyer, L. A. (1996). Eye movement desensitization and reprocessing (EMDR) as treatment for post-traumatic stress disorder (PTSD). *Clinical Psychology and Psychotherapy, 3*(3), 185–195.

Bradley, R., Greene, J., Russ, E., Dutra, L., & Westen, D. (2005). A multidimensional meta-analysis of psychotherapy for PTSD. *American Journal of Psychiatry, 162*, 214–227.

Carletto, S., Ostacoli, L., Colombi, N., Calorio, L., Fernandez, F., & Hofmann, A. (2017). EMDR for depression: A systematic review of controlled studies. *Clinical Neuropsychiatry, 14*(5), 306–312.

Carlson, J. G., Chemtob, C. M., Rusnak, K., Hedlund, N. L., & Muraoka, M. Y. (1998). Eye movement desensitization and reprocessing (EDMR) treatment for combat-related posttraumatic stress disorder. *Journal of Traumatic Stress, 11*(1), 3–24.

Chambless, D. L., Baker, M. J., Baucom, D. H., Beutler, L. E., Calhoun, K. S., Crits-Christoph, P., et al. (1998). Update of empirically validated therapies, II. *The Clinical Psychologist, 51*, 3–16.

De Bont, P. A., van Minnen, A., de Jongh, A. (2013). Treating PTSD in patients with psychosis: A within-group controlled feasibility study examining the efficacy and safety of evidence-based PE and EMDR protocols. *Behav Ther, 44*(4), 717–30. doi: https://doi.org/10.1016/j.beth.2013.07.002. Epub 2013 Jul 27. PMID: 24094795.

De Jongh, A. (2012). Treatment of a woman with emetophobia: A trauma focused approach. *Mental Illness, 4*(1), e3. https://doi.org/10.4081/mi.2012.e3.PMID:25478106;PMCID: PMC4253364

De Jongh, A., Van den Oord, H. J. M., & Ten Broeke, E. (2002). Efficacy of eye movement desensitization and reprocessing in the treatment of specific phobias: Four single-case studies on dental phobia. *Journal of clinical psychology, 58*(12), 1489–1503.

Hase, M., Schallmayer, S., & Sack, M. (2008). EMDR reprocessing of the addiction memory: Pretreatment, posttreatment, and 1-Month follow-up. *Journal of EMDR Practice and Research,* 2(3), 170–179.

Hase, M., Plagge, J., Hase, A., Braas, R., Ostacoli, L., Hofmann, A., & Huchzermeier, C. (2018). Eye movement desensitization and reprocessing versus treatment as usual in the treatment of depression: A Randomized-controlled trial. *Frontiers in Psychology, 9,* 1384. https://doi.org/10.3389/fpsyg.2018.01384

Hofmann, A., Liebermann, P., Sack, M., Matthe, H., Seidler, G. H., Wagner, F. E. & Wöller, W. (2005). *Antrag auf wissenschaftliche Anerkennung von Eye Movement Desensitization and Reprocessing (EMDR) als Methode zur Behandlung der Posttraumatischen Belastungsstörung (PTBS).* EMDRIA Deutschland e. V. (Fachgesellschaft für EMDR in Deutschland).

Hofmann, A., Ostacoli, L., Lehnung, M., & Hase, M. (2020). *Depressionen behandeln mit EMDR.* Klett-Cotta.

Horst, F., Den Oudsten, B., Zijlstra, W., de Jongh, A., Lobbestael, J., De Vries, J. (2017). Cognitive behavioral therapy vs. eye movement desensitization and reprocessing for treating panic disorder: A randomized controlled trial. *Front Psychol, 8,* 1409. doi: https://doi.org/10.3389/fpsyg.2017.01409. PMID: 28868042; PMCID: PMC5563354.

Jaberghaderi, N., Greenwald, R., Rubin, A., Dolatabadim, S., & Zand, S. O. (2004). A comparison of CBT and EMDR for sexually abused Iranian girls. *Clinical Psychology and Psychotherapy, 11*(3), 358–368.

Kosatka, D., & Ona, C. (2014). Eye movement desensitization and reprocessing in a patient with asperger's disorder: Case report. *Journal of EMDR Practice and Research, 8*(1), 13–18. https://doi.org/10.1891/1933-3196.8.1.13

Lee, C., Gavriel, H., Drummond, P., Richards, J., & Greenwald, R. (2002). Treatment of PTSD: Stress inoculation training with prolonged exposure compared to EMDR. *Journal of Clinical Psychology, 58*(9), 1071–1089.

Lobregt-van Buuren, E., Mevissen, L., Sizoo, B. & Jongh, A. (2018). EMDR as a feasible and potential effective treatment for adults with ASD. *Journal of Autism and Developmental Disorders, 49*(1). ISSN 0162-3257.

Marcus, S., Marquis, P., & Sakai, C. (1997). Controlled study of treatment of PTSD using EMDR in an HMO setting. *Psychotherapy, 34,* 307–315.

Marcus, S., Marquis, P., & Sakai, C. (2004). Three- and 6-month follow-up of EMDR treatment of PTSD in an HMO setting. *International Journal of Stress Management, 11,* 195–208.

Maxfield, L. (2009). EMDR milestones: The first 20 years. *Journal of EMDR Practice and Research, 3*(4), 211–216.

Ostacoli, L., Carletto, S., Cavallo, M., Baldomir-Gago, P., Di Lorenzo, G., Fernandez, I., Hase, M., Justo-Alonso, A., Lehnung, M., Migliaretti, G., Oliva, F., Pagani, M., Recarey-Eiris, S., Torta, R., Tumani, V., Gonzalez-Vazquez, A. I., & Hofmann, A. (2018). Comparison of eye movement desensitization reprocessing and cognitive behavioral therapy as adjunctive treatments for recurrent depression: The European Depression EMDR Network (EDEN) randomized controlled trial. *Frontiers in Psychology, 9,* 74. https://doi.org/10.3389/fpsyg.2018.00074

Power, K., McGoldrick, T., et al. (2002). A controlled comparison of eye movement desensitization and reprocessing versus exposure plus cognitive restructuring versus waiting list in the treatment of post-traumatic stress disorder. *Clin. Psychol. Psychotherap., 9*, 299–318.

Richter, A.-K. (2019a). EMDR in der Behandlung eines gehörlosen PTBS-Patienten. Vorzüge einer nicht ausschließlich verbalen psychotherapeutischen Intervention – ein Fallbericht. (English: Case Report: EMDR in the Treatment of a Deaf PTSD Patient – Advantages of a not entirely verbal psychotherapeutic intervention). *Stuttgart: Trauma & Gewalt, 13*, 170–182. https://doi.org/10.21706/tg-13-2-170, https://elibrary.klett-cotta.de/article/https://doi.org/10.21706/tg-13-2-170

Richter, A.-K. (2019b). *EMDR bei Sozialen Angststörungen*. Klett-Cotta.

Richter, A.-K. (2019c). Das Trauma des plötzlichen Verlustes oder der Erkrankung Nahestehender: EMDR in der Behandlung von Krankheitsangst – ein Fallbericht. *Stuttgart: Trauma & Gewalt, 13*, 242–247. https://doi.org/10.21706/tg-13-3-242, https://elibrary.klett-cotta.de/article/https://doi.org/10.21706/tg-13-3-242

Rikkert, M., van Rood, Y., de Roos, C., Ratter, J., & van den Hout, M. (2018). A trauma-focused approach for patients with tinnitus: The effectiveness of eye movement desensitization and reprocessing – a multicentre pilot trial. *European Journal of Psychotraumatology, 9*(1), 1512248. https://doi.org/10.1080/20008198.2018.1512248

Rood, Y., & van & Roos, Carlijn de. (2009). EMDR in the treatment of medically unexplained symptoms: A systematic review. *Journal of EMDR Practice and Research., 3*, 248–263. https://doi.org/10.1891/1933-3196.3.4.248

Rothbaum, B. (1997). A controlled study of eye movement desensitization and reprocessing in the treatment of post-traumatic stress disordered sexual assault victims. *Bulletin of the Menninger Clinic, 61*, 317–334.

Scheck, M., Schaeffer, J. A., & Gillette, C. (1998). Brief psychological intervention with traumatized young women: The efficacy of eye movement desensitization and reprocessing. *Journal of Traumatic Stress, 11*, 25–44.

Schmidt, S., & Metzner, F. (2020). Psychotherapie für taube Patienten durch hörende Psychotherapeuten mittels Gebärdensprachdolmetscher – ein Systematisches Literaturreview zu Forschungsbefunden und Empfehlungen. *Gesundheitswesen 82*(02). 180–187. https://doi.org/10.1055/a-1033-7449

Seidler, G. H., & Wagner, F. E. (2006). Comparing the efficacy of EMDR and trauma-focused cognitive-behavioral therapy in the treatment of PTSD: A meta-analytic study. *Psychological Medicine, 36*(11), 1515. https://doi.org/10.1017/S0033291706007963

Shapiro, F. (1988). *Efficacy of the multi-saccadic movement desensitization technique in the treatment of post-traumatic stress disorder. Unpublished dissertation*. The Professional School of Psychological Studies.

Shapiro, F. (1989a). Efficacy of the eye movement desensitization procedure in the treatment of traumatic memories. *Journal of Traumatic Stress Studies, 2*, 199–223.

Shapiro, F. (1989b). Eye movement desensitization: A new treatment for post-traumatic stress disorder. *Journal of Behavior Therapy and Experimental Psychiatry, 20*, 211–217.

Shapiro, F. (1995). *Eye Movement Desensitization and Reprocessing: Basic Principles, Protocols, and Procedures*. Edition: 3rd. New York: Guilford Press.

Spitzer, M. (2019). Psychotherapie im Mausmodell. Was bei EMDR im Gehirn passiert. *Nervenheilkunde, 38*(05), 231–239.

Sun, T.-F., & Chiu N.-M. (2006). Synergism between mindfulness meditation training, and eye movement desensitization and reprocessing in psychotherapy of social phobia. *Chang Gung Medical Journal, 29*(4), 1–4.

Tesarz, J., Leisner, S., Gerhardt, A., Janke, S., Seidler, G. H., Eich, W., PhD, H., & M. (2014). Effects of eye movement desensitization and reprocessing (EMDR) treatment in chronic pain patients: A systematic review. *Pain Medicine, 15*(2), 247–263. https://doi.org/10.1111/pme.12303

Van Etten, M. L., & Taylor, S. (1998). Comparative efficacy of treatments for posttraumatic stress disorder: A meta-analysis. *Clinical Psychology and Psychotherapy, 5*, 126–144.

Wilson, S. A., Becker, L. A., & Tinker, R. H. (1995). Eye movement desensitization and reprocessing (EMDR) treatment for psychologically traumatized individuals. *Journal of Consulting and Clinical Psychology, 63*, 928–937.

Wissenschaftlicher Beirat Psychotherapie (2006). Gutachten zur wissenschaftlichen Anerkennung der EMDR-Methode (Eye-Movement-Desensitization and Reprocessing) zur Behandlung der Posttraumatischen Belastungsstörung. *Deutsches Ärzteblatt, 103*(37), A2417–A2419.

Zaccagnino, M., Cussino, M., Callerame, C., Civilotti, C., & Fernandez, I. (2017). Anorexia nervosa and EMDR: A clinical case. *Journal of EMDR Practice and Research, 11*, 43–53. https://doi.org/10.1891/1933-3196.11.1.43

Teil II
Anwendungen

Die acht Phasen des EMDR

Anna-Konstantina Richter

Inhaltsverzeichnis

6.1 EMDR Phase 1: Diagnostik 58
    6.1.1 Grundlagen der EMDR-Diagnostik 58
6.2 EMDR Phase 2: Stabilisierung 60
    6.2.1 Methoden der Stabilisierung 61
6.3 EMDR Phase 3: Auswahl eines zu bearbeitenden Ereignisses 64
6.4 EMDR Phase 4: Desensibilisierung und Reprozessieren 65
6.5 EMDR Phase 5–7: Verankerung der positiven Kognition, Körperscan, Nachbesprechung des EMDR-Prozesses 66
6.6 EMDR-Phase 8: Überprüfung 66
6.7 Zusammenfassung 66
6.8 Prüfungsfragen 67
Literatur 67

> **Überblick**
>
> Die acht Phasen des EMDR-Standard-Protokolls, die von Francine Shapiro (1995) publiziert wurden, stellen den Kern der EMDR-Behandlung dar. Von meinen Berufspraktikant*innen wurde ich oft gefragt, ob diese alle in einer Sitzung stattfinden, was ich verneint habe: Die Phasen erstrecken sich über mehrere Sitzungen. Sie stellen ein Gerüst dar, an dem sich in der Behandlung zu orientieren ist. Brazil (2018) hat dabei die treffende Beschreibung gewählt, dass es sich dabei vor allem

---

A.-K. Richter (✉)
Zentrum für psychologische Beratung und Training, Marburg, Deutschland
E-Mail: richter@zpbt-marburg.de

> in Phase vier um einen Prozess handelt, bei dem der Therapeut/die Therapeutin „aus dem Weg" geht und den Verarbeitungsprozess geschehen lässt. In der EMDR-„Szene" gibt es auch den Ausspruch „Trust the process", zu Deutsch: Vertrauen Sie dem Prozess. Es handelt sich ab Phase drei um einen stark strukturierten Prozess, bei dem durch Stimulation des Gehirns Verarbeitungsprozesse bei Patient*innen in Gang gesetzt werden, die im Einklang mit dem AIP-Modell von Shapiro stehen (s. Abschn. 7.1). In den ersten beiden Phasen werden notwendige Vorbereitungen getroffen, damit dieser Verarbeitungsprozess erfolgreich verläuft.

6.1 EMDR Phase 1: Diagnostik

Eine Psychotherapie ist so gut wie ihre Diagnostik, schreibt Ehlert (2007). Dies gilt auch für EMDR. Auch wenn EMDR mit der Veröffentlichung der Ergebnisse der Dissertation von Francine Shapiro (Shapiro, 1989a) auf die Bühne getreten ist mit der „Kampfansage", dass die untersuchten Proband*innen mit *einer* Sitzung EMDR die Kriterien für eine PTBS nicht mehr erfüllten, so sind Patient*innen im klinischen Alltag von Ambulanzen, Praxen und Kliniken oft anders als hochselegierte Studienpatient*innen: Da psychisch kranke Patient*innen oftmals viele Jahre nach Ausbruch ihrer Erkrankung(en) zur Behandlung kommen, sind die psychischen Beschwerden der Patient*innen im klinischen Alltag oft chronifiziert und komorbid. Es gilt, zusätzlich zu den diagnostischen Informationen gemäß den Störungsmodellen der Richtlinientherapien, in die EMDR eingebettet wird, EMDR-spezifische Informationen zu sichten. Diese sind wichtig, um die EMDR-Behandlung zu strukturieren und um herauszufinden, ob die EMDR-Behandlung im Speziellen und die psychotherapeutische Behandlung im Gesamten für die Patient*innen sicher und damit verträglich genug sind.

6.1.1 Grundlagen der EMDR-Diagnostik

Zusätzlich zur Informationsgewinnung anderer Therapieschulen ergibt sich in der Diagnostik einer EMDR-Behandlung, dass wir mit einer besonderen Aufmerksamkeit für „eingefrorene", nicht verarbeitete belastende Ereignisse zuhören. Ich bezeichne diesen Vorgang als „mit dem EMDR-Ohr zuhören" (Abb. 6.1). Dies beginnt bereits mit der Erhebung der biografischen Anamnese bzw. der Lerngeschichte, bei der erhoben werden kann, welche Erlebnisse sich ggf. heute noch belastend anfühlen. Shapiro schreibt dazu im Kapitel „Frozen in Childhood", zu Deutsch „Eingefroren in der Kindheit": „Viele Kindheitserlebnisse sind durchdrungen von einem Gefühl von Hilflosigkeit, einem Mangel an Wahlmöglichkeiten, einem Mangel an Kontrolle und Unzulänglichkeit.

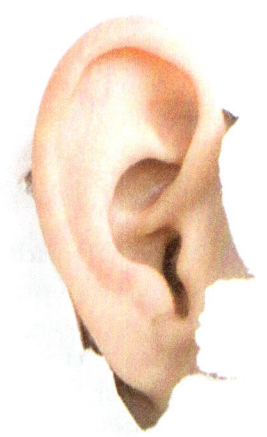

Abb. 6.1 Das EMDR-Ohr, das in der Diagnostik hinhört, welche vergangenen Belastungen ggf. heute noch belastend sind

(…) Das AIP-Modell setzt voraus, dass sogar diese normalen Erlebnisse physiologisch gespeichert sein können und ursächliche Ereignisse sein können für etliche Störungen" (S. 54 der Kindle-Ausgabe, Übersetzung durch die Autorin). Ein Beispiel für die strukturierte Erhebung der biografischen Anamnese ist das Arbeitsblatt von Gravemeier (2003).

6.1.1.1 Diagnostische Interviews zur Differenzialdiagnostik

Die Nutzung eines diagnostischen Interviews wie zum Beispiel dem DIPS-OA von Margraf et al. (2017) dient unter EMDR-Gesichtspunkten verschiedenen Zielen:

a. Dem Entdecken von Störungen, die mit Vermeidung verbunden sind. Nicht selten kommt es in meiner Praxis vor, dass Patient*innen in die probatorische Phase kommen wegen Depressionen oder einer Angststörung, und beim Abfragen von etwaig erlebten Traumata im PTBS-Teil stellt sich heraus, dass z. B. eine Vergewaltigung in der Vergangenheit erlebt wurde. Inwieweit Traumata verarbeitet wurden oder noch mit belastenden Erinnerungen einhergehen, muss in der Fallkonzeption geklärt werden.
b. Ein diagnostisches Interview wie der DIPS fragt ab, wann Störungen erstmalig aufgetreten sind und welchen Stressoren Patient*innen zeitgleich ausgesetzt waren. Dies können wertvolle Ansatzpunkte für das individuelle AIP-Modell von Patient*innen sein. So kam eine Patientin in meine Praxis wegen erlebter Traumata bei ihrer Arbeit als Polizistin, es ergab sich bei der Befragung mit dem DIPS-OA jedoch auch eine spezifische Phobie bezüglich enger geschlossener Räume, die vermieden werden, seitdem die Patientin vor Jahren bei einem Konzert beim Verlassen der Halle zu Boden fiel und von anderen Besuchern niedergetrampelt wurde. Seither vermeidet die Patientin enge geschlossene Räume und kann diese auch im Dienst nicht aufsuchen.

Das Ereignis beim Konzert wäre in diesem Zusammenhang ein möglicherweise anzusteuerndes Target.

c. Spannend ist auch zu erfahren, welche Beschwerden nicht mehr bestehen und wodurch diese remittiert sind, um Patient*innen keine Behandlung aufzudrängen bezüglich Beschwerden, die nicht mehr bestehen, deren Heilung aber ggf. als Ressource herangezogen werden kann.

6.1.1.2 Psychologische Testdiagnostik

Neben den üblichen Argumenten für psychometrische Messungen in der Praxis, z. B. Prä- und Post-Messungen (z. B. mit der Impact of Event Scale-Revised, kurz IES-R, von Horowitz et al., 1979), gibt es in der EMDR-Behandlung von traumatisierten Menschen einen Symptombereich, der von zentraler Bedeutung ist dafür, ob das EMDR-Standard-Protokoll gleich angewendet werden darf oder nicht: Es muss eine Testung dissoziativer Symptome in der Probatorik der ambulanten Behandlung bzw. bei stationärer Aufnahme erfolgen, um zu entscheiden, ob das EMDR-Standard-Protokoll kontraindiziert ist oder nicht. EMDR-Trainer*innen, die von EMDR Europe akkreditiert sind, legen in den Level-1- und Level-2-Trainings Wert darauf, den Teilnehmer*innen diese Unterscheidung zu vermitteln, damit Patient*innen mit einer dissoziativen Störung zunächst das sog. CIPOS-Verfahren (Knipe, 2008) erlernen, bevor ihre traumatischen Erinnerungen mit dem EMDR-Standard-Protokoll behandelt werden. CIPOS steht für Constant Installation of Present Orientation and Safety. Bei diesem Verfahren denken Patient*innen eine kurze vereinbarte Zeit (z. B. vier Sekunden) an das traumatische Erlebnis und kommen dann mittels eines vereinbarten Skills wieder in die Gegenwart zurück (z. B. mit dem Therapeuten/der Therapeutin einen Ball hin- und herwerfen). In der EMDR-Ausbildung wird die DES-II-Skala empfohlen (Bernstein & Putnam, 1986), bei deren Screening ein Durchschnittswert von über 25 % ein Hinweis für das Vorliegen einer dissoziativen Störung ist und das EMDR-Standard-Protokoll daher erst dann zum Einsatz käme, wenn die Anwendung des CIPOS-Protokolls eine Senkung der dissoziativen Symptome unter 25 % zur Folge hätte.

6.2 EMDR Phase 2: Stabilisierung

Stabilisierung ist zwar ein Selbstzweck. Aber es geht auch darum zu kontrollieren, ob die grundlegende Fähigkeit bei den Patient*innen vorhanden ist, in die traumatische Erinnerung hinein- und wieder herauszugehen. Dics ist eine wichtige diagnostische Aussage, und wenn Patient*innen durch nachfolgend beschriebene Übungen (die keinen Anspruch auf Vollständigkeit erheben) oder vergleichbare Übungen diese emotionale Selbststeuerung noch nicht bewerkstelligen können, ist hier zunächst ein Stopp einzulegen, um an der Selbststeuerung zu arbeiten. Dies ist erforderlich, um eine emotionale Überflutung der Betroffenen bei der Traumabearbeitung zu verhindern.

6.2.1 Methoden der Stabilisierung

In meiner Praxis sind folgende Übungen Standard vor einer Traumabearbeitung mit EMDR:

- Die von Reddemann (2020) publizierte Tresorübung in ihrem Standardwerk „Imagination als heilsame Kraft" dient der Imagination eines Containers, in den man belastende Erinnerungen vergegenständlicht wegsperren kann, bis man sich ihnen wieder widmen möchte.
- Im selben Buch ist die Übung des Sicheren Ortes publiziert (auf der parallel dazu erschienenen CD „Wohlfühlort" genannt), bei dem es darum geht zu imaginieren, dass man sich an einem Ort in der Phantasie befindet, über den mal völlige Kontrolle hat, vor allem auch über dessen Grenzen, d.h. man kann bestimmen, wer diesen Ort betritt und wer nicht. Es sollen keine lebenden Menschen dorthin eingeladen werden, aber ansonsten ist es möglich, sich diesen Ort sehr angenehm zu gestalten. Eine weitere, etwas längere Version eines Sicheren Ortes findet sich bei Lühr et al. (2021) in den „Therapie-Tools Posttraumatische Belastungsstörung" als ein Infoblatt im Buch, das auch separat in der Therapie-Tools-Datenbank online heruntergeladen werden kann. Sollte es nicht gelingen, einen Sicheren Ort zu etablieren, kann dies u. a. daran liegen, dass noch Täter*innenkontakt besteht, was überprüft werden sollte.
- Danach sammle ich in meiner klinischen Praxis zehn beste Momente im Leben meiner Patient*innen, angeregt durch das „EMDR-Handbuch für PatientInnen" von Luber (o.D.). Shapiro (2009) nennt dies Resource Map (zu Deutsch: Ressourcenlandkarte), und Patient*innen suchen sich ein Ereignis davon aus und erproben daran erstmals die EMDR-Stimulation mit dem Lichtbalken, Impulsgebern für die Hände oder Kopfhörern (s. hierzu auch genauere Beschreibung bei Kiessling, 2009a, b, S. 85 ff.). Es folgen langsame Stimulationen. Es ein gutes Zeichen, wenn Patient*innen mindestens vier EMDR-Sets langsamer Stimulation mit positiven Erinnerungen halten können. Bei tiefgreifend destabilisierten Patient*innen wiederum mache ich in der Praxis die Erfahrung, dass diese keine vier EMDR-Sets positives Material halten können, sondern dass belastendes störendes Material in den Assoziationsstrom hineinkommt. Dies ist für mich ein Hinweis, in diesem Stadium einen Stopp einzulegen und an anderen Möglichkeiten der Stabilisierung zu arbeiten. Dies könnten sein:

Die Vier-Elemente-Übung von Shapiro (2007): Hier beschreibt Elan Shapiro im Journal of EMDR Practice and Research auf die Frage, was eine effektive Selbstberuhigungstechnik ist, die Vier-Elemente-Übung, mit der Patient*innen sich mittels Konzentration auf das Erd-Element erden und mittels des Luft-Elements gut und tief durchatmen können. Es folgt die Konzentration auf das Wasser-Element zum Einspeicheln, um vom Sympathikus, dem Kampf-und-Flucht-Nervensystem, in den Parasympathikus, das entspannte Nervensystem, umschalten zu können, sowie die Fokussierung auf Imaginationsfähigkeiten mittels des Feuer-Elements. Auf dem

YouTube-Kanal unseres Fortbildungszentrums ZpBT haben wir mit Einwilligung des Autos die übersetzte Übung aufgenommen, den Link finden Sie in den Literaturangaben (Richter, 2021 Video YouTube).

Rost und Nowy (2008) widmen der Ressourcenarbeit mit dem Körper ein ganzes Kapitel, und sie beschreiben eine Technik, die in meiner Praxis eine gute Anwendbarkeit gezeigt hat, die Installation einer Körperressource (S. 48–50): Patient*innen können dabei Situationen erinnern, in denen sie sich gut fühlten, eine Körperbewegung machen, die sie mit der Situation verbindet, diese Körperbewegung auf ein hinreichendes Maß reduzieren und diese dann mit EMDR-Stimulationen verankern. Ein eigenes Beispiel aus der Praxis habe ich (Richter, 2019b) auf S. 148 beschrieben.

Aus dem von Rost (2008) herausgegebenen Buch, das sich in Gänze der „Ressourcenarbeit mit EMDR" widmet, möchte ich noch eine weitere Stabilisierungsmöglichkeit herausgreifen. Es handelt sich dabei um die Position of Power von Popky, die er auf einer Konferenz vorgestellt hat und die Rost in ihrem Buch beschreibt. Dabei wird ermittelt, bei welcher Erinnerung Patient*innen ein gutes Gefühl haben, dies kann dann mit drei Sets EMDR-Stimulation verstärkt werden. Rost weist darauf hin, dass vorsichtig vorgegangen werden soll bei Auftauchen von belastendem Material, und schlägt, untermauert von einem Fallbeispiel, als Alternative zu Beginn einer Stabilisierungsphase vor, nur mit Imaginationsübungen, z. B. mit Innerer-Kind-Arbeit, zu beginnen, bis im Alltag ausreichend Stabilität erreicht ist (S. 36).

Huber (2015) hat mit ihrem Werk „Der geborgene Ort" ein Kompendium an Stabilisierungsübungen geschaffen, die den Therapeut*innen als Vorleseleitfäden und den Patient*innen als CD mit Imaginationsübungen zum Anhören zur Verfügung stehen. Ich greife in meiner Praxis hierbei vor allem auf die Übung „Das Beschützelicht und das Geborgenheitslicht" zurück, die meine angetriggerten Patient*innen bisher erfolgreich heruntergefahren hat.

- Die EMDR-Absorptionstechnik (Hofmann, 2010, hervorgegangen aus der Wedge Technique von Kiessling, 2009a, b) wende ich in meiner Praxis ebenfalls standardmäßig an, nachdem die bisher genannten Strategien erfolgreich angewandt wurden und daher grünes Licht gegeben werden kann, weiter voranzuschreiten. Hierbei wird nicht direkt eine Belastung mit EMDR-Stimulation bearbeitet, sondern es werden drei Kräfte gegen eine Belastung aufgebaut.
- Zur späteren Auswahl von zu bearbeitenden traumatischen Zielereignissen (engl. „targets") folgt in meinen Behandlungen eine Besprechung zur Sammlung von vergangenen Belastungen, Triggern und Zukunftsbefürchtungen gemäß dem dreigliedrigen AIP-Modell nach Shapiro (Abb. 6.2) (1995). Dies kann unterstützt werden durch das Erstellen einer sogenannten Traumalandkarte (englisch „The Time Line" nach Hofmann & Luber, 2009).
- Wenn alle oben genannten Schritte die Indikation einer Trauma-Bearbeitung mit EMDR bestätigen, empfiehlt sich eine Patientenaufklärung über etwaige Risiken und mögliche Nebenwirkungen. Hierfür kann auf der Website der Fachgesellschaft EMDRIA Deutschland e.V. unter den Menüpunkten „Service > Download" ein

Abb. 6.2 Das dreigliedrige AIP-Modell nach Shapiro (1995), visualisiert in Richter (2018)

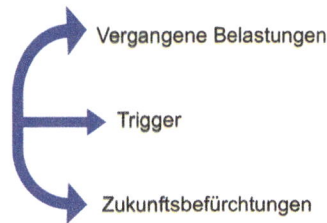

Formular heruntergeladen werden, das sich als Gesprächsleitfaden für das Aufklärungsgespräch mit Patient*innen eignet. Hierbei gilt es, die Patient*innen über folgende Punkte zu informieren:

a) Behandlungsalternative: hier sind die Patient*innen darüber zu informieren, dass es auch andere Behandlungsmöglichkeiten gibt und weshalb Sie diese ausgewählt haben und empfehlen.

b) Bezüglich der Aufklärung über Risiken besteht bei sogenannten Typ-I-Traumatisierten, die laut Terr (1995, zitiert nach Rost, 2008) durch das Erleben eines Traumas traumatisiert wurden, ein geringes Risiko von Schäden bei der Traumabearbeitung mit EMDR. Auch bei Typ-II A-Traumatisierten besteht oftmals wenig Risiko von Therapieschäden: Diese können nach Rost (2008) mehrfach erlebte Traumata voneinander unterscheiden. Durch die o.g. Stabilisierungstechniken muss bei den Typ-II B-Patient*innen sichergestellt werden, dass die emotionalen Selbststeuerungstechniken funktionieren, um sich mit traumatischem Material zu konfrontieren und dies wieder „wegpacken" zu können (s. die o.g. Tresorübung), da diese extreme Traumatisierungen erlebt haben (Typ II B R) bzw. keine Widerstandskraft aufbauen konnten, da Traumata in frühester Kindheit erlebt wurden, was sich in schweren Dissoziationen zeigen kann (Schore, 1996, zitiert nach Rost, 2008, S. 21). Bei Letzteren wäre die o. g. Stabilisierungsphase so lange zu gestalten, bis hinreichende emotionale Selbststeuerungstechniken etabliert wurden.

c) Es ist ratsam, Patient*innen vor der Behandlung von belastendem Material auf mögliche Nebenwirkungen hinzuweisen. Meiner praktischen Erfahrung nach sind diese selten. Mir war es in meiner Praxiserfahrung jedoch bisher nicht möglich zu prognostizieren, wer unter einer EMDR-Behandlung unter den selten auftretenden Nebenwirkungen leiden wird und wer nicht. Zunächst ist hinsichtlich der möglichen Nebenwirkungen während der Behandlung zu nennen, dass Symptome des Wiedererlebens im Verarbeitungsprozess verstärkt auftreten können. Meine Formulierung gegenüber Patient*innen ist so, dass ich beschreibe, dass ein seelischer Verdauungsprozess angekurbelt wird, der üblicherweise zur Folge hat, dass belastendes Material in die Distanz geht. Im Vorfeld dieser distanzierenden

Wirkung kann es jedoch vorkommen, dass mehr Details der belastenden Erinnerung erlebt werden.

Nach der Bearbeitung kann es gemäß der Erfahrung mit meinen Patient*innen in seltenen Fällen dazu kommen, dass Patient*innen bis zu drei Nächte nach der EMDR-Behandlung schlecht schlafen und Träume vom bearbeiteten Thema haben. Hase & Hofmann (2005) haben dem Thema einen ganzen Artikel gewidmet und verweisen auf verschiedene „Strategien zur Minimierung von Risiken und Nebenwirkungen" (S. 19) wie z. B. Screening auf dissoziative Störungen als Standardvorgehen, korrekte Anwendung der EMDR-Methode bei präziser Diagnostik komorbider Störungen und korrekter Auswahl der anzuwendenden Protokolle für das jeweilige Störungsbild.

Das Aufklärungsgespräch soll mindestens 24 h vor der Bearbeitung von belastendem Material mit EMDR geführt werden.

6.3 EMDR Phase 3: Auswahl eines zu bearbeitenden Ereignisses

Nachdem mir die Sammlung der belastenden Ereignisse, Trigger und Zukunftsbefürchtungen meiner jeweiligen Patient*innen vorliegt, gilt es, sich für eine Reihenfolge der Bearbeitung zu entscheiden. Meist entscheide ich mich für die chronologische Bearbeitung, um den Triggern und Zukunftsbefürchtungen strukturell chronologisch die grundlegende Belastung zu nehmen. Selten benutze ich alternative Auswahlmöglichkeiten wie „worst first", also die Arbeit mit dem am stärksten belastenden Ereignis, oder die Arbeit mit der zuletzt erlebten Belastung (Letzteres kann sich anbieten bei komplex traumatisierten Patient*innen, indem mit der Bearbeitung eines Ereignisses begonnen wird, bei dem die Betroffenen bereits erwachsen waren).

Die EMDR-Phase drei hat zum Zweck, den Ansatzpunkt für die EMDR-Stimulation herauszuarbeiten, und zwar auf den folgenden Ebenen:

a. Exploration des am stärksten belastenden *Bildes,*
b. Exploration der dazu passenden *negativen Kognition,*
c. Exploration der *positiven Zielkognition* und der Stimmigkeit der Kognition auf einer Skala von 1–7 (VoC, Validity of Cognition, Shapiro, 1995),
d. der mit dem belastenden Bild zusammenhängenden *Emotion(en),*
e. der jetzt erlebten *Belastung von 1–10* (SUD-Skala, Abkürzung für Subjective Units of Disturbance nach Wolpe, 1969), und
f. wo die Belastung im *Körper* spürbar ist.

Wenn diese Informationen erhoben worden sind, kann die Stimulation beginnen.

6.4 EMDR Phase 4: Desensibilisierung und Reprozessieren

Die Phase des Reprozessierens dient dazu, nicht verarbeitete Erinnerungsnetzwerke mit Ressourcennetzwerken zu verbinden (siehe Abb. 6.2).

In etwa 20 bis 30 visuellen Sets werden die Patient*innen stimuliert (alternativ wird taktil die doppelte Anzahl verabreicht), um darauf zu warten, dass die Rückmeldungen der Patient*innen zweimal neutral oder positiv sind: Dies ist ein Zeichen dafür, dass ein sogenannter thematischer Kanal des erlebten Traumas erfolgreich mit einer Ressource vernetzt wurde, sodass die Rückfrage erfolgt, was von den Erinnerungen an das Ursprungsereignis übrig ist und wie belastend die Erinnerungsreste sind (vgl. Abb. 6.3).

Genaue Formulierungen für die Vorgehensweise finden sich in den Manualen der Einführungsseminare (EMDR Level 1) in DIN-A4-Arbeitsblättern, z. B. bei Shapiro und Hofmann (1994).

Abb. 6.3 Dipl.-Psych. Alexandra Poser (PP in Berlin, links) und Dipl.-Psych. Anna-Konstantina Richter (PP in Marburg, rechts) zeigen die EMDR-Stimulation

6.5 EMDR Phase 5–7: Verankerung der positiven Kognition, Körperscan, Nachbesprechung des EMDR-Prozesses

Sobald die Belastung bei Patient*innen auf SUD = 0 gesunken ist, wird überprüft, ob die in Phase 3 definierte positive Kognition für die Patient*innen stimmt oder eine bessere gewählt wird. Eine positive Kognition der Wahl wird dann mittels langsamer Stimulation verankert, bis die Stimmigkeit auf der VoC-Skala optimalerweise bei 6–7 liegt.

Es erfolgte der Körperscan, indem Patient*innen gebeten werden, an die Reste der Erinnerung zu denken, zusammen mit dem positiven Satz, der zuvor mit langsamen Stimulationen verankert wurde, und zu überprüfen, ob störende Körperempfindungen spürbar sind. Sollte dies der Fall sein, können diese mit Sets von schnellen EMDR-Stimulationen aufgelöst werden. Wenn dies jedoch nicht der Fall ist, wird das neutrale oder gute Körpergefühl mit einem langsamen Set EMDR-Stimulation verankert.

Es erfolgt abschließend eine Aufklärung, dass sogenanntes Nachprozessieren erfolgen kann: Dies bedeutet, dass das Gehirn nach der EMDR-Stimulation in der Sitzung danach weiter belastendes Material verarbeiten kann. Sollte dies zur Unzeit erfolgen, kann das Material in den o.g. Tresor verdrängt werden und in der nächsten Sitzung besprochen werden. Das Vereinbaren einer Notfall-Telefonnummer kann an dieser Stelle ebenso erfolgen.

6.6 EMDR-Phase 8: Überprüfung

In der nachfolgenden Sitzung wird mit den Patient*innen eruiert, ob die Belastung auf SUD = 0 geblieben ist oder eine Restbelastung reprozessiert werden sollte.

Bei einer Belastung von SUD = 0 kann ein neues Target aus dem o.g. gesammelten Arbeitsplan ausgewählt werden.

6.7 Zusammenfassung

Die acht Phasen des EMDR stellen ein strukturiertes Vorgehen dar, in dem diagnostisch zusammengetragen wird, über welche Ressourcen und belastenden Erinnerungen Patient*innen verfügen. Des Weiteren wird überprüft, ob Patient*innen stabil genug sind für eine Traumabearbeitung, oder ob zunächst eine mehr oder weniger lange Stabilisierungsphase erfolgen muss. Bei hinreichender Stabilität bietet das achtphasige Vorgehen des EMDR im weiteren Verlauf die Möglichkeit, Ansatzpunkte für die Traumabearbeitung zu ermitteln, zu ordnen und zu erfassen. Die Reprozessierungsphase schafft die Möglichkeit, Traumanetzwerke mit Ressourcennetzwerken zu verbinden. Im weiteren Verlauf können positive Kognitionen und gute Körpergefühle verankert werden. In der achten Phase werden die Ergebnisse der Behandlung überprüft.

6.8 Prüfungsfragen

1. Was sind Bestandteile einer gründlichen Psychodiagnostik?
2. Welche imaginativen Stabilisierungsübungen kennen Sie?
3. Was muss gegeben sein, damit eine EMDR-Standardbehandlung erfolgen kann?
4. Welche Möglichkeiten der EMDR-Stimulation gibt es?

Literatur

Bernstein, E. M., & Putnam, F. W. (1986). Development, reliability and validity of a dissociation scale. *Journal of Nervous & Mental Disease, 174*, 727–735.

Brazil, T. (2018). Innovating EMDR consultation: A „Round Robin" approach. *Workshop at the 19th European EMDR Conference in Strasbourg.*

Ehlert, U. (2007). Eine Psychotherapie ist immer nur so gut wie ihre Diagnostik. *Verhaltenstherapie, 17*, 81–82.

Gravemeier, R. (2003). Formular zur Erhebung der biographischen Anamnese (EBM 860). *Psychotherapeutische Praxis, 3*(3), 136–139. Hogrefe.

Hase, M., & Hofmann, A. (2005). Risiken und Nebenwirkungen beim Einsatz der EMDR-Methode. *Stuttgart, PTT – Persönlichkeitsstörungen: Theorie und Therapie, 9*, 16–21. https://elibrary.klett-cotta.de/article/99.120110/ptt-9-1-16

Hofmann, A. (2010). The absorption technique. In M. Luber (Hrsg.), *Eye Movement Desensitization and Reprocessing (EMDR) scripted protocols: Special populations.* Springer.

Hofmann, A., & Luber, M. (2009). History taking: The time line. In M. Luber (Hrsg.), *Eye movement desensitization and reprocessing (EMDR) scripted protocols: Basics and special situations.* Springer.

Horowitz, M. J., Wilner, N., & Alvarez, W. (1979). Impact of event scale: A measure of subjective stress. *Psychosomatic Medicine, 41*, 209–218.

Huber, M. (2015). *Der geborgene Ort: Sicherheit und Beruhigung bei chronischem Stress. Ein Übungsbuch mit CD.* Junfermann.

Kiessling, R. (2009a). Resource strengthening. In M. Luber (Hrsg.), *Eye movement desensitization and reprocessing (EMDR) scripted protocols: Basics and special situations.* Springer.

Kiessling, R. (2009b). The wedging technique. In M. Luber (Hrsg.), *Eye movement desensitization and reprocessing (EMDR) scripted protocols: Basics and special situations.* Springer.

Knipe, J. (2008). The CIPOS method – procedures to therapeutically reduce dissociative processes while preserving emotional safety. *Presentation at the 9th EMDR Europe Association Conference.* https://emdria.omeka.net/items/show/18245

Luber, M. (o.D.) EMDR-Handbuch für PatientInnen.

Lühr, K., Zens, C., & Müller-Engelmann, M. (2021). *Therapie-Tools Posttraumatische Belastungsstörung.* Beltz.

Margraf, J., Cwik, J. C., Suppiger, A., & Schneider, S. (2017). DIPS open access: Diagnostic interview for mental disorders. [DIPS Open Access: Diagnostisches Interview bei psychischen Störungen.]. https://doi.org/doi:10.13154/rub.100.89

Reddemann, L. (2019). *Psychodynamisch Imaginative Traumatherapie PITT – Das Manual.* Klett-Cotta.

Reddemann, L. (2020). *Imagination als heilsame Kraft.* Klett-Cotta.

Richter, A.-K. (2018). Vernachlässigte Folgen sozialer Traumatisierung: Soziale Angststörung (SAS) – „Stiefkind" in der psychotherapeutischen Versorgung. *Trauma und Gewalt, 12*, 334–344. https://doi.org/10.21706/TG-12-4-334, https://clibrary.klett-cotta.de/article/https://doi.org/10.21706/tg-12-4-334

Richter, A.-K. (2019a). *EMDR bei Sozialen Angststörungen*. Klett-Cotta.

Richter, A.-K. (2019b). Editorial. *Stuttgart, Trauma & Gewalt 13*, 193. https://doi.org/10.21706/TG-13-3-193, https://elibrary.klett-cotta.de/article/https://doi.org/10.21706/tg-13-3-193

Richter, A.-K. (2020). DIPS-OA – Das Diagnostische Interview bei psychischen Störungen. (Open Access in der 5. Aufl.). Warum strukturierte Diagnostik unverzichtbar ist. *Zeitschrift für EMDR (5)*, 107–129.

Richter, A.-K. (2021). 4-Elemente-Übung zur Reduktion von Stress nach Elan Shapiro in der deutschen Übersetzung. Video auf YouTube https://youtu.be/l-aAijA_J4Q

Rost, C., Hrsg. (2008). *Ressourcenarbeit mit EMDR*. Junfermann.

Rost, C., & Nowy, M. (2008). Die Rolle des Körpers in der Traumatherapie – Der Körper als Ressource im EMDR. In Aus: Rost, C (Hrsg.) , *Ressourcenarbeit mit EMDR*. Junfermann.

Shapiro, F. (1989a). Efficacy of the Eye Movement Desensitization procedure in the treatment of traumatic memories. *Journal of Traumatic Stress, 2*(2), 199–223. https://doi.org/10.1002/jts.2490020207

Shapiro, F. (1995). *Eye movement desensitization and reprocessing: Basic principles, protocols, and procedures* (3 Aufl.,). Guilford Press.

Shapiro, E. (2007). What is an effective self-soothing technique that I can teach my client to use at home when stressed? *Journal of EMDR Practice and Research, 1*(2), 122–124.

Shapiro, F., & Hofmann, A. (1994). *Einführungsseminar in der EMDR-Methode*. Manual Teil 1 (von 2) der Fortbildung in EMDR.

Wolpe, J. (1969). *The Practice of Behavior Therapy*. New York: Pergamon Press.

Erste eigene Übungen mit EMDR

7

Anna-Konstantina Richter, Christina Göttelmann und Franziska Beham

Inhaltsverzeichnis

7.1 Der EMDR-Rundlauf nach Brazil 2
7.2 Erste vollständige EMDR-Übung im Dreier-Setting mit Kolleg*innen 4
7.3 Erste eigene EMDR-Behandlung mit Patient*innen 6
7.4 Zusammenfassung 6
7.5 Prüfungsfragen 7
Literatur 7

> **Überblick**
>
> Auch nach dem Studium einschlägiger Literatur kann es für Studierende und psychotherapeutische Anfänger*innen schwierig sein, sich den Ablauf einer EMDR-Behandlung vorzustellen. Typische Fragen können sein, in wie vielen Sitzungen die acht EMDR-Phasen stattfinden oder welchen Anteil die EMDR-Stimulation in Form von Augenbewegungen oder ersatzweise taktiler oder akustischer Stimulation im Vergleich zu verbaler Interaktion hat. Approbierte Psychotherapeut*innen lernen EMDR praktisch zum Beispiel in Dreiergruppen,

---

A.-K. Richter (✉)
Zentrum für psychologische Beratung und Training, Marburg, Deutschland
E-Mail: richter@zpbt-marburg.de

C. Göttelmann
Marburg, Deutschland

F. Beham
München, Deutschland

© Der/die Autor(en), exklusiv lizenziert an Springer-Verlag GmbH, DE, ein Teil von Springer Nature 2023
A.-K. Richter (Hrsg.), *EMDR*, https://doi.org/10.1007/978-3-662-64662-5_7

> in denen die Teilnehmer*innen die Rollen der Patient*innen, Therapeut*innen und Coaches der Therapeut*innen einnehmen. Um sich vorher, zum Beispiel als Psychotherapiestudierende, ein Bild über EMDR zu machen, kann auf den EMDR-Rundlauf nach Brazil (2018) zurückgegriffen werden, der in diesem Kapitel vorgestellt werden soll.

7.1 Der EMDR-Rundlauf nach Brazil

An Fachbereichen, an denen es wenig verbreitet ist, EMDR im Psychologie- oder Psychotherapie-Studium hinreichend kennenzulernen, um eine Vorstellung davon zu bekommen, wie eine EMDR-Sitzung verläuft, kann ein Praktikum an einer Einrichtung hilfreich sein, an der EMDR angewendet wird. Dort können Studierende anlässlich einer Hospitation in einem Praktikum live sehen, wie eine EMDR-Sitzung verläuft. Dies wird dabei helfen, ein Konzept zu bekommen, wie eine Sitzung nach dem EMDR-Standard-Protokoll von Phase drei bis Phase sieben (bei einem kompletten Abschluss in einer Sitzung, s. Kap. 6) verläuft.

Bis zum eigenen Erlernen von EMDR im Rahmen einer EMDR-Ausbildung können eigene Übungen gemacht werden mit dem Rundlauf-Ausbildungsmodell von Tony Brazil, das dieser 2018 auf der EMDR Europe Conference in Strasbourg vorstellte.

Brazil (2018) hat den EMDR-Rundlauf in der zweiten Hälfte von EMDR-Supervisionsgruppen erprobt, nachdem in der ersten Hälfte Fragen von Supervisand*innen beantwortet wurden. Im Konferenz-Workshop von Brazil war Folgendes sowohl im Video zu sehen als auch in der praktischen Übung mit Freiwilligen: Ein*e Supervisand*in in der Patient*innenrolle stellt sich zur Verfügung mit einer belastenden Erinnerung; diese soll sich nicht auf ein lebenserschütterndes Ereignis beziehen. Ein*e Supervisand*in in der Therapeut*innenrolle erhebt zunächst die relevanten Daten für die EMDR-Phase drei. Der/die Supervisor*in beobachtet hier in erster Linie und bringt sich nur im Falle von Problemen ein. Supervisand*innen können sowohl durch Beobachten als auch durch aktive Teilnahme lernen. In der Therapeut*innenrolle können sie sich mit dem EMDR-Prozess vertraut machen, in der Patient*innenrolle kann Selbsterfahrung gesammelt sowie ein erhöhtes Verständnis für das Erleben von zukünftigen Patient*innen gewonnen werden.

Brazils Lernziele für die Supervisand*innen mit dem EMDR-Rundlauf sind:

- dem EMDR-Prozess zu vertrauen,
- das Erlebnis, dass EMDR nicht therapeut*innenzentriert ist,
- die Beobachtung, dass EMDR nicht therapeutischem Charisma, therapeutischer Einsicht oder außergewöhnlicher Intelligenz bedarf,

7 Erste eigene Übungen mit EMDR

- das Verständnis dafür, dass die Anwendung von EMDR seitens des/der Therapeut*in erfordert, „aus dem Weg zu gehen", wenn der EMDR-Prozess abläuft,
- dass der EMDR-Prozess im Allgemeinen reibungslos abläuft, wenn der/die Therapeut*in einfach dem EMDR-Protokoll folgt.

> **Die acht EMDR-Phasen nach Shapiro (1995) umfassen folgende Schritte**
> - EMDR Phase 1: Diagnostik
> - EMDR Phase 2: Stabilisierung
> - EMDR Phase 3: Auswahl eines zu bearbeitenden Ereignisses
> - EMDR Phase 4: Desensibilisierung und Reprozessieren
> - EMDR Phase 5: Verankerung der positiven Kognition
> - EMDR Phase 6: Körperscan
> - EMDR Phase 7: Nachbesprechung des EMDR-Prozesses
> - EMDR Phase 8: In der nächsten Sitzung: Überprüfung der Belastung des bearbeiteten Ereignisses.

Beim EMDR-Rundlauf wechseln sich die Supervisand*innen in der EMDR-Phase 4, dem Reprozessieren, mit dem Applizieren von EMDR-Sets ab, indem sie den Therapeut*innenplatz wechseln und abwechselnd manuell Augenbewegungen für einige Sets anleiten. Aufgabe des/der Supervisors/Supervisorin ist dabei, nicht nur Fragen zu beantworten und Rückmeldung zu den Stärken der Supervisand*innen in der Therapeut*innenrolle zu geben, sondern Supervisand*innen zu bestärken, denen die Anwendung von EMDR noch ungewohnt ist, eine Haltung abzulegen, die ihnen suggeriert, sie seien nicht gut genug oder die Anwendung von EMDR sei zu schwer.

In einem Pilotprojekt haben wir als eine Gruppe bestehend aus einer EMDR-Supervisorin sowie Psychologie-Studierenden der Universitäten Marburg und Gießen geprüft, ob der EMDR-Rundlauf nach Brazil auch für Psychologie-Studierende anwendbar ist, um die EMDR-Stimulation selbst auszuüben (Richter et al., 2019) und aktiv einen EMDR-Prozess zu erleben.

Hierbei fand der EMDR Rundlauf in abgewandelter Form statt:

Die Studierenden in der Therapeut*innenrolle wechselten nicht den Sitzplatz, sondern gaben die Handsteuerung des genutzten Lichtbalkens weiter. Ein Lichtbalken kann alternativ zu manuellen EMDR-Handbewegungen zur Anleitung von Augenbewegungen genutzt werden. Der/die Patient*in folgt dabei einem Lichtpunkt, der sich in dem Balken von rechts nach links bewegt. Mittels Handsteuerung kann der/die Therapeut*in das Tempo für die passende EMDR-Phase einstellen und die Anzahl der Durchgänge beobachten. Alternativ können anderweitige taktile oder auditive Stimulationen genutzt werden (Abb. 7.1, 7.2, 7.3 und 7.4).

Im hier beschriebenen Pilotprojekt wurde mit einem Flashforward, also einer Zukunftsbefürchtung (hier bezüglich einer bevorstehenden Reise), gearbeitet. Die

Abb. 7.1 Studierende in der Patient*innenrolle rechts vor dem Lichtbalken sitzend, Studierende in der Therapeut*innenrolle links mit der Steuerung für den Lichtbalken

Abb 7.2 Studierende in der Patient*innenrolle beantwortet Fragen zu EMDR-Phase 3

Belastung bezüglich der Befürchtung wurde erfolgreich auf SUD=0 (SUD steht für Subjective Units of Disturbance, eine Skala von 0–10 nach Wolpe, 1969) gesenkt. Die Studierenden konnten so einen kompletten EMDR-Prozess erleben und nachvollziehen, wie die Applikation von EMDR erfolgt und wie ein EMDR-Prozess verläuft.

7.2 Erste vollständige EMDR-Übung im Dreier-Setting mit Kolleg*innen

Wer EMDR an einem von der Fachgesellschaft EMDRIA Deutschland e. V. nach der Approbation (oder in einem fortgeschrittenen Stadium der Psychotherapieausbildung) erlernt, wird in der EMDR-Ausbildung (üblicherweise in einem Anfänger- und einem Fortgeschrittenenblock) neben theoretischen Informationen die Möglichkeit, EMDR

7 Erste eigene Übungen mit EMDR

Abb. 7.3 Studierender in der Therapeut*innenrolle notiert in EMDR-Phase 3 Antworten der Studierenden in der Patient*innenrolle

Abb. 7.4 Supervisorin (Mitte) überwacht den EMDR-Prozess

praktisch in kollegialen Dreiergruppen zu üben. Hierbei werden Alltagsbelastungen mit einer mittleren Belastung (z. B. SUD=5) bearbeitet: ein*e Kolleg*in geht in die Patient*innenrolle, die Belastung wird von der/die Kolleg*in in der Therapeut*innenrolle mit EMDR bearbeitet, und so kann eingeübt die EMDR-Stimulation werden, während ein*e dritte*r Kolleg*in als Coach zur Verfügung steht. Diese Übung in Dreiergruppen wird von sogenannten EMDR-Facilitators (zu Deutsch Prozessbegleiter*innen) überwacht, die die Dreiergruppen beobachten und bei Fragen konsultiert werden können.

7.3 Erste eigene EMDR-Behandlung mit Patient*innen

Das in der EMDR-Ausbildung erworbene theoretische und praktische Wissen gilt es, in die therapeutische Praxis zu transferieren. Dies erfolgt unter Zuhilfenahme von EMDR-Supervisor*innen, die bei der Fallkonzeption und der Überwachung einer korrekten Durchführung einer EMDR-Behandlung behilflich sind (zu finden in der jeweils aktuellen EMDR-Supervisor*innenliste der Fachgesellschaft EMDRIA-Deutschland e. V. bzw. anderer nationaler EMDR-Fachgesellschaften, die Mitglied bei EMDR Europe oder anderer globaler EMDR-Fachgesellschaften sind).

Empfohlen wird bei der ersten Anwendung von EMDR in der Praxis die Behandlung von Monotraumata. Vermieden werden sollten bis zum Absolvieren des Fortgeschrittenen-Seminars die Arbeit mit komplex traumatisierten, dissoziativen Patient*innen.

Patient*innen mit Monotrauma können z. B. solche nach Arbeitsunfällen sein, bei denen es keine Traumatisierungen in der Vorgeschichte gab.

Fallbeispiel

Sabine arbeitete in einer ländlichen Bankfiliale, die von einem maskierten Täter überfallen und ausgeraubt wurde. In der Zeit der COVID-19-Pandemie wurde Sabine durch die Maskenpflicht angetriggert, wenn Bürger*innen mit Mund-Nasen-Schutz, Mütze und Schal für Sabine unkenntlich aussahen. Die zuständige Berufsgenossenschaft erkannte die diagnostizierte Posttraumatische Belastungsstörung als Folge eines Arbeitsunfalls an, die Behandlung fand im Rahmen des berufsgenossenschaftlichen Psychotherapeutenverfahrens statt. Die Diagnostik (s. Abschn. 6.1) ergab keine weiteren Traumatisierungen in der Vorgeschichte der Patientin. Es konnte erfolgreich das EMDR-Standard-Protokoll angewandt werden (s. Kap. 6). ◄

Weitere Anwendungsbeispiele für Anfänger*innen finden sich im Kap. 8.

7.4 Zusammenfassung

Die praktische Lehre von EMDR kann zu Überblickszwecken in universitären Veranstaltungen mit dem EMDR-Rundlauf erfolgen, um in eine von der Fachgesellschaft anerkannte EMDR-Ausbildung mit praktischen Übungsanteilen in Dreiergruppen zu münden. Hiernach können unter Supervision erste eigene EMDR-Behandlungen in der

Praxis erfolgen, die sich bei Monotraumata empfehlen. Aus Vertraulichkeitsgründen wird empfohlen, dass Psychologie-Fachbereiche externe EMDR-Supervisor*innen für die Praktikumsveranstaltungen buchen, damit es keine Rollenkonfundierung gibt mit Lehrenden, die bei diesen Übungen mit Selbsterfahrungsanteil einschüchternd wirken könnten, sofern sie Noten vergeben und im weiteren Verlauf des Studiums Prüfer*innen sein können.

7.5   Prüfungsfragen

1. Welche EMDR-Phasen gibt es und welche Inhalte beinhalten diese?
2. Welche Art von Traumata würden sich für diese EMDR-Übung ausschließlich eignen?
3. Welche Formen der Stimulation während des EMDR-Prozesses gibt es?

Literatur

Brazil, T. (2018). Innovating EMDR group consultation for initial EMDR-Training: A novel „Round Robin" approach. *Workshop at the 19th European EMDR Conference in Strasbourg.* https://www.emdr-2018.com/index.php/en/program

Richter, A.-K., Beham, F., Sommerfeld, H., Göttelmann, C., & Hamacher, F.A. (2019). Wie ein EMDR-Interventionspraktikum im nichtärztlichen Psychotherapiestudium gestaltet werden kann. Die Rundlaufmethode nach Tony Brazil. *Trauma & Gewalt, 13*(3), 232–241. DOI https://doi.org/10.21706/TG-13-3-232

Shapiro, F. (1995). *Eye movement desensitization and reprocessing: Basic principles, protocols, and procedures* (3. Aufl.,). Guilford Press.

Wolpe, J. (1969). *The practice of behavior therapy.* Pergamon.

Weitere Schritte der Umsetzung von EMDR in die Praxis

Anna-Konstantina Richter

Inhaltsverzeichnis

8.1	Implementierung von EMDR in den therapeutischen Alltag	78
8.2	Zusammenfassung	81
8.3	Prüfungsfragen	82
	Literatur	82

Zusammenfassung

In Fortbildungen und in der supervisorischen Praxis zeigt sich, dass es für etliche Kolleg*innen eine Herausforderung darstellt, das theoretisch erlernte Wissen über EMDR in die Praxis umzusetzen. So sind auch Kolleg*innen anzutreffen, die vor Monaten oder Jahren EMDR gelernt haben, dies aber wenig oder gar nicht in der Praxis einsetzen. Um den Anschluss von den EMDR-Seminaren zum Einsatz in der Praxis nicht zu verpassen, findet sich hier ein beispielhafter Prozess der schrittweisen Implementierung von EMDR in den Praxisalltag.

A.-K. Richter (✉)
Zentrum für psychologische Beratung und Training, Marburg, Deutschland
E-Mail: richter@zpbt-marburg.de

8.1 Implementierung von EMDR in den therapeutischen Alltag

Nach den ersten EMDR-Theorieseminaren und den ersten EMDR-Praxisübungen mit Kolleg*innen stellt sich die Frage, welche Patient*innen im Therapiealltag geeignet sind, die frisch erlernte EMDR-Methode erstmals in der psychotherapeutischen Praxis anzuwenden. Bei diesem Problem ist es hilfreich, sich an Kolleg*innen zu orientieren, bei denen der Implementierungsprozess von EMDR in den Praxisalltag erfolgreich gelungen ist. Erfahrene Kolleg*innen wurden befragt und haben die unten genannten Beispiele berichtet:

Die Psychotherapeutin in unserem Beispiel hatte nach dem Besuch der ersten EMDR-Ausbildungsstufe (Level 1) im Ohr, man sollte zur ersten selbst durchgeführten EMDR-Behandlung möglichst ein sogenanntes Monotrauma wählen. Im Patientenpool der Psychotherapeutin gab es eine Patientin, die dieses Kriterium erfüllte. Die Psychotherapeutin holte sich bei ihrem EMDR-Supervisor die Rückversicherung, aber auch in ihrer Praxisgemeinschaft bei ihrem Kollegen, der ein zertifizierter EMDR-Therapeut war, dass er bei Problemen kurzfristig ansprechbar sein würde. Dies half in unserem Beispiel, innere Sicherheit zu gewinnen und sich kollegialer Rückendeckung gewiss zu sein bei der Frage, ob die Patientin für die Anwendung von EMDR geeignet ist, die von einer Anfängerin durchgeführt wird.

> **Der erste Fall einer EMDR-Anfängerin**
>
> Vorgeschichte: Die weibliche Patientin war Opfer eines vermutlich narzisstisch gestörten Mannes, mit dem sie eine außereheliche Affäre hatte. Sie hatte nie vorgehabt, ihren Ehemann zu verlassen. Der Mann, mit dem die Patientin eine Affäre hatte, stalkte diese, verlangte Geld und wurde immer aufdringlicher, indem er sie z. B. bei einem Treffen im Auto wahnsinnig anschrie. Als sie sich von ihm trennen wollte, machte er die Beziehung öffentlich. Gerichtlich wurde von der Patientin ein Annäherungsverbot bzw. Kontaktverbot erstritten. Die ehemalige Affäre der Patientin hat Anzeigen in der Zeitung geschaltet mit Liedtiteln, die in der Beziehung eine Rolle spielten.
>
> Die Patientin litt unter folgenden Beschwerden: Alpträumen, begleitet von nächtlichen Schreien; innere Panik wegen der o. a. subtilen Angriffe des Ex-Geliebten. An Trigger und Zukunftsbefürchtungen beklagte die Patientin: Was ist, wenn ich dem wieder begegne? ◄

Die Vorgehensweise der Psychotherapeutin vor ihrer ersten EMDR-Behandlung war wie folgt:

Die Psychotherapeutin berichtete der Patientin, sie habe eine Methode neu gelernt, die sie gern bei ihr probieren würde. Die Patientin war dazu bereit und sagte: „Hauptsache, es hilft."

Als Target in EMDR-Phase drei (s. Abschn. 6.3) wählte die Psychotherapeutin folgendes Bild aus:

Bild: Szene im Auto, in der der Geliebte die Patientin angeschrien hat.

Es erfolgte die Bearbeitung in einer Sitzung, bis die Belastung auf 0 gesunken war (Skala SUD nach Wolpe, 1969, von 0 neutral bis 10 maximal vorstellbare Belastung).

Die Kontrolle der Belastung in der nächsten Sitzung ergab, dass die Patientin keine Albträume mehr hatte, und die Patientin fragte verdutzt, was die Therapeutin denn mit ihr gemacht habe? Diese erste Behandlung schuf bei der Therapeutin Vertrauen in den EMDR-Prozess. Die Psychotherapeutin fand es hilfreich, das EMDR-Arbeitsblatt aus der EMDR-Level-1-Mappe (dem Manual, das ihr beim EMDR-Training übergeben worden war) in einer Schreibmappe neben dem Schreibblock liegen zu haben, damit der vorzulesende Text von EMDR-Phase 3 bis EMDR-Phase 7 bequem abgelesen werden konnte.

Bei der zweiten Patientin der EMDR-Anfängerin lief der EMDR-Prozess anders:

Der zweite Fall einer EMDR-Anfängerin

Die Patientin hatte einen Todesfall in der Vorgeschichte: Die Mutter war verstorben. Das war von der Patientin traumatisch erlebt worden. Die Patientin schlief noch einige Zeit neben der toten Mutter, die sie vorher gepflegt hatte. Nach dem Tod der Mutter musste die Patientin mental wieder ins Leben zurückfinden. ◄

Bei der Patientin passierte scheinbar nichts im EMDR-Prozess, keine Reaktionen waren beobachtbar, keine Regungen im Gesicht. Das verunsicherte die Psychotherapeutin, daher wählte sie die Videoaufnahme dieser Sitzung aus, diese mit ihrem EMDR-Supervisor zu besprechen.

Der EMDR-Supervisor meldete zurück, dass die blanden Prozesse (bland für ruhig verlaufend) oft die Intensivsten seien.

Bestätigt wurde diese Einschätzung dadurch, dass die Beschwerden der Patientin (soziale Ängste) nach der EMDR-Sitzung weggefallen waren und dass der SUD insgesamt gesunken war. Sie war mutiger, konnte sich bewerben und hat soziale Situationen weniger vermieden.

Für die Psychotherapeutin war es in ihrer Anfangszeit in der Arbeit mit EMDR wichtig, dass ein erfahrener Kollege sagt: „Bleib dran; nur weil du nichts siehst, heißt das nicht, dass nichts passiert."

Der dritte Fall einer EMDR-Anfängerin

Der dritte Patient der Anfängerin war komplex traumatisiert gewesen. Da habe sie sich erst nicht herangetraut, dachte dann aber: „Ich versuche das mit dem CIPOS-Protokoll", was sich als eine sehr gute Idee herausstellte. Sie war in dem Modus, etwas zu probieren, war nicht ängstlich, wurde mutiger mit jedem Erfolg. Das CIPOS-Protokoll wurde von Jim Knipe (2008) entwickelt und steht für „The

Method of Constant Installation of Present Orientation and Safety". Es eignet sich für dissoziative Patient*innen, um sich an die Exposition bezüglich belastender Erinnerungen zu gewöhnen und dabei nicht mehr zu dissoziieren, sondern im Hier und Jetzt zu bleiben.

Die Psychotherapeutin bat den Patienten, die Belastung auf der SUD-Skala von 0 = neutral bis 10 = maximal vorstellbare Belastung festzulegen. Dann hat die Psychotherapeutin den Patienten aussuchen lassen, wie viele Sekunden die Konfrontation in sensu durchgeführt werden soll. Die Psychotherapeutin zählte die Sekunden rückwärts auf Null zurück. Dann erfolgte die Reorientierung. Diese kann erfolgen, indem ein Patient eine kognitive Aufgabe erledigt wie z. B. von 100 7 abziehen oder auch das Werfen eines Balls zur Therapeutin. Dann erfolgte die Verankerung mit langsamer Stimulation. Die Psychotherapeutin führte mit dem Patienten drei CIPOS-Sitzungen durch. Danach war folgende Besserung zu verzeichnen: Der Patient war von der erlebten Gewalt in der Kindheit distanzierter und konnte besser schlafen. Nachdem vor der CIPOS-Intervention der DES-II-Wert (Bernstein & Putnam, 1986) über 25 % lag, lag der Wert bei der 2. Messung unter 25 %. ◄

Rückblickend wird dieser Prozess der Implementierung von EMDR in die psychotherapeutische Praxis folgendermaßen bewertet: Als Anfänger*in ist es möglich, zum Einstieg einen einzelnen Baustein auszusuchen, um ein Gefühl dafür zu bekommen, wie mit der Methode zu arbeiten ist. Mit Methoden wie der Absorptionstechnik (Hofmann, 2010a, hervorgegangen aus der Wedge Technique von Kiessling, 2009a, b) ist ebenfalls häufig mit einer guten Reagibilität bei Patient*innen zu rechnen (s. Abschn. 6.2), sodass Kolleg*innen empfohlen haben, sich auch als Anfänger*in an diese Technik zu wagen.

EMDR-Anfänger*innen sollten für erste Übungen auch das Akuttrauma-Protokoll (Rost & Hofmann, 2014, S. 134, Beschreibung des Recent traumatic Events Protocol, kurz RE-Protocol nach Shapiro, 1995) im Blick haben: Hierbei erfolgt eine Bearbeitung des schlimmsten Momentes einer traumatischen Erinnerung, wobei belastende Affektbrücken unterbrochen werden und man wieder zum letzten belastenden Punkt (auch Knoten genannt) zurückgeht (S. 136). Als wichtige Erfahrung im Anfangsstadium der Implementierung von EMDR wird von Kolleg*innenseite geschildert, dass man Assoziationskanäle unterbrechen darf, indem man sagt: „Kommen Sie bitte zurück zu dem Ausgangspunkt."

Von Kolleg*innenseite wurde auch die Vier-Felder-Technik (Jarero et al., 2006) für Anfänger*innen empfohlen, bei der der/die Behandler*in ein DIN-A4-Blatt Blatt zweimal knickt, bis es vier Felder ergibt. Ins obere linke Bild malt der/die Patient*in ein Ressourcenbild, das mit einer Schmetterlingsumarmung verankert wird, während in die rechte obere Ecke das am stärksten belastende Bild gemalt wird (s. hierzu ein Beispiel bei Rost et al., 2014, S. 118). Nach EMDR-Stimulation veränderte Bilder werden darunter gemalt, bis ein positives Bild auftaucht. Danach kann der/die Psychotherapeut*in prüfen, ob es möglich ist, das EMDR-Standard-Protokoll bzw. das umgekehrte Standard-Protokoll (Hofmann, 2010b, S. 313 ff.) anzuwenden.

Bei Anfänger*innen kann die Angst auftauchen, wie mit starken Reaktionen von Patient*innen umzugehen ist. Hierbei stellte es sich als erfolgreich heraus, die Patient*innen in der Realität zu verankern. Dies kann zum Beispiel mit der Vier-Elemente-Übung von Shapiro (2007) geschehen (s. Abschn. 6.2 Methoden der Stabilisierung). Als hilfreich wurde auch geschildert, starke emotionale Reaktionen von Patient*innen unter einer EMDR-Behandlung aus gestalttherapeutischer Sicht einzuordnen. Hierbei kann an das Figur-/Hintergrund-Konzept aus der Gestalttherapie gedacht werden, das Hartmann-Kottek (2012) wie folgt beschreibt: „Unsere bedürfnisgesteuerte Wahrnehmung holt sich durch Bedeutungszuweisung dasjenige aus der Vielfalt der Wirklichkeit in den Vordergrund, was dem Ausgleich der eigenen Unausgewogenheit entspricht."

Abschließend folgt eine Überlegung zur Frage, was ein*e „schwere*r Patient*in" ist. Befragte Kolleg*innen meinten dazu aus heutiger Sicht, dass das jede*r für sich beantworten müsse. Abgesehen von objektiven Maßen der Schwere von Beschwerden spielt eine Rolle, welche Patient*innen zu den jeweiligen Psychotherapeut*innen passen. Es ist nicht schlimm, dass man nicht zu allen Patient*innen passen kann. Wichtig ist hierbei, dies in Erstgesprächen zu eruieren und dabei die eigenen Grenzen zu kennen.

Um sekundäre Traumatisierung (d. h. eine Traumatisierung als Behandler*in durch Konfrontation mit traumatischem Material von Patient*innen) zu vermeiden, sei für Anfänger*innen zum einen darauf hingewiesen, dass die eigene Anwendung der Schmetterlingsumarmung Stabilität verstärken kann, aber auch das Teilen und Mitteilen von schwer erscheinenden Fällen in der Intervision, im Qualitätszirkel und in der Supervision.

8.2 Zusammenfassung

- Es gibt über das Standard-Protokoll hinaus Szenarien, in denen die EMDR-Stimulation eingesetzt wird, d. h. Anfänger*innen können aus einem Pool an Protokollen und Techniken schöpfen, aus denen eine passende EMDR-Technik für den jeweiligen Patienten ausgewählt werden kann.
- So kann man sich Sicherheit holen, dass man der Methode vertrauen kann.

Übersicht
EMDR-Methodenpool, der von für dieses Kapitel befragten Psychotherapeut*innen in der Anfangsphase der Implementierung genutzt wurde:

- allgemeiner Ressourcenaufbau (Kiessling) und Schmetterlingsumarmung (Jarero, 2002), s. Kap. 8
- Absorptionstechnik (Hofmann), s. Kap. 8
- CIPOS (Knipe)
- Standard-Protokoll (Vergangenheit, Trigger, Zukunftsbefürchtungen)

- Akuttrauma-Protokoll (Shapiro)
- Vier-Felder-Technik (Jarero)

8.3 Prüfungsfragen

1. Welches Beschwerdebild eignet sich gut, um als Anfänger*in erste eigene Behandlungserfahrungen mit EMDR zu machen?
2. Welche Unterstützungsmöglichkeiten können genutzt werden, um eine sekundäre Traumatisierung zu verhindern?

Literatur

Bernstein, E. M., & Putnam, F. W. (1986). Development, reliability and validity of a dissociation scale. *Journal of Nervous & Mental Disease, 174*, 727–735.

Hartmann-Kottek, I. (2012). *Gestalttherapie*. Springer.

Hofmann, A. (2010a). The absorption technique. In M. Luber (Hrsg.), *Eye movement desensitization and reprocessing (EMDR) scripted protocols: Special populations*. Springer.

Hofmann, A. (2010b). The inverted EMDR standard protocol for unstable complex post-traumatic stress disorder. In M. Luber (Hrsg.), *Eye movement desensitization and reprocessing (EMDR) scripted protocols*. Springer.

Jarero, I. (2002). The butterfly hug – an update. *EMDRIA-Newsletter, 7*(3), 4.

Jarero, I., Artigas, L., & Hartung, L. (2006). Integrative group treatment protokoll: A post-disaster trauma intervention for children and adults. *Traumatology, 12*, 121.

Kiessling, R. (2009a). Resource strengthening. In *Eye movement desensitization and reprocessing (EMDR) scripted protocols: Basics and special situations*. Springer: Luber, Marilyn.

Kiessling, R. (2009b). The wedging technique. In M. Luber (Hrsg.), *Eye movement desensitization and reprocessing (EMDR) scripted protocols: Basics and special situations*. Springer.

Knipe, J. (2008). The CIPOS method – procedures to therapeutically reduce dissociative processes while preserving emotional safety. *Presentation at the 9th EMDR Europe Association Conference*. https://emdria.omeka.net/items/show/18245

Rost, C., & Hofmann, A. (2014). EMDR in der Behandlung akut Traumatisierter. In A. Hofmann (Hrsg.), *EMDR Praxishandbuch zur Behandlung traumatisierter Menschen. 5. vollständig überarbeitete und erweiterte Auflage*. Thieme.

Rost, C., Hofmann, A., & Lansch, D. (2014). Weitere EMDR-Techniken. In A. Hofmann (Hrsg.), *EMDR Praxishandbuch zur Behandlung traumatisierter Menschen*. (5. vollständig überarbeitete und erweiterte Aufl.,). Thieme.

Shapiro, F. (1995). *Eye movement desensitization and reprocessing: Basic principles, protocols, and procedures* (3. Aufl.,). Guilford Press.

Shapiro, E. (2007). What is an effective self-soothing technique that I can teach my client to use at home when stressed? *Journal of EMDR Practice and Research, 1*(2), 122–124.

Wolpe, J. (1969). *The practice of behavior therapy*. Pergamon.

EMDR mit speziellen Populationen

9

Jörg Stenzel

Inhaltsverzeichnis

9.1	Behandlung von Flüchtlingen mit EMDR	84
	9.1.1 Finanzierung der Behandlung	84
	9.1.2 Verständnis von psychischen Erkrankungen und Psychotherapie	85
	9.1.3 Vertrauen	87
	9.1.4 Sprache und Übersetzung	87
	9.1.5 Diagnostik	89
	9.1.6 Mögliche Blockaden für Therapiefortschritte	93
	9.1.7 Suizidalität	93
	9.1.8 Eignung von EMDR für die Behandlung von Flüchtlingen	95
9.2	Behandlung von Straftäter*innen mit EMDR	95
	9.2.1 Unterschiedliche Indikationen	95
	9.2.2 Besonderheiten der therapeutischen Beziehung	98
9.3	Zusammenfassung	99
9.4	Prüfungsfragen	100
Literatur.		100

Überblick

EMDR erweist sich als eine überaus flexibel einsetzbare Behandlungsmethode. Es lässt sich nicht nur bei zahlreichen unterschiedlichen Krankheitsbildern, sondern auch für sehr unterschiedliche Gruppen von Patient*innen einsetzen. Im Folgenden wird auf

---

J. Stenzel (✉)
Armsheim, Deutschland
E-Mail: mail@praxis-stenzel.de

© Der/die Autor(en), exklusiv lizenziert an Springer-Verlag GmbH, DE, ein Teil von Springer Nature 2023
A.-K. Richter (Hrsg.), *EMDR,* https://doi.org/10.1007/978-3-662-64662-5_9

> zwei spezielle Populationen eingegangen, nämlich die Behandlung von Flüchtlingen und die Behandlung von Straftäter*innen. Es sollen Besonderheiten im Umgang mit ihnen aufgezeigt werden sowie hilfreiche Hinweise gegeben werden.

9.1 Behandlung von Flüchtlingen mit EMDR

Unter den in Deutschland ankommenden Flüchtlingen befindet sich ein überdurchschnittlich hoher Prozentsatz von traumatisierten Menschen[1].

Eine Behandlung mit EMDR bietet sich gerade für diese Patient*innengruppe aus verschiedenen Gründen an. Im Folgenden soll auf einige Besonderheiten einer solchen Behandlung eingegangen werden, die es dabei zu berücksichtigen gilt.

Ein großer Anteil der psychotherapeutischen Versorgung von Flüchtlingen wird bis heute von sozialen Einrichtungen, zum Teil auch ehrenamtlichem Engagement getragen, von denen die ersten sich bereits während des Jugoslawienkrieges in den 90er-Jahren bildeten und zusammenschlossen zur Bundesweiten Arbeitsgemeinschaft der Psychosozialen Zentren für Flüchtlinge und Folteropfer e. V. (BAfF e. V.), deren Homepage eine gute Übersicht verschiedener Zentren und Hilfsangebote gibt sowie zahlreiche hilfreiche Materialien zur Verfügung stellt[2].

Darüber hinaus findet sich eine gute Sammlung von Materialien zur Arbeit mit traumatisierten Flüchtlingen auf der Homepage der Psychotherapeutenkammer Baden-Württembergs[3].

9.1.1 Finanzierung der Behandlung

Wichtig aus therapeutischer Sicht ist, vor Aufnahme einer Behandlung die Kostenübernahme zu klären. Kostenträger ist i. d. R. das zuständige Sozialamt und nicht die Krankenkasse. Eine solche Behandlung kann daher gerade auch für Therapeut*innen ohne Kassensitz von Interesse sein.

---

[1] Für genauere Angaben erscheint die bisherige Datenlage zu uneinheitlich. Hinweise auf eine ungefähre Größenordnung kann der länderübergreifende Review von Fazel et al. (2005) geben, der 7000 Flüchtlinge umfasst und bei diesen ein etwa um das Zehnfache erhöhtes Risiko für die Entwicklung einer PTBS feststellt verglichen mit der Allgemeinbevölkerung. Eine wesentlich kleinere deutsche Studie von Gäbel et al. (2006) ergab eine PTBS-Punktprävalenz unter Asyl-Erstantragsteller*innen von ca. 40 %. Die PTBS-Lebenszeitprävalenz in der deutschen Gesamtbevölkerung liegt je nach Erhebung zwischen 1,5 und 2,3 %, nach anderen Quellen allein für Frauen in Deutschland zwischen 10 und 12 % (Wissenschaftlicher Dienst des Bundestages, 2016).

[2] http://www.baff-zentren.org.

[3] https://www.lpk-bw.de/fachportal/psychotherapie-fuer-traumatisierte-fluechtlinge.

Die Entscheidung zur Kostenübernahme richtet sich nach dem Aufenthaltsstatus der Patient*innen. Grundsätzlich steht Asylsuchenden die medizinische Behandlung von „akuten Erkrankungen und Schmerzzuständen" zu (§ 4 AsylbLG). Inwieweit hierzu auch die psychotherapeutische Behandlung eines Traumas zählt, wird aber von den Ämtern vor Ort unterschiedlich ausgelegt. Erst nach 15 Monaten Aufenthalt in Deutschland erhalten die Geflüchteten einen Anspruch auf eine medizinische Versorgung, die der von gesetzlich Versicherten entspricht (Kostenträger bleibt aber weiterhin das Sozialamt). Flüchtlinge, die sich „illegal" in Deutschland aufhalten, sind von der Gesundheitsversorgung weitgehend ausgeschlossen und auf ehrenamtliche Hilfe angewiesen.

Von der BafF wurde ein Leitfaden zur Beantragung einer Psychotherapie für Geflüchtete zusammengestellt (aktualisiert im Aug. 2020), der online abgerufen werden kann[4].

9.1.2 Verständnis von psychischen Erkrankungen und Psychotherapie

Viele Flüchtlinge verfügen über wenige bis keine Vorkenntnisse zur Psyche, zu psychischen Vorgängen im Allgemeinen sowie zum Vorhandensein von psychischen Erkrankungen. Dies liegt zum Teil am unterschiedlichen kulturellen und gesellschaftlichen Hintergrund, zum Teil an religiösen Überzeugungen oder auch am Bildungsgrad der Patient*innen. Zwar erscheint es den meisten Betroffenen und ihren Angehörigen allgemein nachvollziehbar, dass mehrfach erlittenes schweres Leid belastend wirkt. Aber vielen ist es unverständlich, warum Symptome noch lange Zeit später und in sicherer Umgebung auftreten, beispielsweise in Form von Flashbacks oder Albträumen und anhaltenden Stimmungsveränderungen. Diese Verunsicherung verstärkt noch Tendenzen zum sozialen Rückzug und führt zu Gefühlen von Scham und zu Selbstwertverlust. Gelegentlich finden sich sogar Vorstellungen (und Ängste) von Voodoo oder anderer Zauberei bzw. Hexerei, die durch die geheimnisvoll anmutenden Vorgehensweisen des EMDR noch verstärkt werden können.

Zu Beginn einer Psychotherapie sollte daher ausreichend Zeit darauf verwendet werden, möglichst bild- und metaphernhaft die Symptome der PTBS und ihre Entstehung zu erläutern und zu enttabuisieren. Als sehr geeignet zur Erläuterung des Traumagedächtnisses hat sich die folgende Metapher von Ehring erwiesen, da sie anschaulich (kulturunabhängig) und leicht verständlich (gerade auch bei sprachlichen Problemen) ist:

---

[4] http://www.baff-zentren.org/wp-content/uploads/2021/03/BAfF_Arbeitshilfe_Therapiebeantragung-1.pdf.

> Die Besonderheiten der Traumaerinnerungen lassen sich vielleicht am besten in einem Bild zusammenfassen. Dabei kann man sich das Gedächtnis wie einen Schrank vorstellen. Alltägliche Erinnerungen werden in diesem Schrank abgelegt, indem sie zunächst ordentlich gefaltet (d. h. verarbeitet) und dann an einen passenden Ort eingeordnet (d. h. mit ähnlichen Erinnerungen und relevanten Informationen verbunden) werden. Daher können diese Erinnerungen bei Bedarf wieder hervorgeholt werden, sie fallen aber nur selten von allein aus dem Schrank heraus. Die Speicherung der Traumaerinnerung im Gedächtnis kann hingegen mit der Situation verglichen werden, dass viele Dinge ungeordnet ganz schnell in diesen Schrank hineingeworfen werden, sodass man die Tür nicht ganz schließen kann. Die Tür wird daher häufig aufgehen, und die Dinge werden wieder aus dem Schrank herausfallen.
> (aus Ehring & Ehlers, 2019, S.28)

Diese und viele weitere Metaphern, Geschichten und Symbole zur Erläuterung des Traumas und seiner Bewältigung finden sich in einer von Priebe & Dyer herausgegebenen Sammlung (2014).

Je weniger Vorkenntnisse von Psyche und Psychopathologie bestehen, desto geringer sind Vorerfahrungen mit Psychotherapie sowie Verständnis von der therapeutischen Arbeit und ihrer Funktionsweise. Aufseiten der Patienten wird häufig vom typisch medizinischen Setting im Herkunftsland ausgegangen, bei dem einem Arzt/einer Ärztin (als hoch geachteter Autoritätsperson) das Problem geschildert wird und von diesem dann über die nötigen Maßnahmen entschieden und entsprechend gehandelt wird. Den Patient*innen fällt dabei die Rolle des Unwissenden, Abhängigen und Passiven zu. Diese Haltung wird zumeist noch dadurch verstärkt, dass viele Patient*innen nicht eigenmotiviert in die Sprechstunde kommen, sondern auf Rat oder Empfehlung von anderen Stellen (Ärzten, Behörden, Betreuer*innen oder ehrenamtlichen Helfer*innen), denen die psychische Belastung aufgefallen ist.

Es sollte daher viel umfangreicher als in der alltäglichen therapeutischen Arbeit das eigene therapeutische Verständnis erläutert werden und den Patienten ihre Rolle und die an sie gerichteten Erwartungen verdeutlicht werden. Transparenz schafft Vertrauen. Als hilfreiches Bild für den EMDR-Prozess kann der Vergleich mit einem Sporttraining benutzt werden. Der/die Trainer*in hilft dem/der Sportler*in, die in ihm/ihr ruhenden Stärken und Schwächen zu erkennen, er/sie kitzelt Ressourcen heraus und unterstützt bei der Überwindung von Schwierigkeiten. Hierfür greift er auf einen Fundus unterschiedlicher Techniken und Trainingsmethoden zurück, die dem/der Sportler*in vermittelt werden. Die Fortschritte und Veränderungen (Muskelaufbau, Verbesserung des Ballgefühls etc.) finden aber im/in der Sportler*in selbst und durch dessen/deren eigenes Training statt, der/die Trainer*in kann dies von außen nicht veranlassen. Dies betont auch die Kontrolle des Prozesses, die beim/bei der Sportler*in liegt. Diese Selbstkontrolle im therapeutischen Prozess ist besonders für traumatisierte Patient*innen mit ihren Hilflosigkeitserfahrungen während der Traumatisierung sehr wichtig und stärkt das Vertrauen in die Behandlung.

9.1.3 Vertrauen

Neben den oben beschriebenen Unterschieden bei der Rollenerwartung in der Psychotherapie können noch weitere Faktoren die Distanz zwischen Therapeut*in und Patient*in erhöhen oder zu Blockaden führen. Insbesondere Geschlechtsunterschiede können sich hemmend auswirken. Beispielsweise haben viele der (meist männlichen) unbegleiteten minderjährigen Flüchtlinge die kulturell geprägte Überzeugung, dass Männer nicht weinen oder keine Schwäche zeigen dürfen, sodass sie ihren Leidensdruck bagatellisieren oder leugnen und das Sprechen über Gefühle ihnen sehr unangenehm ist. Umgekehrt fällt es Patientinnen besonders schwer, über sexuellen Missbrauch zu sprechen aufgrund starker Schamgefühle bzw. der Tabuisierung von Sexualität.

Vertrauensbildende Maßnahmen erfordern Zeit und Geduld, dies sollte bei der Therapieplanung ausreichend berücksichtigt werden. Hilfreich beim Aufbau von Vertrauen erscheint eine Haltung, die die eigene Unkenntnis der anderen Kultur und des anderen Krankheitsverständnisses immer wieder betont und die Patient*innen demütig um Hilfe und Anleitung bittet, um sich „an die Hand nehmen zu lassen" und sich in ihre Welt einführen und dort herumführen zu lassen. Neugierde und Interesse am Fremden statt Belehrung und Anleitung helfen sehr, die kulturellen Grenzen zu überwinden. Dies kann zugleich auch für die Therapeut*innen entlastend sein in Bezug auf ihre Selbstansprüche und eigenen Erwartungen, wie Kleefeldt, Wolff & de Carlo erläutern: „Eine Haltung des ‚Wissens vom eigenen Nicht-Wissen' und demzufolge eines ‚Erfragen-Müssens' ersetzt die Unmöglichkeit, ExpertIn für jede der unterschiedlichen Kulturen und Sprachen werden zu müssen, denen wir in unserer Praxis begegnen" (2016, S. 15).

9.1.4 Sprache und Übersetzung

Psychotherapie findet im Wesentlichen über Kommunikation statt und setzt daher gute Sprachkenntnisse voraus (selbst in der Kinder- und Jugendtherapie, noch viel mehr aber in den allgemein üblichen Formen der Erwachsenentherapie). Die sehr begrenzten Deutschkenntnisse der meisten Flüchtlinge zwingen dazu, nach Möglichkeiten einer Übersetzung in der Therapie zu suchen.

Der Einsatz von Dolmetscher*innen hat einen erheblichen Einfluss auf den therapeutischen Prozess, was hier nur kurz angerissen werden kann. In jedem Fall wird die therapeutische Beziehung zu einer Triade erweitert, in der es zwischen allen drei Beteiligten zu einem wechselseitigen Beziehungsgeschehen kommt, auf verbaler wie nonverbaler Ebene. Wichtige Einflussfaktoren können hierbei sein: Sympathien bzw. Antipathien, Geschlechtsunterschiede, Altersunterschiede, therapeutische Vorerfahrungen (und entsprechende Erwartungen) der Dolmetscher*innen mit anderen

Therapeut*innen oder Therapieverfahren (!), kulturelle oder ethnische Unterschiede u.v.m.[5]

Auch können solche Faktoren zu Rollenvermischungen führen, wenn Dolmetscher*innen beispielsweise bei unbegleiteten minderjährigen Flüchtlingen in eine Eltern- oder Erzieher*innenrolle fallen bzw. ihnen diese angetragen wird, oder aber wenn sie aufgrund ihrer Vorerfahrungen „co-therapeutisch" agieren.

Eine Therapie kann durch solche Einflüsse erschwert, in vielen Fällen aber auch unterstützt und verbessert werden. Erfahrene und sensible Dolmetscher*innen können die Patient*innen unterstützen, weil sie für Patient*innen ein Stück „Heimat und Verbundenheit" in die Therapie hineintragen. Sie können diese ermutigen, den Aufbau von Vertrauen fördern, helfen bei der Überwindung von Hemmungen vor dem Unbekannten und Fremden sowie Modell und Vorbild sein. Ebenso können sie aber auch Therapeut*innen unterstützen durch Erläuterung von unbekannten kulturellen, religiösen oder sonstigen Gegebenheiten und Einflussfaktoren. Gute Dolmetscher*innen können also Brückenbauer sein weit über die rein sprachliche Vermittlung hinaus!

Vor Beginn einer Therapie sollte mit dem/der Dolmetscher*in unbedingt eine ausführliche Aufklärung über die Schweigepflicht erfolgen und dies auch schriftlich festgehalten werden. Außerdem sollte vor Beginn einer Traumabehandlung mit dem/der Dolmetscher*in über mögliche Belastungen auf seiner/ihrer Seite gesprochen werden und ihm/ihr eine Notfallintervention angeboten werden, da es entweder zu Retraumatisierungen bei diesem/dieser kommen könnte, falls diese ähnliche eigene Erfahrungen hatten, oder zu sogenannten „sekundären Traumatisierungen", d. h. dem Entwickeln ähnlicher Symptome einer PTBS aufgrund des empathischen Anhörens solcher Erlebnisse.

Eine gute Zusammenstellung der Chancen und Schwierigkeiten von Therapie mit Dolmetscher*innen findet sich auf den Folien des Vortrages von Ulrike Schneck (2015), die auch online zur Verfügung stehen.[6]

Sehr empfehlenswert ist darüber hinaus der von IN TERRA zusammengestellte Leitfaden zur Dolmetscher*innen-gestützten Psychotherapie im interkulturellen Kontext, der auf den Seiten der Psychotherapeutenkammer Rheinland-Pfalz zur Verfügung gestellt wird[7]. Dieser Leitfaden beinhaltet unter anderem Vordrucke zur Schweigepflicht

---

[5] Fluchtursache sind häufig Bürgerkriege zwischen unterschiedlichen ethnischen Gruppen. Kommen Dolmetscher und Patienten nicht aus der gleichen ethnischen Gruppe innerhalb desselben Herkunftslandes, kann dies auf beiden Seiten zu Vorurteilen oder Ressentiments führen. Gelegentlich kommt es auch zu Ängsten der Patienten, dass professionelle Dolmetscher mit bestimmten Regimen aus den Herkunftsländern zusammenarbeiten könnten. Es darf nicht vergessen werden, dass traumatisierte Patienten aufgrund ihrer Erfahrungen häufig ein gesteigertes Misstrauen haben.

[6] https://www.lpk-bw.de/sites/default/files/news/2015/20151215-schneck-pt-veranstaltung-traumat-fluechtlinge.pdf.

[7] https://www.lpk-rlp.de/fileadmin/user_upload/Leitfaden_Therapie_zu_dritt.pdf.

sowie die sogenannten „WINNERS"-Regeln für kompetente Dolmetscher*innen im therapeutischen Einsatz.

Die regelhafte Übernahme der Kosten für eine/n Dolmetscher*in wird von den Kostenträgern ausgeschlossen. Zahlreiche Flüchtlinge sind daher gewohnt, dass bei medizinischen Untersuchungen Angehörige oder bereits länger im Gastland lebende Bekannte als Dolmetscher*innen fungieren. Für die Psychotherapie erscheint dieses (kostengünstigste) Vorgehen aber nur bedingt geeignet. Zum einen droht der geschützte Rahmen verletzt zu werden. Gerade bei schambesetzten Themen wie sexuellem Missbrauch können Hemmungen, sich gegenüber der dolmetschenden Person zu öffnen, eine Bearbeitung verhindern. Zum anderen ist im therapeutischen Setting für ein empathisches Verständnis und einen differenzierten Austausch ein detailliertes Sprachverständnis zwingende Voraussetzung. Laien-Dolmetscher*innen verfügen oft nicht über ausreichende Sprachkenntnisse, um diese hohen Anforderungen zu erfüllen.

Mögliche Vorgehensweisen, um die Kostenübernahme für eine/n professionelle/n Dolmetscher*in im Einzelfall zu erreichen, finden sich in der oben genannten Broschüre von IN TERRA. In jedem Fall muss der/die Therapeut*in aber mit einem Mehraufwand durch die Einbindung eines/einer Dolmetschers/Dolmetscherin in die Therapie rechnen. Außerdem stellt mitunter die Terminplanung der Sitzungen den/die Therapeuten/ Therapeutin vor zusätzliche Probleme (Koordination zu dritt).

9.1.5 Diagnostik

Die Schwierigkeiten mit der sprachlichen Verständigung zeigen sich gerade auch bei der Diagnostik sehr deutlich: Der Versuch, Fragebögen wie die Impact of Events Scale (IES-R, Weiss & Marmar, 1997) selbst von professionellen Dolmetscher*innen verständlich übersetzen zu lassen, ist äußerst zeitaufwendig und meist dennoch unbefriedigend, weil nie endgültige Sicherheit besteht, dass der Inhalt valide verstanden und vermittelt wurde (von einer eigentlich nötigen statistischen Überprüfung der allgemeinen Gütekriterien bei einer solchen Übersetzung ganz zu schweigen...). Ein muttersprachlicher Test ist daher in jedem Fall vorzuziehen, für viele Sprachen aber leider noch nicht vorhanden.

Zur näheren Beschreibung einer posttraumatische Symptomatik wurden folgende Screening- und Symptomfragebögen speziell für Flüchtlinge entwickelt bzw. für diese validiert: der Refugee Health Screener-15 (RHS-15 von Pathways to Wellness, 2011), der Harvard Trauma Questionnaire (HTQ-5; Berthold et al.,

2019) und die Posttraumatic Stress Diagnostic Scale (PDS; Ehlers et al., 1996; Foa et al., 1997).

Bei der Art der Traumatisierungen handelt es sich häufig um sogenannte Typ-II-Traumata, d. h. komplexe, andauernde oder sich wiederholende traumatische Erlebnisse wie Folter, Missbrauch und andere sogenannte „man made desaster" (durch Menschenhand verursachte Traumata). (Als Typ-I-Trauma wird dagegen eine einmalige traumatische Erfahrung angesehen, etwa durch einen Unfall oder eine Naturkatastrophe.) Häufig beginnt der Leidensprozess bereits im Herkunftsland, dessen Lebensrealität von Krieg, Verfolgung, Unterdrückung oder Diskriminierung geprägt ist. Auf der (mitunter viele Monate oder gar Jahre anhaltenden) Phase der Flucht kommt es häufig zu weiteren traumatischen Erfahrungen mit Todesängsten, Ausnutzung und Missbräuchen sowie zahllosen Entbehrungen. Und auch nach der Ankunft im vermeintlich sicheren Zielland setzen sich oft negative Erfahrungen fort, sei es durch Diskriminierung und Ausgrenzung, durch Unsicherheit und Zukunftsangst (bis zur endgültigen Entscheidung im Asylverfahren) oder auch durch Enttäuschungen aufgrund falscher bzw. verzerrter eigener Erwartungen oder hohen Erwartungsdruck von zurückgebliebenen Familienangehörigen.

Ein sehr geeignetes Hilfsmittel im Rahmen des diagnostischen Prozesses ist das gemeinsame Erstellen der sogenannten „Traumalandkarte" (vgl. Abschn. 6.2.1 und Abb. 9.1). Sie ermöglicht es sowohl den Therapierenden als auch den Patient*innen selbst, sich einen guten Überblick zu verschaffen, um die vielen Erlebnisse zu ordnen und eine Gewichtung der unterschiedlichen Traumata nach Schwere ihres Leidensdrucks zu erreichen.

9 EMDR mit speziellen Populationen

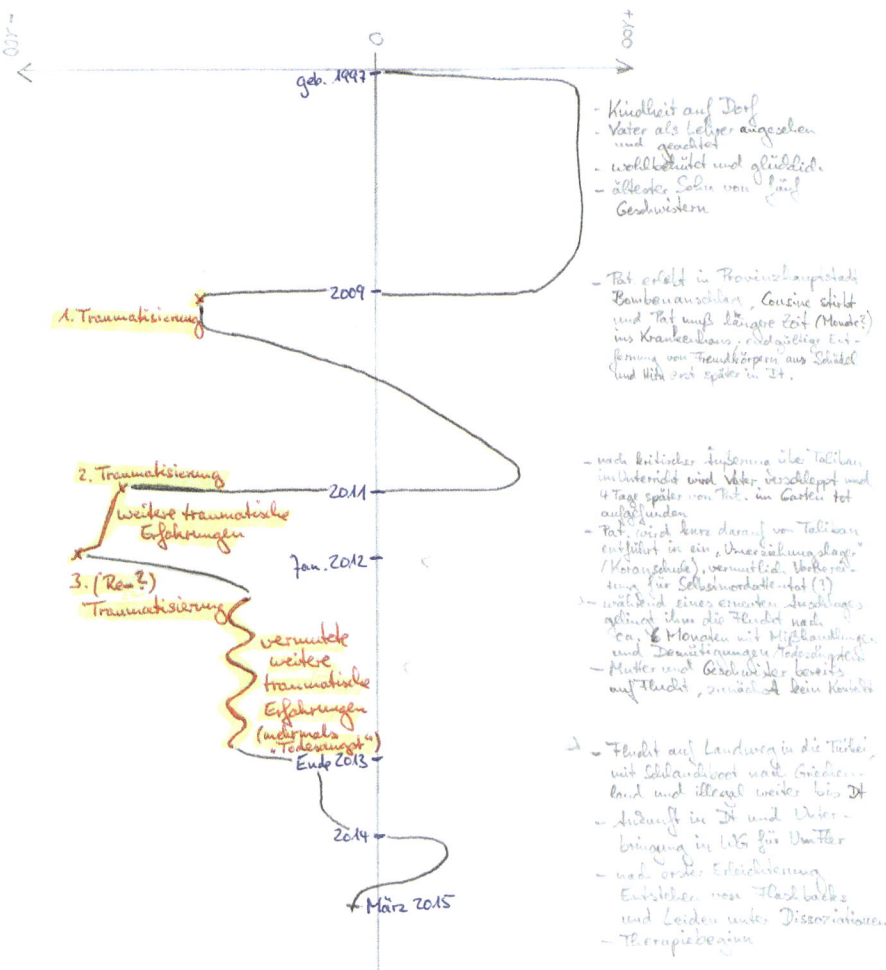

Abb. 9.1 Traumalandkarte eines unbegleiteten minderjährigen Flüchtlings aus Afghanistan

Aufgrund der Schwere der Belastungen finden sich häufig neben einer PTBS auch unterschiedlichste Arten von *Dissoziationen*, die es in Diagnostik wie Behandlung zu berücksichtigen gilt. Sowohl Schamgefühle als auch Sprachprobleme und nicht zuletzt das Fehlen eines Krankheitsverständnisses dieser Symptome erschweren das Erkennen dieser Symptome.

Verschiedene Untersuchungen haben gezeigt, dass bei den meisten PTBS-Patient*innen (> 80 %!) weitere psychische Erkrankungen vorliegen (vgl. Schäfer et al., 2019). Die häufigsten *Komorbiditäten* sind (neben den bereits genannten Dissoziationen) depressive Störungen, Angst- und Panikstörungen, somatoforme Störungen oder Substanzabhängigkeiten. Dies sollte bei der Diagnostik bedacht und möglichst mit untersucht werden. Die traumatischen Biografien der Patient*innen verleiten dazu, sich einseitig und frühzeitig auf die Symptome der PTBS zu konzentrieren und andere Störungsbilder zu übersehen (zumal in einem Diagnoseprozess, der sich durch Kommunikationsprobleme ohnehin schwierig und überdurchschnittlich lang gestaltet). Die Diagnostik sollte dennoch umfangreich und vollständig erfolgen, selbst wenn sich der anschließende Behandlungsprozess mit EMDR zunächst wieder auf das Reprozessieren der traumatischen Erlebnisse konzentrieren wird.

Außerdem ist die regelmäßige Abklärung möglicher *Suizidgedanken* im gesamten therapeutischen Prozess von großer Wichtigkeit (s. Abschn. 9.1.8).

Neben der Schwierigkeit des korrekten inhaltlichen Erfassens der Symptomatik gibt es ein weiteres Diagnostikproblem bei der Beurteilung des Wahrheitsgehaltes der geschilderten Symptomatik (vgl. hierzu Abschn. 9.1.6. Glaubwürdigkeit).

Die Behandlung von Flüchtlingen bedeutet zumeist, dass die Patient*innen sich in einem noch offenen Asylverfahren befinden. Dies erzeugt enormen Druck und führt zu starken Zukunftsängsten und Verunsicherungen. Aus zahlreichen Berichten ist bekannt, dass Flüchtlingen von Schlepper*innen, Fluchthelfer*innen und Mitflüchtenden immer wieder vermittelt wird, dass sie zur Verbesserung ihrer Chancen im Asylverfahren möglichst traumatische Erfahrungen und entsprechende Folgesymptome schildern sollen[8].

Dabei wird vonseiten der Flüchtlinge zunächst wenig unterschieden, ob die Adressaten solcher Berichte die Ausländerbehörden oder unter Schweigepflicht stehende Psychotherapeut*innen sind. Mitunter wird die Psychotherapie auch bewusst gesucht, um an entsprechende Bescheinigungen oder vermeintliche „Begutachtungen" zu gelangen. Es kann daher gelegentlich zu vollkommen frei erfundenen Geschichten kommen („Simulation" genannt) oder – was eher der Fall ist – zu teilweise dramatisierten, übertriebenen bzw. verschlimmerten Schilderungen („Aggravation" oder „malingering" genannt).

Im Bereich der professionellen psychologischen Begutachtung gibt es zahlreiche Versuche, mithilfe von speziellen Fragebögen sowie Kriterienkatalogen den Wahrheitsgehalt einer geschilderten Symptomatik und das Ausmaß des geäußerten Leidensdrucks

---

[8]Tatsächlich rechtfertigt das Vorliegen einer Erkrankung wie der PTBS allein noch nicht die Anerkennung als international Schutzberechtigter, dem ein Bleiberecht eingeräumt wird. Es bedarf des Beweises, dass es im Herkunftsland für den Betroffenen zu schwerwiegenden Verletzungen seiner grundlegenden Menschenrechte kam (in deren Folge evtl. eine PTBS aufgetreten sein könnte). Das Vorliegen einer PTBS kann jedoch unter bestimmten Umständen ein Abschiebungshindernis darstellen, selbst wenn der Asylantrag abgelehnt wurde. Die verschiedenen Formen flüchtlingsrechtlichen Schutzes unterscheiden sich bezüglich der Rechtsfolgen, d. h. bezüglich der Dauer des Aufenthaltsrechts, des Familiennachzuges, des Umfang von Förderungsmaßnahmen usw. (vgl. Dittrich & Wild, 2020).

zu überprüfen („Beschwerdenvalidierung" genannt, vgl. Dreßing & Foerster, 2014, und Keppler et al., 2017)[9].

Im Rahmen einer allgemeinen psychotherapeutischen Traumatherapie erscheint eine solch umfängliche gutachterliche Einschätzung durch den Behandelnden unrealistisch, auch können solch spezielle Kenntnisse nicht vorausgesetzt werden. Gutachterliche Aussagen (zumal Behörden gegenüber) verbieten sich aufgrund der Rollenkonfusion als Behandelnder ohnehin. Auszustellende Bescheinigungen sollten auf kurze Befundberichte begrenzt bleiben, um sich nicht in die offenen Verfahren verstricken zu lassen. Die Mindestangaben für ein Attest vor Gericht, mit dem ein externes medizinisches Gutachten angestoßen werden kann, finden sich bei Dittrich und Wild (2020; online nachzulesen).

Auch im Hinblick auf die therapeutische Beziehung erscheint es wenig wünschenswert, der geschilderten Symptomatik zu viel Misstrauen entgegenzubringen. Gerade traumatisierte Patient*innen sind aufgrund ihrer Vorerfahrungen häufig besonders sensibilisiert für Themen wie Kontrolle, Sicherheit und Vertrauen. Aus therapeutischer Sicht sollte daher vermutlich lieber einer Minderheit von Simulant*innen fälschlicherweise zu gutgläubig vertraut werden, als dass die Beziehung zur Mehrheit der tatsächlich Traumatisierten belastet und deren therapeutischer Prozess gefährdet wird.

Es soll an dieser Stelle aber auch nicht verschwiegen werden, dass es für die Behandelnden, die sich gerade bei diesem speziellen Klientel häufig besonders engagieren (emotional, ressourcenmäßig und z. T. auch mit finanziellen Opfern), sehr enttäuschend und auch persönlich verletzend sein kann, wenn sich im Laufe einer längeren Behandlung herausstellt, dass die von Patient*innen berichteten Erlebnisse nicht der Realität entsprechen. Nicht zuletzt auch zur Unterstützung mit solchen Erfahrungen empfiehlt sich dringend der kollegiale Austausch in Form von Inter- oder Supervision mit Kolleg*innen, die sich ebenfalls in diesem Bereich engagieren!

---

[9] Das tatsächliche Vorliegen einer akuten PTBS hat nicht nur bei Entscheidungen über Asylverfahren oder bei der Aussetzung von Abschiebungsvollstreckungen eine hohe Relevanz, sondern auch in versicherungsrechtlicher Hinsicht bei zahlreichen Einschätzungen von Unfallfolgeschäden, z. B. bei Fragen nach der Arbeitsfähigkeit oder nach einem Schadensersatz. Stevens und Merten (2009) berichten, dass die PTBS zu den „simulationsnahen, d. h. leicht vorzutäuschenden Störungen" gehören. Burges und McMillan (2010) konnten bspw. zeigen, dass naive Versuchspersonen (d. h. nicht-traumatisierte medizinische Laien) nach Präsentation einer kurzen Fallvignette in der Lage waren, die diagnostischen Beschwerden für eine PTBS so anzugeben, dass 94 % von ihnen die diagnostischen Kriterien für eine PTBS erfüllten. Young stellte 2014 zur Überprüfung der Beschwerdenvalidität bei PTBS entsprechende Kriterien eines Diagnosesystems für „Non-credible, Feigned, or Malingered Posttraumatic Stress Disorder Related Disability/Dysfunction (F-PTSDR-D)" vor.

9.1.6 Mögliche Blockaden für Therapiefortschritte

Eine noch ausstehende Bleiberechtsentscheidung verhindert (bewusst oder unbewusst) mitunter therapeutische Fortschritte. Ähnliches ist in der ambulanten Psychotherapie sonst höchstens aus der Behandlung von Patient*innen mit noch nicht entschiedenen Renten- oder Berufsunfähigkeitsanträgen bekannt. Dieses Dilemma ist kaum auflösbar, was auch auf therapeutischer Seite immer wieder zu Ohnmachtsgefühlen führen kann. Besonders zugespitzt trifft man diese Pattsituation an, wenn bei einem bereits abgelehnten Asylantrag eine drohende Abschiebung dadurch aufgeschoben wird, dass der Betroffene seine akute und noch unzureichend behandelte Symptomatik, meist verbunden mit Suizidandrohung, anführt. In solchen Fällen sollte die Therapie auf stabilisierende Maßnahmen beschränkt werden und Unterstützung bei der Suche nach juristischer Hilfe gegeben werden (die ihrerseits allerdings oftmals wiederum therapeutische Bescheinigungen zur Unterstützung ihrer Bemühungen wünscht…).

Die wie ein Damoklesschwert über dem Alltag der Patient*innen und damit auch über der Therapie schwebende drohende Abschiebung ist mitunter so schwer belastend, dass sie in ihrer Aktualität und Präsenz alle traumatischen Bearbeitungsversuche zunächst in den Schatten stellt. Hier sollte einer Behandlung dieser aktuellen Problematik (Zukunftsängste, Perspektivlosigkeit, Unsicherheit, Ohnmacht u.Ä.) Vorrang eingeräumt werden. Auch zur Bearbeitung dieser Themen eignet sich EMDR sehr gut.

> EMDR kann angewandt werden, um eine Veränderung der negativen Kognitionen, Emotionen und Körpergefühle zu erreichen. Häufig kommt es während dieser Arbeit am Knoten der aktuellen Belastung zur Aktivierung von neuen Kanälen, die mit den traumatischen Ereignissen verknüpft sind, da während der Traumatisierung ähnliche oder gleiche Gefühle und Kognitionen vorgelegen hatten. Die aktuell belastende Situation kann demnach als eine Form der Retraumatisierung verstanden werden und ihre Bearbeitung sich auch auf die Bewältigung des Traumas auswirken.

9.1.7 Suizidalität

Ein besonderes Augenmerk in der Behandlung sollte auf ein erhöhtes Suizidrisiko gelegt werden. Neben dem allgemein hohen Risiko für Suizide bei PTBS-Patienten kommen bei diesem Klientel weitere Belastungsfaktoren hinzu: Der Aufenthalt in der Fremde, das Fehlen von Unterstützung und sozialem Austausch mangels engerer Vertrauenspersonen, die Enge und geringe Beschäftigungsmöglichkeit in der Flüchtlingsunterkunft, der Mangel an positiven Verstärkern (Hobby, Freizeitgestaltung, Teilhabe am sozialgesellschaftlichen Leben), die Unsicherheit des Aufenthaltsstatus und die Bedrohung durch die Abschiebung, die zahlreichen Barrieren und Hemmnisse im Alltag etc. In einer retrospektiven Studie der Medizinischen Hochschule Hannover an Menschen in Asylverfahren berichtete über die Hälfte der PTBS-Patienten über Suizidalität, ein Viertel über Suizidversuche (Sieberer et al., 2011).

Zum einen empfiehlt es sich, regelmäßig in den Sitzungen die aktuelle Suizidalität zu erfragen und praktische Möglichkeiten der Prävention und Unterstützung mit den Patienten zusammen zu erarbeiten. Zum anderen sollte eine Aktivierung von Ressourcen angestrebt werden, wie es beispielsweise die EMDR-Methode der sogenannten „Absorptionstechnik" ermöglicht (nach der „Wedge Technique" von Kiessling, 2009, veröffentlicht als EMDR-Protokoll in Hofmann, 2014).

> Bei der sogenannten „Absorptionstechnik" werden vom Patienten Fähigkeiten erfragt, die er zur Bewältigung einer bestimmten belastenden Situation benötigt. Danach werden diese aktiviert und verankert durch die Erinnerung an Situationen der Vergangenheit, in der diese Fähigkeiten vorhanden waren und halfen. Flüchtlinge haben meist eine Vielzahl unterschiedlichster Erlebnisse auf ihrer Flucht gesammelt. Neben den traumatisierenden Erfahrungen waren dies auch zwischenzeitliche Momente der Erleichterung und Freude, erfolgreiches und geduldiges Aus- und Durchhalten von zahlreichen Entbehrungen, Schmerzen und Leid, Überwinden von Schwierigkeiten und großen Hürden u.v.m. Die dabei entwickelten und mehrfach bewiesenen Ressourcen gilt es zu aktivieren und eine Umfokussierung und Neubewertung einzuleiten. Dabei sollen die aktuellen Probleme und Unsicherheiten nicht negiert oder verdrängt werden, sondern vielmehr neben die ebenfalls vorhandenen Ressourcen und positiven Erfahrungen gestellt werden. Der Patient/die Patientin soll ermutigt werden, seine/ihre Resignation zu überwinden unter Rückbesinnung auf vorhandene Stärken und Fähigkeiten.

Weitere, vertiefende Aspekte und Besonderheiten für die Arbeit mit Menschen aus anderen Kulturen im Zusammenhang mit Ressourcenaktivierung und EMDR finden sich bei Tumani (2014).

Eine andere Möglichkeit der Behandlung von Suizidalität mit EMDR stellt die Bearbeitung suizidaler States dar, wie sie im EMDR-Protokoll zur Behandlung von Depressionen (DeprEnd) beschrieben wird (Hofmann et al., 2020).

9.1.8 Eignung von EMDR für die Behandlung von Flüchtlingen

Aus mehreren Gründen erscheint eine Behandlung von Flüchtlingen mit der Methode des EMDR geeignet:

- Bei zahlreichen Flüchtlingen liegen traumatische Erfahrungen vor, die sich häufig in Symptomen einer PTBS bei hoher Komorbidität mit weiteren psychischen Erkrankungen manifestiert haben. EMDR wurde ursprünglich als traumatherapeutische Methode entwickelt und hat sich gerade in der Behandlung von Traumata und ihren Folgeerkrankungen als sehr effektiv und effizient erwiesen.
- Das Vorgehen im EMDR ist klar und einfach strukturiert und dadurch gerade auch für Patienten ohne psychologische und therapeutische Vorerfahrungen leicht vermittelbar.
- Die Methode des EMDR bedarf relativ weniger Verbalinterventionen und ist daher auch einsetzbar bei geringen Sprachkenntnissen.
- Das Vorgehen ist – nach ausführlicher und möglichst anschaulicher Erläuterung – für die Patient*innen transparent und erlaubt ein hohes Maß an Eigenkontrolle. Dies kommt vor allem Patient*innen entgegen, die aufgrund vielfacher und schwerwiegender von Menschen verursachten Traumatisierungen ein hohes Bedürfnis nach Selbstbestimmung und Kontrolle haben sowie als Form des Selbstschutzes ein gesteigertes Misstrauen entwickelt haben.

9.2 Behandlung von Straftäter*innen mit EMDR

Eine psychotherapeutische Behandlung von Straftätern kann sowohl im Maßregelvollzug (in einer forensischen Psychiatrie) als auch im Strafvollzug (in einer Justizvollzugsanstalt, JVA) erfolgen. In den meisten Fällen werden die therapeutischen Angebote von Psychologen durchgeführt, die in den jeweiligen Einrichtungen angestellt sind. Lediglich einige Bundesländer (wie bspw. Hessen und Bayern) bieten Gefangenen im Strafvollzug die Möglichkeit, von externen Psychotherapeuten behandelt zu werden.

Zunächst sollen drei verschiedene Patientengruppen für eine mögliche Behandlung mit EMDR unterschieden werden, und zwar in Abhängigkeit des Zusammenhangs der psychischen Erkrankung und der sogenannten „Anlasstat", d. h. der Straftat, die zur Verurteilung führte. Anschließend soll auf die Besonderheiten eingegangen werden, die sich für die therapeutische Arbeit aus dem Setting des Justizvollzuges ergeben.

9.2.1 Unterschiedliche Indikationen

Versucht man, eine Einteilung von EMDR-Indikationen bei Straftäter*innen vorzunehmen, so lassen sich die folgenden drei unterschiedlichen Subgruppen unterscheiden:
(1) Bei der ersten Gruppe handelt es sich um Patient*innen mit unterschiedlichen psychischen Erkrankungen, die in keinem erkennbaren Zusammenhang mit der Anlasstat stehen. Die Prävalenz psychiatrischer Erkrankungen bei Strafgefangenen im Vergleich zur Allgemeinbevölkerung ist deutlich erhöht (vgl. die Übersichtsarbeit von Opitz-Welke et al., 2018). Solche psychischen Erkrankungen (Zwangshandlungen oder -gedanken, Phobien, Depressionen u. a.) können entweder bereits

vor der Straffälligkeit bestanden haben oder während der Haft entstanden sein. In vielen Fällen dürften entsprechende Veranlagungen und Persönlichkeitszüge bereits vorgelegen haben und durch die besonderen Stressoren der Haft so verstärkt worden sein, dass die Erkrankung schließlich zum Ausbruch kam.

EMDR wird inzwischen erfolgreich bei zahlreichen Krankheitsbildern, gerade auch jenseits der PTBS, angewandt. Eine solche Behandlung kann prinzipiell unter Haftbedingungen ebenso wie in jeder ambulanten Praxis geschehen. In der Realität dürfte aber eine Behandlung mit EMDR bei solchen Diagnosen mangels entsprechender therapeutischer Angebote eher eine Ausnahme bilden. Kommt EMDR dennoch zum Einsatz, bieten sich über die Aktivierung von Affektbrücken auch Chancen, an der Anlasstat und vor allem an den Bedingungsfaktoren der Delinquenzentwicklung zu arbeiten. Wenn Patienten sich während der Behandlung auf eine solche Auseinandersetzung einlassen, finden sich häufig Kognitionen zu den Themen Kontrolle vs. Hilflosigkeit, Abhängigkeit vs. Autarkie sowie Schuld/Verantwortung vs. Bagatellisierung/Externalisierung der Schuld/ Gefühl von Ungerechtigkeit. Hier können mithilfe des EMDR Veränderungen und Umbewertungsprozesse angestoßen werden.

(2) Bei der zweiten Patient*innengruppe in Haft liegen Traumatisierungen aus der Kindheit und Jugendzeit vor. Diese stehen zwar in keinem direkten Zusammenhang zur Anlasstat, es lässt sich in zahlreichen Fällen jedoch ein indirekter vermuten. Diese Patient*innen sind meist in desolaten Familienverhältnissen aufgewachsen und wurden selbst Opfer von Misshandlungen, sowohl psychischer, körperlicher und/oder sexueller Art. Der Fachbegriff der **Opfer-Täter-Transition** beschreibt den Zusammenhang zwischen eigenen Opfererfahrungen, die eine spätere eigene Gewaltausübung begünstigen. Hierbei spielen verschiedene Faktoren eine Rolle, wie bspw. soziale Lernprozesse oder die Erfahrung der kompensatorischen Wirkung von Gewalt und Macht. Ein besonders dramatisches Beispiel für die Wandlung vom Opfer zum Täter dürfte der 2021 vom Internationalen Strafgerichtshof in Den Haag wegen 70 unterschiedlichen Verbrechen gegen die Menschlichkeit verurteilte ugandische Rebellenführer Dominic Ongwen sein, der zunächst selber mit 14 Jahren entführt, missbraucht, gefoltert und gezwungen wurde, Kindersoldat zu sein.

Die Besonderheit dieser Patient*innen ist, dass sich Opfer- und Täteranteile in einer Person wiederfinden. Die Behandlung solcher Traumata aus der Kindheit und Jugendzeit ist in zweifacher Weise von Bedeutung: zum einen dient sie der Reduktion von Leidensdruck, wie er sich im Rahmen einer PTBS oder einer komplexen PTBS, möglicherweise auch mit Dissoziationen oder in Form von Persönlichkeitsstörungen, lebenslang fortsetzt. Zum anderen geben Studien aber auch Hinweise darauf, dass das Rückfallrisiko für erneute Straftaten sinkt. Die Behandlung solcher frühen Traumatisierungen hilft demnach nicht nur den Straftäter*innen in ihrer Rolle als Opfer, sondern zugleich wirkt sie präventiv auf die Täterrolle – und dient damit der Verbesserung der Legalprognose, d. h. der Wahrscheinlichkeit, mit der nach Haftentlassung Regeln und Gesetze eingehalten werden.

Neben der individuellen Perspektive hat dies auch eine wichtige gesellschaftliche Relevanz, da diese Behandlung einen besseren Schutz vor erneuten Straftaten bedeutet!

Ricci, Clayton und Shapiro konnten 2006 bei zehn pädophilen Sexualstraftätern zeigen, dass die erfolgreiche Behandlung der eigenen Missbrauchserfahrungen mit EMDR (in Ergänzung zu den üblichen deliktpräventiven Behandlungsmethoden) zu signifikanten Verbesserungen nicht nur bei der gemessenen körperlichen Erregung führte (am Penis bei Präsentation entsprechender Bilder), sondern auch zu einer signifikanten Verringerung entsprechender pädophiler Gedanken und Fantasien, zu einer Erhöhung der Therapiemotivation und zu einer Erhöhung der Opferempathie.

(3) Eine besondere Form der Behandlung stellt die dritte Gruppe von Patient*innen dar, bei der es um die Behandlung einer klassischen PTBS geht, die in direktem Zusammenhang mit der Anlasstat entstand. Nicht nur Opfer von Straftaten, sondern auch Täter können durch eine solche traumatisiert werden, wenngleich dies sicherlich viel seltener der Fall ist. Beispiele hierfür können Autounfälle sein, bei denen der Fahrer den Unfalltod von Mitmenschen verschuldet hat, oder auch Straftaten mit Todesfolge, die im Affekt oder unter Drogeneinfluss geschehen sind. Insbesondere ein bereits vorher bestandener emotionaler Bezug zu den Opfern kann zu anhaltenden traumatischen Belastungen und Leidensdruck führen (bspw. eine Patientin, die ihr Kind durch Vernachlässigung verhungern ließ; ein junger Patient, der als Fahrer den Unfalltod seiner Verlobten verschuldete; ein anderer, der seine ihn jahrelang quälende Mutter im Affekt erstach).

Während sich in der vorherigen Gruppe Opfer- und Täter-Anteile vermischen, liegt bei dieser Gruppe von Traumapatienten die Besonderheit vor, dass diese zwar unter den Folgen des traumatischen Ereignisses wie ein betroffenes Opfer leiden, sie dieses Ereignis aber als Täter (zumindest juristisch) selber zu verantworten haben. Das Grundthema der Verantwortung und Schuld kommt in zahlreichen EMDR-Behandlungen als typische negative Kognition vor. Meist beruht diese Kognition bei Traumaopfern aber auf verzerrten und irrealen Bewertungen (wenn Missbrauchsopfer sich bspw. die Verantwortung oder Mitverantwortung geben). Ziel einer solchen Behandlung ist die Veränderung solcher Kognitionen und eine realistischere Neubewertung, bei der die Verantwortung wieder zurück zum Täter verschoben wird. Bei der hier besprochenen Gruppe von Straftätern lässt sich jedoch die Schuldfrage nicht einfach negieren, da sie objektiv besteht und auch gerichtlich festgestellt wurde. Der hier beschriebene Täterkreis leidet unter dieser Verantwortung und hat die entsprechenden Kognitionen zusammen mit den traumatischen Eindrücken verankert.

Formen der Neubewertung könnten positive Kognitionen sein, die ausdrücken.
- dass die Patient*innen sich ihrer Verantwortung stellen und diese annehmen,
- dass sie in Form der Haftstrafe für ihre Taten sühnen und büßen,
- dass sie aus den Taten und ihren Folgen lernen und ihr zukünftiges Leben gewissenhafter und verantwortungsvoller leben werden (vielleicht auch der

Gesellschaft oder anderen Opfern/Benachteiligten/etc. in Form von persönlichem Engagement etwas „zurückgeben"),
- dass sie auch ein Recht auf einen Neuanfang und ein neues Leben haben (nach Verbüßen ihrer Strafe).

Der in diesem Zusammenhang öfters geäußerte Wunsch nach Aussöhnung bzw. Vergebung durch das Opfer oder dessen Angehörige muss gut überlegt und geprüft werden, da einer vom Täter gewünschten Erleichterung seines Gewissens eine mögliche neue Belastung (bis hin zur Retraumatisierung) des Opfers gegenüberstehen kann.

9.2.2 Besonderheiten der therapeutischen Beziehung

Die Arbeit im Strafvollzug unterscheidet sich in mehrfacher Weise vom üblichen therapeutischen Setting: Zum einen liegt dies an dem speziellen Klientel, zum anderen an der ungewöhnlichen Doppelrolle der Behandelnden. Beides hat Auswirkungen auf das **Vertrauen** in der therapeutischen Beziehung und auf die **Therapiemotivation.** Dies soll im Folgenden kurz erläutert und daraus Konsequenzen für den Einsatz von EMDR abgeleitet werden.[10]

Zahlreiche Patient*innen in der JVA wurden in und von einer kriminellen Subkultur sozialisiert, in der Selbstbeherrschung und eine (wenigstens nach außen gezeigte) Stärke eine große Rolle spielen, in der der eigene Status innerhalb der Peergruppe von Macht und Kontrolle abhängig ist und häufig auch ein überdurchschnittliches Maß an Misstrauen zu beobachten ist. „Coolness", emotionale Kälte und Gleichgültigkeit gelten hier oftmals als Zeichen von Überlegenheit, Macht und Stärke, es herrschen Misstrauen und die Überzeugung vor, dass man seine Probleme am besten ohne fremde Unterstützung lösen sollte. Im Kontext der JVA verstärken sich solche Überzeugungen oft noch. Es ist schwierig, unter einem solchen Setting Vertrauen zu entwickeln, Gefühle zuzulassen oder Schwäche und Verletzungen zu zeigen.

Wie oben bereits erwähnt, wird in den meisten Fällen die Therapie durch angestellte Psycholog*innen des psychologischen Dienstes durchgeführt. Diese befinden sich – sofern sie therapeutisch tätig werden – in einer Doppelrolle: Neben der üblichen therapeutischen Rolle (wohlwollend, einfühlsam, unterstützend etc.) sind sie zugleich Mitarbeitende in der Institution, die „Recht und Ordnung" durchsetzt, die den „Staatsapparat" vertritt und für den Freiheitsentzug sorgt. Der Aufbau einer vertrauensvollen, offenen Beziehung erscheint hier ungleich schwerer als im allgemeinen Therapiesetting. Insbesondere die üblicherweise

---

[10] Für eine ausführlichere Auseinandersetzung mit der allgemeinen therapeutischen Arbeit im Rahmen der JVA und ihre Besonderheiten vgl. Pecher (2005), Stenzel (2019) oder Weidinger-von der Recke (2018).

garantierte und gesicherte Schweigepflicht in der Therapie ist deutlich eingeschränkt. Dies kann sich gerade in Traumatherapien besonders gravierend auswirken, da die Patient*innen hier häufig ohnehin aus der Traumasituation von Gefühlen der Ohnmacht, Hilflosigkeit und Abhängigkeit belastet sind. Speziell bei einer Methode wie dem EMDR sollte mit (bewussten oder unbewussten) Ängsten und Widerständen gerechnet werden. Die Vorgehensweise des EMDR erscheint zunächst (insbesondere für die zumeist therapieunerfahrenen Patient*innen) wenig transparent und kann durch das Führen und Leiten der Augenbewegung Assoziationen von Hypnose oder Formen einer Fremdbeeinflussung wecken. Gerade im Kontext von Haft bedarf es daher besonders viel Zeit und Sensibilität, um über eine solche Behandlungsform ausführlich zu informieren und schließlich zu ihr zu motivieren.

Auf der anderen Seite bietet der Einsatz von EMDR aber auch besondere Chancen. Die Methode des EMDR ist klar und einfach strukturiert und dadurch gerade auch Patient*innen ohne therapeutische Vorerfahrungen leicht vermittelbar. Veränderungsprozesse können mit ihrer Hilfe in kurzer Zeit angestoßen werden und auf kognitiver, emotionaler wie körperlicher Ebene tatsächlich erfahrbar werden. Dafür bedarf es – verglichen mit anderen Therapieverfahren – weit weniger der Erarbeitung tiefgehender theoretischer Analysen und Selbstreflexionen.

Zur Überwindung des Misstrauens und der Angst vor Verlust von Kontrolle und Selbstbestimmung sollten den Patient*innen unterschiedliche Techniken der bilateralen Stimulation angeboten werden. Neben der klassischen Methode der vom Behandelnden geführten Augenbewegung könnte eine Stimulation durch den (neutral und unbestechlich wirkenden) Lichtbalken oder durch Geräuschstimulation über Kopfhörer angeboten werden. Ein noch höheres Maß an Selbstbestimmung bietet der sogenannte „butterfly hug" (Schmetterlingsumarmung), bei der der/die Patient*in sich über Klopfbewegungen auf den Brustkorb selbst stimuliert.

9.3 Zusammenfassung

EMDR erweist sich als eine überaus flexibel einsetzbare Behandlungsmethode. Es lässt sich nicht nur bei zahlreichen unterschiedlichen Krankheitsbildern, sondern auch für sehr unterschiedliche Gruppen von Patient*innen einsetzen – bei geringfügiger Anpassung an die Besonderheiten der jeweiligen Population.

Bei der Behandlung von meist (multipel traumatisierten) Flüchtlingen sollte mit der Unkenntnis von psychischen Erkrankungen sowie therapeutischer Behandlung gerechnet werden, was Misstrauen und Ablehnung noch erhöhen kann. Kulturellen, gesellschaftlichen und religiösen Unterschieden sollte offen begegnet werden. Es bedarf daher eines besonders empathischen und geduldigen Auftretens beim Aufbau der therapeutischen Beziehung. Weitere Probleme können sich aus Sprachbarrieren ergeben, die gegebenenfalls einer Übersetzung in der Therapie bedürfen. Dies verändert die therapeutische Beziehung gravierend, mit Chancen wie Schwierigkeiten. Außerdem hat die – meistens parallel laufende – Klärung des Aufenthaltsstatus der Patient*innen Einfluss auf den therapeutischen Prozess.

Die Arbeit mit Straffälligen unterscheidet sich häufig durch ein geringeres Maß an Vertrauen in der therapeutischen Beziehung sowie durch weniger Motivation für eine Behandlung. Je nach Art des Grundthemas, um das es in der Behandlung geht, liegt eine unterschiedliche Gewichtung von Täter- und Opferanteilen vor. Diese unterschiedliche Perspektive hat Auswirkungen auf die negativen wie positiven Kognitionen während des Durcharbeitens der EMDR-Phasen.

9.4 Prüfungsfragen

1. Was versteht man unter Typ-I- und Typ-II-Traumata? Welche Unterschiede ergeben sich in der Behandlung, mit welchen Schwierigkeiten muss beim Beziehungsaufbau oder während des Reprozessierens gerechnet werden?
2. Welche Chancen und welche Schwierigkeiten ergeben sich aus dem Einsatz von Dolmetscher*innen in der Therapie mit Patient*innen aus anderen Kulturen?
3. Wie könnten mögliche Ressourcen im Zusammenhang mit der Absorptionstechnik lauten bei einem Flüchtling mit komplexer Typ-II-Traumatisierung? Welche Fragen könnten gestellt werden zum Entdecken dieser Ressourcen?
4. Warum empfiehlt sich kollegialer Austausch in Intervision oder Supervision ganz besonders in der Arbeit mit Flüchtlingen?
5. Welche Subgruppen lassen sich in der Behandlung von Straftäter*innen unterscheiden und wie könnten jeweils typische Kognitionen (positive und negative) in Abhängigkeit vom jeweiligen Grundthema lauten?

Literatur

Berthold, S. M., Mollica, R. F., Silove, D., Kuowei Tay, A., Lavelle, J., & Lindert, J. (2019). The HTQ-5: Revision of the Harvard Trauma Questionnaire for measuring torture, trauma and DSM-5 PTSD symptoms in refugee populations. *European Journal of Public Health, 29*(3), 468–474. https://doi.org/10.1093/eurpub/cky256

Bundesweite Arbeitsgemeinschaft der Psychosozialen Zentren für Flüchtlinge und Folteropfer. (2015). *Frühfeststellung und Versorgung traumatisierter Flüchtlinge. Konzepte und Modelle zur Umsetzung der EU-Richtlinien für besonders schutzbedürftige Asylsuchende.* BAfF e.V. https://awo-migration-behinderung.de/wp-content/uploads/Modelle-zur-Fr%C3%BChfeststellung-besonders-Schutzbed%C3%BCrftiger_BAfF-e.V..pdf. letzter Zugriff 31.01.2023.

Burges, C., & McMillan, T. M. (2010). The ability of naive participants to report symptoms of post-traumatic stress disorder. *British Journal of Clinical Psychology, Wiley Online Library, 40*(2), 209–214. https://doi.org/10.1348/014466501163544

Dittrich, L., & Wild, B. (2020). Traumafolgestörungen und Asylrecht. Eine besondere Herausforderung. *Deutsches Ärzteblatt, 117*(16), A826–A830. https://www.aerzteblatt.de/pdf.asp?id=213604. letzter Zugriff 31.01.2023.

Dreßing, H., & Foerster, K. (2014). Begutachtung der posttraumatischen Belastungsstörung. *Forensische Psychiatrie, Psychologie, Kriminologie, 8*, 26–33. https://doi.org/10.1007/s11757-013-0245-0

Ehlers, A., Steil, R., Winter, H., & Foa, E. B. (1996). *Deutsche Übersetzung der Posttraumatic Stress Diagnostic Scale (PDS)*. Unveröffentlichtes Manuskript.

Ehring, T. (2014). Die Traumaerinnerung ordnen – Verwendung der Schrankmetapher zur Vorbereitung auf das imaginative Nacherleben. In K. Priebe & A. Dyer (Hrsg.), *Metaphern, Geschichten und Symbole in der Traumatherapie*. Hogrefe.

Ehring, T., & Ehlers, A. (2. Aufl.,). (2019). *Ratgeber Trauma und Posttraumatische Belastungsstörung. Informationen für Betroffene und Angehörige*. Hogrefe.

Fazel, M., Wheeler, J., & Danesh, J. (2005). Prevalence of serious mental disorder in 7000 refugees resettled in western countries: A systematic review. *The Lancet, 365*(9467), 1309–1314. https://doi.org/10.1016/S0140-6736(05)61027-6

Foa, E., Cashman, L., Jaycox, L., & Perry, K. (1997). The validation of a self-report measure of PTSD: The posttraumatic diagnostic scale. *Psychological Assessment, 9*, 445–451.

Gäbel, U., Ruf, M., Schauer, M., et al. (2006). Prävalenz der Posttraumatischen Belastungsstörung (PTSD) und Möglichkeiten der Ermittlung in der Asylverfahrenspraxis. *Zeitschrift für Klinische Psychologie und Psychotherapie, 35*(1), 12–20. https://doi.org/10.1026/1616-3443.35.1.12

Hofmann, A. (Hrsg.). (2014). *EMDR: Praxishandbuch zur Behandlung traumatisierter Menschen (5. vollst. überarbeitete und erweiterte Aufl.)*. Thieme.

Hofmann, A., Ostacoli, L., Lehnung, M. & Hase, M. (2020). *Depressionen behandeln mit EMDR. Techniken und Methoden für die psychotherapeutische Praxis. Mit dem Behandlungsmanual DeprEnd*. Klett-Cotta.

Horowitz, M., Wilmer, N., & Alvarez, W. (1979). Impact of events scale: A measure of subjective stress. *Psychosomatic Medicine, 41*, 209–218.

Keppler, C., et al. (2017). Beschwerdenvalidierung in der versicherungsmedizinischen Begutachtung. *Fortschritte in Neurologie Psychiatrie, 85*, 17–33.

Kiessling, R. (2009). The Wedging Technique. In: Luber, M. (Ed.) *Eye Movement Desensitization and Reprocessing (EMDR) Scripted Protocols: Basics and Special Situations*. New York: Springer.

Kleefeldt, E., Wolff, B., & de Carlo, L. (2016). *Flüchtlinge in unserer Praxis. Informationen für ÄrztInnen und PsychotherapeutInnen*. Bundesweite Arbeitsgemeinschaft der Psychosozialen Zentren für Flüchtlinge und Folteropfer.

Markert, G., Vogel-Hürter, C. & Heidger, T. (2015). *Therapie zu dritt. Wie kann dolmetschergestützte Psychotherapie im interkulturellen Kontext gelingen? Ein Leitfaden*. In Terra/Caritasverband Rhein-Mosel-Ahr. https://www.lpk-rlp.de/fileadmin/user_upload/Leitfaden_Therapie_zu_dritt.pdf. letzter Zugriff 31.01.2023.

Opitz-Welke, A., Lehmann, M., Seidel, P., & Konrad, N. (2018). Medizin im Justizvollzug. *Deutsches Ärzteblatt. International, 115*(48), 808–814. https://doi.org/10.3238/arztebl.2018.0808

Pathways to Wellness. (2011). *Refugee Health Screener-15 (RHS-15)*. http://refugeehealthta.org/wp-content/uploads/2012/09/RHS15_Packet_PathwaysToWellness-1.pdf. letzter Zugriff 31.01.2023.

Pecher, W. (2005). *Tiefenpsychologisch orientierte Psychotherapie im Justizvollzug. Eine empirische Untersuchung der Erfahrungen und Einschätzungen von Psychotherapeuten in deutschen Gefängnissen* (2. Aufl.,). Centaurus.

Priebe, K., & Dyer, A. (Hrsg.). (2014). *Metaphern, Geschichten und Symbole in der Traumatherapie*. Hogrefe.

Ricci, R. J., Clayton, C. A., & Shapiro, F. (2006). Some effects of EMDR on previously abused child molesters: Theoretical reviews and preliminary findings. *The Journal of Forensic Psychiatry & Psychology, 17*(4), 538–562. https://doi.org/10.1080/14789940601070431

Schäfer, I., Frommberger, U., Gast, U., Lampe, A., Lotzin, A., & Reddemann, O. (2019). Komorbide psychische Störungen. In I. Schäfer et al. (Hrsg.), *Posttraumatische Belastungsstörung. S3-Leitlinie der Deutschsprachigen Gesellschaft für Psychotraumatologie* (S. 43–50). Springer. https://www.awmf.org/uploads/tx_szleitlinien/155-0011_S3_Posttraumatische_Belastungsstoerung_2020-02_1.pdf. letzter Zugriff 31.01.2023.

Schneck, S. (2015). *Zusammenarbeit mit Dolmetschenden im Kontext von Psychotherapie und Beratung*. Referat anlässlich der Fortbildung der Landespsychotherapeutenkammer (LPK), der Landesärztekammer (LÄK) und der Kassenärztlichen Vereinigung Baden-Württemberg zum Thema „Psychotherapeutische Behandlung von traumatisierten Flüchtlingen" in Stuttgart. https://www.lpk-bw.de/sites/default/files/news/2015/20151215-schneck-pt-veranstaltung-traumat-fluechtlinge.pdf. letzter Zugriff 31.01.2023.

Sieberer, M., Ziegenbein, M., Eckhardt, G., et al. (2011). Psychiatrische Begutachtung im Asylverfahren. *Psychiatrische Praxis, 38*, 38–44.

Stenzel, J. (2019). EMDR bei akuter emotionaler Erregung. Fallbericht aus einer Justizvollzugsanstalt. *Trauma & Gewalt, 13*(3), 202–212. doi: https://doi.org/10.21706/tg-13-3-202

Stevens, A., & Merten, T. (2009). Begutachtung der posttraumatischen Belastungsstörung: Konzeptionelle Probleme, Diagnosestellung und negative Antwortverzerrungen. In T. Merten & H. Dettenborn (Hrsg.), *Diagnostik der Beschwerdenvalidität* (S. 162–192). Deutscher Psychologen Verlag.

Tumani, V. (2014). Ressourcenaktivierung und EMDR in der psychotherapeutischen Arbeit mit Menschen aus anderen Kulturen. In C. Rost (Hrsg.), *Ressourcenarbeit mit EMDR. Vom Überleben zum Leben. Bewährte Techniken im Überblick* (3. Aufl., S. 225–236). Junfermann.

Weidinger-von der Recke, B. (2018). Psychotherapie in einer JVA mit weiblichen Gefangenen. Ein Erfahrungsbericht. *Psychotherapeutenjournal, 17*, 27–30.

Weiss, D. S., & Marmar, C. R. (1997). *The impact of event scale – revised*. In J. P. Wilson & T. M. Keane (Hrsg.), *Assessing psychological trauma and PTSD*. Guilford Press.

Wissenschaftlicher Dienst des Deutschen Bundestages. (2016). *Posttraumatische Belastungsstörung. Zahlen sowie Aspekte geschlechtsspezifischer Behandlungsangebote*. WD 9 – 3000 – 069/16. Deutscher Bundestag.

Young G. (2014). *Malingering, feigning, and response bias in psychiatric/psychological injury. Implications for practice and court*. Springer SBM.

Häufige Fallstricke in der EMDR-Therapie

10

André Maurício Monteiro

Inhaltsverzeichnis

10.1	Hinweise für die EMDR-Arbeit in Phase 1 und 2	104
10.2	Hinweise für die EMDR-Arbeit ab Phase 3	108
10.3	Optimierungsmöglichkeiten für den EMDR-Prozess	110
10.4	Zusammenfassung	113
10.5	Prüfungsfragen	114
	Literatur	114

> **Überblick**
> Dieses Kapitel ersetzt weder eine Supervision/Beratung, noch erschöpft es das Thema. Es soll jedoch ermutigen dabei, die Gratwanderung zu schaffen zwischen Respekt vor dem EMDR-Standard-Protokoll, der gebietet, die Formulierungen zu übernehmen, ohne einen zwanghaften Umgang damit zu pflegen und den therapeutischen Prozess nicht mehr wahrzunehmen. Dieser wird nämlich meist ungemein spannend sein und kann nicht nur einen linearen, sondern auch einen thematisch spiralförmig ablaufenden Heilungsprozess für unsere Klienten ermöglichen.

A. M. Monteiro (✉)
Espaco da Mente, Brazil, Brasilien

10.1 Hinweise für die EMDR-Arbeit in Phase 1 und 2

Als ich EMDR erlernte, machte der Ausbilder eine Bemerkung über die ernsthaften Risiken des Missbrauchs der EMDR-Technik, z. B. die Dissoziation von Klienten. Einige der Teilnehmer waren besorgt, obwohl nicht klar war, was das Problem ist, wenn der Klient dissoziiert. Fehler zu machen scheint etwas Schlechtes zu sein, das um jeden Preis vermieden werden muss. Gleichzeitig ermutigen wir die Klienten, positive Kognitionen zu äußern, wie zum Beispiel: Ich tue mein Bestes, ich kann aus meinen Fehlern lernen, ich bin ein Mensch, ich kann scheitern usw. Hier scheint es eine Art Inkonsistenz zu geben.

Die Interaktion zwischen Therapeut und Klient hängt von unberechenbaren Variablen ab, während sich die Beziehung entfaltet. Der Versuch, alle möglichen Missgeschicke vorherzusehen (und zu kontrollieren), scheint fruchtlos. Dennoch gibt es nach meiner persönlichen Erfahrung und den Berichten, die ich in Supervisionsgruppen höre, bestimmte Unsicherheiten, die sich tendenziell wiederholen und die sicherlich optimiert werden können; anderenfalls würde es sich nicht lohnen, die Lernkurve in irgendeiner Form von Psychotherapie zu verfolgen.

Einige Therapeuten, die sich mit all den Möglichkeiten und Funktionen von EMDR vertraut machen, geben an, dass sie sich ängstlich fühlen, wenn sie erkennen, dass es aufeinanderfolgende Phasen gibt, in denen jeweils Details zu beachten sind. Sie fühlen sich nicht berechtigt, einfach „dem Prozess zu vertrauen", die Klienten in den Fluss der Assoziationen eintauchen zu lassen und die Beobachtung der Gehirntätigkeit während des Reprozessieren zu fördern. Es gibt Schritte, die zu beachten sind, und es steht viel auf dem Spiel. Was ist, wenn der Klient dekompensiert, dissoziiert, zu weinen beginnt oder die Therapie abbricht?

Da der Umgang mit psychisch kranken Klienten potenzielle Risiken birgt, wird die EMDR-Grundausbildung kontinuierlich strukturiert, um diese Risiken zu minimieren. So werden beispielsweise Ressourcen wie der Sichere/Beruhigende Ort eingerichtet, vielleicht noch eine innere Unterstützungsfigur hinzugefügt und schließlich ein aktiver Container aufgestellt, den die Klienten mit sich herumtragen können. All dies wird durch eine RDI (englisch für „resource development and installation") ergänzt, die angibt, was erforderlich ist, um fortzufahren, und wir bieten den Klienten zahlreiche Möglichkeiten, sich ihrer schmerzhaften Vergangenheit zu stellen oder um eine Pause zu bitten, falls während des Reprozessierens Unbehagen auftritt.

Eine Kollegin, die mit dem EMDR-Training begann, sagte, sie fühle sich wie in einer Fahrstunde, in der sie als Letztes auf die Landschaft schauen konnte. Sie war ständig damit beschäftigt, den Kampf gegen das Lesen und Aufschreiben dessen, was die Klienten sagten, zu gewinnen. Da sie eine Ausbildung in einem therapeutischen Ansatz absolviert hatte, bei dem das Mitschreiben nicht erwünscht war, fühlte sie sich ihrer formalen Ausbildung gegenüber untreu. Obwohl ihr Ausbilder einige architektonische Punkte der Sitzordnung geklärt hatte, fühlte sich diese Kollegin bei einem echten Klienten unsicher: Wie lang sollte ein Set EMDR-Stimulation sein? Wie weit und wie hoch sollte sie ihre Hand vor dem Gesicht des Klienten platzieren? Die meisten dieser Befürchtungen waren während ihrer Ausbildung ausreichend behandelt worden, aber allein in ihrem Büro fühlte sie sich unsicher, wie sie vorgehen sollte. Diese mechanischen Probleme wurden dann während der Supervision gelöst. Sie fühlte sich allmählich wohler, wenn sie mit den Klienten selbst sprach. Sie stellte fest, dass diese tatsächlich ein Mitspracherecht haben wollten, insbesondere diejenigen, die das Gefühl hatten, in ihrer Kindheit nicht richtig gehört worden zu sein.

Als ich mich weiter mit dieser Kollegin unterhielt, gestand sie mir, dass sie versucht hatte, die Sätze, aus denen sich das Standard-Protokoll zusammensetzt, geringfügig zu ändern, in der Hoffnung, dass die Interaktion in der therapeutischen Dyade leichter fließen würde. Hier haben wir ein Problem, das mit der Übersetzung des Protokolls zusammenhängt, bei der sich die Bedeutung in verschiedenen Sprachen leicht verschieben kann. Sie hatte das Bedürfnis, den Wortlaut bestimmter Fragen anzupassen, um sich besser auf ihre Klientel einzustellen und um sich einige Fragen leichter merken zu können.

Als Beispiel nannte sie ihre Schwierigkeiten bei der Unterstützung von Analphabeten bei der Identifizierung von Kognitionen, indem sie in der Bewertungsphase (3) fragte: „Was denken Sie über sich selbst?" Dies führt sicherlich zu einer Kognition, verfehlt aber das Konzept der doppelten Aufmerksamkeit, das für EMDR von grundlegender Bedeutung ist: In einem Zustand der doppelten Aufmerksamkeit sollten die Klienten (a) über die Störung und die Überzeugungen in der Gegenwart nachdenken, während sie (b) den Fokus der Aufmerksamkeit auf die Erinnerung aus der Vergangenheit beibehalten. Es macht also einen erheblichen Unterschied, wenn die Frage anders formuliert wird: „Wenn Sie an diese schwierige Erinnerung aus der Vergangenheit denken, was denken Sie dann jetzt über sich selbst, das negativ/positiv ist?" Das war zu komplex für die Klientin. Sie fühlte sich zunächst schlecht, umging die Herausforderung aber durch die Frage: „Was denken Sie deshalb heute über sich selbst? Aus diesem Grund sind Sie heute…".

Selbst wenn Therapeuten denken, dass sie keine gute Verbindung zu ihren Klienten aufrechterhalten können oder die Formulierung für Kognitionen unbeholfen klingt, ermutigen uns positive Ergebnisse, die wir in der klinischen Praxis beobachten, weiterzumachen. Um auf die Idee des Fahrenlernens zurückzukommen: Es gibt eine erstaunliche Landschaft zu erkunden, nicht nur bestimmte Worte zu sagen.

Grundlegende Konzepte wie die doppelte Aufmerksamkeit sollten jedoch beibehalten werden, damit wir wissen, welche Art von Informationen die Klienten abrufen. Die intersubjektive Interaktion mit den Therapeuten hilft den Klienten zu lernen, wie sie sich innerhalb eines Toleranzfensters halten können und wie sie allmählich zulassen können, dass mehr implizite traumatische Inhalte explizit und symbolisiert werden, wodurch das AIP-System reaktiviert wird.

Inzwischen blicken wir einige Jahre in die Zukunft. Die Dissoziation ist zu einem integrierten Bestandteil des EMDR-Trainings geworden. EMDR als Technik hat sich zu einem umfassenden psychotherapeutischen Ansatz gemausert, zusammen mit achtsamkeitsbasierter Beobachtung während des Reprozessierens. Die Pionierzeiten scheinen vorbei zu sein, und EMDR umfasst immer mehr Klienten mit Beschwerden, die nicht einmal ausschließlich als traumabasiert bezeichnet werden können, was uns herausfordert, das, was wir tun, weiter zu erforschen.

Wie können wir also mit dieser sich ständig verändernden Landschaft umgehen? Die Antwort auf diese Frage hängt von vielen Faktoren ab. Einer davon ist, was im täglichen Leben der Klienten zwischen den Sitzungen geschieht. Wir folgen einer kontinuierlichen Lernkurve, einer Kurve, die das adaptive Informationsverarbeitungssystem in Bezug auf dysfunktionale Informationen reaktiviert, die als maladaptiver Zustand im Gehirn gespeichert sind. Der Weg der zerebralen emotionalen Genesung erschließt sich auch Klienten, die zu einer Kurzzeittherapie kommen und eine spezifische Symptomreduktion anstreben, anstatt eine umfassendere Therapie zu erhalten.

Was anfangs als ein vom Therapeuten übersehener Aspekt angesehen werden konnte, kann von einer Sitzung zur nächsten eine neue Bedeutung erhalten. Diese Anpassungen werden wir vor allem beim nächsten Termin (**Reevaluation – Phase 8**) bewerten und beobachten. Wir müssen abwarten, bis das AIP-System den Klienten dabei unterstützt, dysfunktionalen Informationen, die in der Zeit eingefroren sind, neue Bedeutungen zuzuschreiben, und wir müssen das Ergebnis überprüfen, während es sich im wirklichen Leben abspielt.

Daher kann es vorkommen, dass Klienten negativ auf eine bestimmte Beobachtung des Therapeuten reagieren, z. B. auf eine kognitive Verflechtung während des Reprozessierens, wie z. B.: „Damals konnten Sie nicht Nein sagen, aber was wäre, wenn es heute wieder passieren würde?" Während dieser Zeit der Anpassung kann sich ein anfänglicher Widerstand in Akzeptanz verwandeln, zusammen mit der Öffnung für neue Perspektiven, die wir später ansprechen werden. Im Prozess des Widerstands bis hin zur Verbesserung können wir Therapeuten zusätzliche assoziative Kanäle untersuchen, die ins Bewusstsein kommen. Warum war diese Bemerkung störend? Die anfängliche Abneigung kann sich als Kipppunkt in Richtung Wachstum erweisen.

Aber auch das Gegenteil kann der Fall sein. Manchmal verläuft eine Wiederaufarbeitungssitzung technisch sehr gut, mit Markern der Vollständigkeit: Der Störungsgrad (SUD), der von einer traumatischen Erinnerung ausgeht, sinkt in Phase 4 auf null. Die Zielerinnerung löst in Phase 5 kein Unbehagen mehr in der Gegenwart aus. Und die Gültigkeit der positiven Erkenntnis (VoC = 7) ist integral. Der Klient empfindet die positive Kognition als vollkommen wahr, während er die traumatische Erinnerung abruft. Außerdem löst die aufgearbeitete Erinnerung keine signifikanten körperlichen Empfindungen aus.

Im Laufe der Zeit beginnen sich jedoch Abwehrmechanismen zu manifestieren. Was wie ein Schritt nach vorn aussieht, entpuppt sich als zwei Schritte rückwärts. Auf den anfänglichen scheinbaren Fortschritt folgt ein Rückfall. Was ist hier geschehen? Dies ist einer der Gründe, warum wir das aufbereitete Material in Phase 8 erneut aufgreifen, um zu prüfen, ob die in der Sitzung erzielten Fortschritte vom AIP-System vollständig integriert und bewahrt wurden und ob sich die Verallgemeinerung auf andere verbindende Themen ausgeweitet hat, oder ob die Erleichterung, die der Klient erfahren hat, ein Gefühl des Unbehagens ausgelöst und aktiviert hat, das das „In Ordnung sein" mit sich bringt?

Wir sollten also erkennen, dass im Verlauf der EMDR-Erfahrung unendlich viele Variablen eine Rolle spielen. Vieles hängt nicht nur von den technischen Initiativen des Therapeuten ab, sondern auch von der Art des Klienten. Tiefere Ebenen der Komplexität erfordern fortgeschrittenere Fähigkeiten. Die vollständige Aufarbeitung einer traumatischen Erinnerung ist keine Garantie für eine vollständige Heilung der Symptome. Dies muss im Lichte der Fallkonzeptualisierung beurteilt werden.

Es gibt die scheinbar einfachen Fälle, bei denen die Gefahr, dass Neulinge mit dem Standard-Protokoll durcheinander kommen, gering ist. In solchen Fällen berichten die Klienten im Idealfall von einer relativ stabilen Kindheit mit gut eingespielten, aktiven Bezugspersonen und einem eindeutigen traumatischen Einzelereignis, das sich in ihrem Erwachsenenleben ereignet hat. Sie beschreiben die erschütternde Erinnerung mit Klarheit und rufen sie nach Belieben ab, ohne ihr emotionales Gleichgewicht allzu sehr zu verlieren. Und wenn sie doch etwas aus dem Gleichgewicht geraten und dissoziieren, gewinnen sie die Kontrolle schnell wieder zurück und kehren in den Zustand der doppelten Aufmerksamkeit zurück, zurück in ihr Toleranzfenster.

Diese Klienten liefern dem Therapeuten eine gut definierte Beschwerde mit spezifischen, zugänglichen Erinnerungen und bewahren in der Regel eine kohärentere Ich-Struktur. Sie können mit den Widrigkeiten, denen sie vor allem in der Kindheit und Jugend ausgesetzt waren, besser umgehen und sind daher besser auf eine sofortige Aufarbeitung vorbereitet. Zu schön, um wahr zu sein? Nun, das klingt nach einem idealen Klienten für einen EMDR-Therapeuten, der gerade erst anfängt, und irgendwann klopfen sie auch an die Tür. Aber in der täglichen Praxis ist das nur selten der Fall.

Wenn wir uns die realistischere Routine in unseren Praxen ansehen, dann neigt die übliche Gruppe, die zur Therapie kommt und dann in der Therapie bleibt, dazu, mehr Schwierigkeiten zu haben, ein scheinbar normales Leben zu führen. Sie können sich sogar als ziemlich gegenwartsorientiert darstellen und größere Dissoziationen in Schach halten. Es ist nicht immer leicht zu erkennen, welche Anstrengungen sie unternehmen, um ein Gefühl der Erdung im Hier und Jetzt zu bewahren. Hinter einer zuversichtlichen Fassade von Interaktion und Fröhlichkeit verbirgt sich eine schützende Abgeklärtheit. Hier könnten wir auf einige Schwierigkeiten stoßen. Das grüne Licht, das wir sehen, deutet auf die Erlaubnis hin, weiterzumachen. Die scheinbare Bereitschaft zur Aufarbeitung führt in die Irre. Bei näherer Betrachtung ist sie nicht haltbar.

Die Unfähigkeit, hinter der scheinbaren Stabilität Anzeichen von Unausgewogenheit zu erkennen, entspricht den üblichen Beurteilungsfehlern, denen wir alle bei der Anamneseerhebung (**Phase 1**) ausgesetzt sind. Ungeduldige Therapeuten, die unbedingt helfen wollen, erkennen möglicherweise nicht, dass eine große Schwachstelle vorliegt, und verzichten auf die ersten Schritte, die mit einer sorgfältigen Anamneseerhebung verbunden sind, ebenso wie auf Psychoedukation oder die Schaffung von Optionen, die dem Klienten in Phase 2 (Vorbereitung) einen sicheren Ausweg aus der Situation bieten.

Eine gute Möglichkeit, einige dieser Hürden zu umgehen, besteht darin, sich zu vergewissern, dass die Klienten das Kommando haben, ihre positiven Netzwerke und die damit verbundenen Ressourcen zu aktivieren. Ein kontinuierlicher Wechsel zwischen Stabilisierungs- und Aufarbeitungsphasen kann für sie geeigneter sein als ein überstürzter Einstieg in die Aufarbeitung, wie Gonzalez & Mosquera in ihrer bahnbrechenden Arbeit über den progressiven Ansatz von EMDR (2012) ausführlich beschreiben. Diese Leitlinien sind vor allem für Klienten mit einer Vorgeschichte von anhaltenden Traumata und chronischer emotionaler Instabilität nützlich.

Therapeuten, die versehentlich zu früh mit dem Reprocessing beginnen, haben ein höheres Risiko, mitzuerleben, wie Klienten dekompensieren, ohne die Ressourcen zu haben, die sie brauchen, um sich wieder zu stabilisieren. Andererseits kann zu viel Zeit, die der Aufarbeitung gewidmet wird, auch dem Fortschritt der Behandlung abträglich sein, da dysfunktionale Inhalte unbearbeitet bleiben.

Einige weitere Komplikationen, die nicht auf diese Anfangsphasen beschränkt sind, aber in der Supervision auftauchen, sind:

Vorbereitungsphase 2: Verwendung von zu vielen BLS, um einen sicheren Ort zu installieren (oder zu schnell), wodurch man zu früh in die Aufarbeitung abrutscht. Ein weiterer Grund ist die Beeinträchtigung der Visualisierung des Sicheren Ortes oder die Erwartung, dass dieser blitzsauber ist. Marich und Danziger (2022) weisen darauf hin, dass auch ein nicht ganz perfekter Sicherer Ort als Ressource geeignet sein kann, insbesondere wenn es den Klienten gelingt, mit der Unvollkommenheit zurechtzukommen und dennoch auf ihn zuzugreifen, um eine Zustandsänderung zu fördern. Daher kann ein Sicherer Ort, der gut genug ist, den Zweck erfüllen.

10.2 Hinweise für die EMDR-Arbeit ab Phase 3

Bewertungsphase 3: Therapeuten haben es am schwersten, angemessene Kognitionen aufzubauen, sowohl negative als auch positive. Was die negativen Kognitionen betrifft, so beschreiben die Klienten oft Handlungen (ich hätte dies/das tun sollen), anstatt über negative Selbstkonzepte zu berichten, die sich aus dem Zielgedächtnis ergeben, auf das wir uns konzentrieren. Sie beschreiben auch ihre Eindrücke zum Zeitpunkt des traumatischen Ereignisses (ich war in Gefahr), anstatt damit zu beginnen, eine abwertende Selbsteinschätzung zu erarbeiten.

Therapeuten können das Gesagte sanft umformulieren und das Konzept der negativen Kognition erneut ansprechen: „Wenn Sie sagen, Sie hätten das tun sollen, bezieht sich das auf die Erfahrung in der Vergangenheit. Wenn Sie erkennen, was Sie hätten tun sollen, was sagt das darüber aus, wer Sie heute sind?"

Was die positiven Kognitionen betrifft, so ist es häufig verwirrend, wenn Klienten ihnen sofort eine VoC von 7 zuschreiben. Dies deutet auf eine eher kognitiv ausgerichtete Bewertung hin und nicht auf einen Gefühlszustand, der die Kognition begleiten sollte.

Da das Reprozessieren noch nicht stattgefunden hat, ist es nicht sinnvoll, eine VoC zu haben, die vollständige Wahrhaftigkeit widerspiegelt.

Therapeuten können Klienten sanft helfen, indem sie sagen: „Diese Zahl bezieht sich auf das, was Sie über sich selbst *wissen* (ich kann damit umgehen), aber wie wahr fühlen Sie diese Worte gerade *jetzt*, wenn Sie an das denken, was *damals* geschah?".

Wir helfen den Klienten zu erkennen, dass all diese Fragen der Phase 3 in Wirklichkeit auf doppelter Aufmerksamkeit beruhen, wobei die Antworten in der Gegenwart von der traumatischen Erinnerung aus der Vergangenheit geprägt sind.

Desensibilisierungsphase 4: Versuche, die Anzahl der anzuwendenden BLS zu kontrollieren, können das Leben von Therapeuten, die sich mit EMDR vertraut machen, ebenfalls erschweren. Manche Therapeuten verlieren sich in der Berechnung, wie viele Bewegungen man anwenden sollte oder wie schnell, anstatt auf nonverbale Signale von Klienten zu achten, wie Schlucken, Atmen oder Augenblinzeln als Indikatoren für die Unterbrechung eines BLS-Satzes.

Es kann eine Weile dauern, bis man lernt, dem Prozess zu vertrauen und das Gehirn des Klienten seine Arbeit machen zu lassen. Auch wenn Francine selbst zu sagen pflegte: „Geh dem Klienten aus dem Weg" (im englischen Original: „stay out of the way of the client"), bedeutet das nicht, dass man die Bedürfnisse der emotionalen und körperlichen Regulierung vernachlässigt, die während des Reprozessierens häufig auftauchen. Ähnlich wie beim Dialog zwischen rechter Gehirnhälfte und rechter Gehirnhälfte zwischen Mutter und Kind (Schore, 2012) impliziert ein stiller Dialog zwischen Therapeut und Klient den Austausch vieler Dinge, wie Unterstützung, Aufmerksamkeit, Ermutigung, Geduld, Akzeptanz dessen, was bei der Aktualisierung negativer Gedächtnisnetzwerke auftaucht. Wir können aus dem Weg gehen, aber dennoch Unterstützung bieten.

Aus diesem stillen dyadischen Dialog ergibt sich eine Feinabstimmung der Beziehung, die die Bindungsstile fördert und umgestaltet, mit dem Anreiz, „mitzumachen", gepaart mit „Möchten Sie eine Pause machen?", was die Festlegung eines Aufarbeitungsrhythmus ermöglicht, der den individuellen Bedürfnissen des Klienten entspricht. Dabei sind nicht nur die individuellen, sondern auch die kulturellen Unterschiede zu beachten, wie in dem von Nickerson (2017) herausgegebenen Werk betrachtet wird.

Eine weitere übliche Frage, die in der Beratung auftaucht, ist, wann man die Klienten ermutigt, mit der Selbstbeobachtung fortzufahren, während die Therapeuten mit den EMDR-Sets fortfahren oder zum ursprünglichen Ziel zurückkehren. Wir wollen, dass die assoziativen Kanäle zugänglich gemacht und aufgearbeitet werden. Im Laufe des Prozesses vertieft sich die Erfahrung, einige neue Assoziationen kommen ins Bewusstsein, wie eine Entdeckung, eine Überraschung. In der Regel sind mehr Emotionen beteiligt, was auf eine Aktivierung des limbischen Systems hindeutet. Dann zeigen allmähliche Einsichten, dass der präfrontale Kortex wieder aktiv wird. Schließlich deuten Äußerungen der Erleichterung und der Integration auf eine Wiederaufarbeitung des impliziten Gedächtnisses hin. Der Kreislauf schließt sich mit einer Bottom-up/Top-down-Gedächtniskonsolidierung. Eine Haltung des emotionalen Festhaltens des Klienten

(Mitgefühl), gekoppelt mit dem Anreiz, weiterzumachen (Technik), erleichtert den Prozess. Das Vertrauen in den Prozess wird Teil unserer nonverbalen Interaktion mit dem Klienten.

Dies gilt auch, wenn es zu einer Abreaktion kommt. Emotionsängstliche Therapeuten haben das Gefühl, die Kontrolle über den Prozess zu verlieren, wenn Klienten zu weinen beginnen oder irgendeine intensivere emotionale Reaktion zeigen. Es ist wichtig, mit den Klienten kurz zu prüfen, ob emotionale Reaktionen innerhalb des Toleranzfensters der Freisetzung von unzureichend gespeicherter Energie oder dem Verlust von Handlungsfähigkeit und Selbstregulation entsprechen. Wenn Letzteres der Fall ist, können Strategien der Distanzierung (Metapher) oder Übungen zur Zustandsänderung, wie z. B. der Sichere Ort, das emotionale Gleichgewicht wiederherstellen. Therapeuten müssen sich möglicherweise auch in Bezug auf den früheren Ausdruck von Emotionen erden, um die Intensität dessen, was die Klienten während der Sitzungen durchmachen, zu ertragen. Wie Francine einmal bemerkte: „Glaubst du nicht, dass sie zu Hause weinen? Zumindest weinen sie mit dir, also kannst du etwas damit tun" (2006 Philadelphia Keynote Präsentation).

10.3 Optimierungsmöglichkeiten für den EMDR-Prozess

Reprozessieren ist dynamisch und aktiviert ungeahnte Assoziationskanäle, die sowohl Klienten als auch Therapeuten überraschen. Der Therapeut kann auf weiteren BLS-Serien bestehen, auch wenn das SUD-Niveau auf einem höheren Niveau gehalten wird. Dies kann jedoch eine Gelegenheit sein, diese Gedächtnisnetzwerke weiter zu untersuchen und so zu bestätigen, ob frühere Feeder-Erinnerungen oder blockierende Überzeugungen den Fluss des Reprozessierens behindern.

Es gibt verschiedene Möglichkeiten, Klienten wieder in den emotionalen Bereich der optimalen Aufarbeitung zu bringen. Wenn die Emotionen übermäßig stark sind, dämpft der Einsatz der Distanzierungsmetapher oder einer anderen Form von Visualisierungstechniken das Risiko eines emotionalen Überlaufs und ermöglicht es den Klienten, rohe Emotionen ohne größere Ausbrüche zu beobachten und das Gehirn seine Arbeit tun zu lassen, negative Inhalte in einen positiveren Zustand der Auflösung umzuleiten.

Wenn Therapeuten empfindlicher auf das Zeigen von Emotionen reagieren, kann es sein, dass diese durch eine Stabilisierungstechnik vorzeitig unterbrochen werden, während es dem Klienten tatsächlich gelingt, die doppelte Aufmerksamkeit, die Verbindung zum Therapeuten und die Orientierung auf die Gegenwart aufrechtzuerhalten. Die Aufrechterhaltung offener Kommunikationskanäle mit den Klienten bewahrt eine kontinuierliche kollaborative Interaktion. Eine kurze Pause im Reprozessieren mit körperlicher Dehnung oder einer anderen neu orientierenden Aktivität (einen Schluck Wasser trinken oder sich umsehen) kann ausreichen.

Auch bei überwältigenden Emotionen kann eine sanfte Pause mithilfe einer Metapher eingelegt werden, die die Distanzierung fördert und dem Gehirn vorgaukelt, dass keine

Gefahr mehr droht. Bei diesem Verfahren wird die Perspektive der dritten Person eingenommen. Sie können eine visuelle Referenz verwenden, wie z. B.: „Du bist nur ein Beobachter von Emotionen in der Szenerie; es ist nur ein alter Film; lass uns die Wolken betrachten; oder lass uns den Fluss betrachten, der seinem Lauf folgt, in dem diese Erinnerungen schwimmen und vorbeiziehen." Oder mit einem eher kinästhetischen Akzent: „Was ist, wenn die Gefühle einfach durch deinen Körper fließen? Beobachte einfach und lass sie durch dich hindurchfließen. Du bist nicht mehr Teil von ihnen. Lass uns einfach beobachten, wie sie sich bewegen." Tatsächlich können Bewegung und andere ausdrucksstarke Formen der Kunst eingesetzt werden, um das Aushalten intensiverer Emotionen zu erleichtern.

Neben der emotionalen Dysregulation kann sich auch die körperliche Dysregulation durch polarisierte Erregung oder Zusammenbruch äußern. In beiden Fällen können wir die Aufmerksamkeit auf diese Verhaltensweisen lenken, indem wir eine achtsame Haltung fördern. Das kann ausreichen, um den Klienten wieder auf den Boden zu bringen. Wenn man die Klienten bittet, sich zu strecken, ein Kissen zu halten oder einfach einen bequemen Platz im Büro zu finden, kann das körperliche Unbehagen gemildert werden.

Ein weiterer Bereich der Dysregulation kann in der therapeutischen Beziehung auf der zwischenmenschlichen Ebene auftreten. Diese Form der Dysregulation resultiert in der Regel aus dem neuropsychologischen Mangel an Sicherheit. Die Klienten haben das Gefühl, dass der Therapeut die Karten zu sehr auf den Tisch legt und eine geheime Agenda verfolgt. Wir müssen den Klienten helfen, das Vertrauen in die Beziehung zu erhalten oder wiederherzustellen. Unter Wahrung der intersubjektiven Dimension eines therapeutischen Ansatzes besteht eine gute Strategie darin, die Klienten zu bitten, auf einer Skala von 0 bis 10 zu bewerten, wie sicher/unsicher sie sich in Bezug auf uns fühlen. Und zu prüfen, ob es irgendetwas gibt, was wir unabsichtlich tun, das sie auslöst. Dieser Raum, um über die Beziehung zu sprechen (Metakommunikation), ist ein Bereich der Interaktion, den traumatisierte Klienten zu Hause nur selten nutzen konnten oder den aufzusuchen sie nicht in der Lage waren.

Installation positiver Kognition – Phase 5: Eine Frage, die normalerweise auftaucht, ist die Geschwindigkeit der EMDR-Stimulation während dieses Moments der Assoziation einer positiven Überzeugung mit der traumatischen Erinnerung, die gerade aufgearbeitet wurde. Die Phasen 4–6 sind von Natur aus ein Reprozessieren, also ist die Stimulation schneller als die Geschwindigkeit, die bei der Ressourceninstallation verwendet wird. Es scheint eine häufige Verwechslung mit dem Begriff „Installation" zu geben, da er sowohl in Phase 2 für die Installation des Sicheren Ortes als auch während der Installation der positiven Kognition in Phase 5 verwendet wird. Obwohl der Inhalt von Phase 5 auf der positiven Seite liegt, wird er immer noch mit dem Negativ des anfänglichen Bildes kontrastiert, sodass wir sicherstellen wollen, dass die PK (für positive Kognition) die Kraft hat, das Negative davon abzuhalten, sich in positive Assoziationskanäle auszubreiten.

Manchmal fällt es Therapeuten schwer, dass die VoC (kurz für Validity-of-Cognition-Skala) eine funkelnde 7 erreicht. Das kann daran liegen, dass noch nicht alle Assoziationskanäle in Phase 4 aufgearbeitet wurden, sodass es noch Feeder-Erinnerungen oder blockierende Glaubenssätze gibt, auf deren Ursprünge der Klient nicht spontan zugreifen konnte. Hier können Floatback-Strategien angewandt werden, so wie sie ursprünglich in den Phasen 1 und 4 eingesetzt wurden, um Klienten beim Aufspüren von unverarbeitetem Material aus der frühen Kindheit zu unterstützen, das in einem kristallisierten Zustand gehalten wird.

Körperscan Phase 6: Diese Phase neigt dazu, schneller zu verlaufen als die vorherigen Phasen 4 und 5, da das meiste Material bereits aufgearbeitet wurde. Es kann jedoch sein, dass die Verringerung der Dissoziation aus einer effizienten Wiederverarbeitung resultiert, die neue Verbindungen und die Wahrnehmung von primitiverem Material ermöglicht. Die Aktivierung dieser prozeduralen Erinnerungen mobilisiert die Klienten auf einer körperlichen Ebene. Die Aufmerksamkeit für körperliche Empfindungen, die mit weniger Worten fokussiert werden, hilft bei einer effektiven Aufarbeitung, die vorangegangenen Bemühungen um die Integration von Widrigkeiten unter erwachsenengerechteren Gesichtspunkten abzuschließen.

Dies sind einige der Hindernisse, über die wir in den Aufarbeitungsphasen stolpern und die die potenzielle Komplexität eines jeden Falles widerspiegeln, den wir mit den EMDR-Interventionen zu würdigen versuchen. Das gemeinsame Fehlen eines direkten Zugangs zu relevanten Informationen macht die therapeutische Reise sowohl für Therapeuten als auch für Klienten unsicherer. Mit anderen Worten: Obwohl traumatisierte Klienten dazu neigen, Erinnerungsfragmente zu identifizieren, sind viele weitere implizit gespeichert. Es gibt selten einen Blick auf das ganze Bild. Sowohl Therapeut als auch Klient tappen im Dunkeln und suchen nach einem Lichtschalter. Ein voreiliger Einstieg in die Aufarbeitung oder ein vorschneller Ausstieg kann Klienten aus ihrem prekären emotionalen Gleichgewicht bringen.

Abschlussphase 7: In einigen therapeutischen Ansätzen ist die abrupte Unterbrechung des Diskurses Teil der Technik. Wie bei EMDR gibt es eine Vorsichtsmaßnahme, um die Klienten wieder in den gegenwärtigen Kontext zu bringen, bevor sie in ihren sozialen Kontext zurückgeschickt werden. Je nach Grad der Dissoziation oder des Wohlwollens gegenüber dem Therapeuten geben die Klienten nicht zu erkennen, dass sie am Ende der Sitzung immer noch ziemlich dissoziiert sind, selbst wenn die Marker des Reprozessierens einwandfrei sind (SUD=0, VoC=7, klarer Körperscan). Vor allem in telemedizinischen Settings kann es ratsam sein, die Klienten zu ermutigen, mit Sorgfalt aus dem therapeutischen Kontext zurück in ihren Alltag zu gehen.

Reevaluationsphase 8: Anfänger fühlen sich in Phase 8 ein wenig verloren. Vielleicht kann die Klarstellung, dass wir die Aufgabe übernehmen wollen, (a) den Zustand der Erinnerung zu bewerten, die in früheren Sitzungen aufgearbeitet wurde, und (b) was seit der letzten Sitzung in Bezug auf anfängliche Beschwerden, verbundene Auslöser und antizipatorische Ängste geschehen ist, zu einem besseren Verständnis dessen führen, was in dieser Phase erwartet werden kann.

Es ist sinnvoll, sich ratlos zu fühlen, insbesondere, wenn Klienten zu Beginn der Sitzung erklären, dass sie heute lieber kein EMDR machen möchten. Sie wollen reden. Manche Therapeuten haben das Gefühl, dass sie sich nicht mehr an das Protokoll halten, als ob EMDR ein Synonym für Stimulation wäre.

Phase 8 bietet jedoch die einmalige Gelegenheit, die vorangegangenen Phasen wieder aufzugreifen und so EMDR einen stärkeren Sinn für einen therapeutischen Prozess zu geben. Zum Beispiel können Klienten weitere Details ihrer Biografie erzählen und damit eine Verbindung zwischen Phase 8 und Phase 1 herstellen. Ein Klient arbeitete an einer Erinnerung daran, von seinem Vater geschlagen worden zu sein, und es war eine vollständige Sitzung (SUD = 0, VoC = 7, klarer Körperscan). In der nächsten Sitzung wollte er jedoch auf dieselbe Erinnerung zurückkommen, da sie eine Reihe von Emotionen in Bezug auf seine Mutter auslöste, die an der Tür stand und nicht eingriff. Dieses Ergebnis ist sehr wichtig, um den dynamischen Charakter des Reprozessierens zu zeigen.

Einige andere Klienten berichten vielleicht, dass sie während der Woche ein Gefühl des emotionalen Ungleichgewichts verspürt haben, was darauf hindeutet, dass sie zusätzliche Ressourcen benötigen, was eine Verbindung zwischen Phase 8 und Phase 2 herstellt und so weiter. Diese Verflechtungen zwischen den Phasen sind kein Rückschlag, sondern ein Beweis für die zusätzliche Konsistenz der internen Struktur des Standard-Protokolls. Anstelle eines linearen Protokolls, das ununterbrochen von Phase 1 bis 8 geht, können Klienten in einer eher prozessorientierten Therapie zu früheren Phasen zurückkehren und so einen spiralförmigen Weg der Heilung und Integration schaffen.

Wenn Therapeuten das AIP-Modell in ihre Praxis einbeziehen, verändert sich die Brille, durch die wir Klienten betrachten, allmählich zu einer fließenderen Interaktion. Wenn die Grundsätze der Protokolle in unserer klinischen Praxis zum Tragen kommen, passen wir sie an die individuellen Bedürfnisse des Klienten an. Auf der Grundlage der Wechselwirkung zwischen subjektiven Ängsten und Bedürfnissen der Klienten sowie ihrer Fähigkeit, Reprozessieren zu ertragen, verfolgen wir einen kooperativen Ansatz und eine Feinabstimmung, durch die sich die Klienten befähigt fühlen, sich dysfunktionalen Informationen zu stellen.

10.4 Zusammenfassung

EMDR als psychotherapeutischer Ansatz hat sich durch die Weiterentwicklung seiner Anwendungen, der klinischen Praxis und der kontinuierlichen Forschung stetig gewandelt. EMDR umfasst allmählich ein breiteres Spektrum an psychopathologischen Profilen, die nicht nur typischerweise auf PTBS basieren. Therapeuten können sich in den Diagnosen verfangen, in der Hoffnung, ein spezifisches Protokoll für jeden Fall zu finden. Das Standardprotokoll bildet nach wie vor das Rückgrat der Fallkonzeptualisierung und ist eine Quelle der Inspiration für klinische Herausforderungen. Mit zunehmender biografischer Komplexität der Klientel müssen mehr Details beachtet werden, um das Modell an die klinische Realität der alltäglichen Praxis anzupassen, aber die kontinuierliche systematische Forschung hat dazu beigetragen, anspruchsvollere Klienten zu unterstützen.

Abgesehen von diesen Details sollten wir Therapeuten bei der regelmäßigen Arbeit mit der EMDR-Therapie darauf achten, die Weisheit unserer inneren Richter nicht überzustrapazieren und jede unserer Initiativen zu verurteilen. Die Klienten haben ihre Bezugspersonen vor uns emotional überlebt und auf die harte Tour gelernt, widerstandsfähig zu werden, also sollten wir nicht zu sehr auf unsere inneren Richter eingehen. Da wir ihnen nichts Böses wollen und uns mit Unterstützung umgeben (vorzugsweise mit persönlicher Therapie und Supervision/Beratung), feilen wir allmählich an der Technik. Da jeder Klient eine völlig neue Weltsicht mitbringt, wird das Erlernen von EMDR zu einem nie endenden Weg des kontinuierlichen Wachstums (siehe hier auch Baldwin und Korn, 2021). Der ultimative Preis: sich zu vergewissern, dass ein Reprozessieren stattfindet.

10.5 Prüfungsfragen

1. Wieso sollten Formulierungen aus dem EMDR-Standard-Protokoll nicht abgewandelt werden?
2. Wieso sollte mit den Reprozessieren nicht zu früh begonnen werden?
3. Muss der imaginierte Sichere Ort „perfekt" sein?

Literatur

Baldwin, M., & Korn, D. (2021). *Every memory deserves respect: EMDR, the proven trauma therapy with the power to heal.* Workman Publishing Company.

Gonzalez, A., & Mosquera, D. (2012). *EMDR and dissociation: The progressive approach.* Amazon: A.I. (10. Juni 2012).

Marich, J., & Danziger, S. (2022). *Healing addiction with EMDR therapy: A trauma-focused guide.* Springer.

Nickerson, M. (Hrsg.). (2017). *Cultural competence and healing culturally based trauma with EMDR therapy: Innovative strategies and protocols.* Springer.

Schore, A. N. (2012). *The science of the art of psychotherapy.* W. W. Norton & Co.

EMDR in Forschungsprojekten

Anna-Konstantina Richter

Inhaltsverzeichnis

11.1 Die EMDR-Fachgesellschaft in Deutschland und weitere Unterstützungsmöglichkeiten . 2
11.2 Beispiele für erfolgreich publizierte Fallstudien 2
11.3 Beispiel eines erfolgreichen EMDR-Promotionsprojektes 6
11.4 Zusammenfassung 8
11.5 Prüfungsfragen 8
Literatur 8

Überblick

EMDR bietet zum aktuellen Zeitpunkt als relativ neue Therapiemethode das Potenzial für viele spannende Fragestellungen in Forschungsprojekten. Forscher*innen ohne Erfahrungen mit EMDR sollten sich nicht scheuen, EMDR zu erforschen, ganz im Gegenteil: Sie eignen sich besonders als unabhängige Studienleiter*innen, die nicht dem Allegiance-Effekt zum Opfer fallen. Aber auch Einzelfallstudien aus der klinischen Praxis können wertvolle Hinweise für die Forschung liefern. Aufgrund der hohen Effektstärke von EMDR (s. Teil I) lohnt es sich, weitere Einsatzmöglichkeiten von EMDR zu erforschen.

A.-K. Richter (✉)
Zentrum für psychologische Beratung und Training, Marburg, Deutschland
E-Mail: richter@zpbt-marburg.de

© Der/die Autor(en), exklusiv lizenziert an Springer-Verlag GmbH, DE, ein Teil von Springer Nature 2023
A.-K. Richter (Hrsg.), *EMDR*, https://doi.org/10.1007/978-3-662-64662-5_11

11.1 Die EMDR-Fachgesellschaft in Deutschland und weitere Unterstützungsmöglichkeiten

Die deutsche Fachgesellschaft EMDRIA Deutschland e. V. wurde 1999 in Bielefeld gegründet und hat gemäß „§ 2 Zweck des Vereins" den Zweck, „die Förderung von Wissenschaft und Forschung" zu betreiben, „insbesondere durch die Förderung der Psychotherapiemethode Eye Movement Desensitization and Reprocessing (= EMDR)".

Die EMDR Research Foundation in Austin, Texas (USA) kann finanzielle Beiträge zu Forschungsprojekten leisten. Beantragt werden können Research Grant Awards (Forschungsstipendium), Sandra Wilson Memorial Dissertation Grant Awards (Promotionsstipendium) sowie Research Consultation Awards. Die Beantragungswege finden sich auf der Website der EMDR Research Foundation (https://emdrresearchfoundation.org/).

Richter, Seidler und Wagner (2019) beschreiben, dass die Deutsche Forschungsgemeinschaft (DFG) Graduiertenkollegs anbietet, „Einrichtungen der Hochschulen zur Förderung des wissenschaftlichen Nachwuchses, die von der DFG für maximal neun Jahre gefördert werden" (Website der DFG: https://www.dfg.de/). Dabei handelt sich um ein „strukturiertes Qualifizierungskonzept" (Website der DFG). Interdisziplinarität ist ausdrücklich erwünscht. Denkbar sind aus meiner Sicht z. B. von der DFG geförderte Graduiertenkollegs über EMDR.

Wer ein EMDR-Forschungsprojekt durchführen möchte, muss als Studienleiter*in nicht EMDR-Therapeut*in sein, damit ein sogenannter Allegiance-Effekt vermieden wird. Dieser besagt laut Jacobi (2011), dass eine „besonders starke Identifikation mit und eine außergewöhnliche Expertise in dem beforschten Ansatz (…) zu unrealistisch hohen Effekten führen" könne (S. 615). Richter et al. (2019) raten dazu, die Überprüfung der Adhärenz (= Einhaltung der Art und Weise, wie die therapeutische Intervention anzuwenden ist) von EMDR-Supervisor*innen oder EMDR-Trainer*innen vornehmen zu lassen, die auf den Websites der EMDR-Fachgesellschaften bzw. von EMDR Europe zu finden sind.

Außerdem findet sich auf der Website der EMDR Research Foundation die EMDR Fidelity Rating Scale (EFRS). Diese erlaubt ein Rating von EMDR-Anwendung (Korn et al., 2017). Die EFRS besteht aus fünf Subskalen bezüglich a) Einleitung, b) Ressourcentwicklung und -installation, c) Prozessierung ungünstiger Lebensereignisse und Trigger, d) Zukunftsmatrize, e) dem dreistufigen EMDR-Protokoll.

11.2 Beispiele für erfolgreich publizierte Fallstudien

Als Vorläufer für Pilotprojekte, die die grundsätzliche Machbarkeit einer therapeutischen Intervention belegen können, eignen sich Fallstudien, die Auskunft darüber geben, ob ein Pilotprojekt grundsätzlich umsetzbar ist. Im Folgenden werden zwei Fallstudien beschrieben, deren Daten im Alltag einer psychotherapeutischen Praxis erhoben wurden.

Richter (2019a) hat die Behandlung eines **gehörlosen PTBS-Patienten** mit EMDR veröffentlicht. Der Patient war traumatisiert, nachdem er als Fußgänger von einem Auto angefahren worden war.

Die EMDR-Behandlung des Patienten fand unter Einbeziehung von Gebärdensprachdolmetscherinnen in sieben Sitzungen nach einem verhaltenstherapeutischen Therapieblock statt, davon waren drei Sitzungen 50-min-Teile von Doppelsitzungen, während in vier Sitzungen die EMDR-Behandlung die komplette Doppelsitzung in Anspruch nahmen.

Der Retest in Doppelsitzung 41/42 ergab folgende Testwerte:

> **Übersicht**
>
> IES-R: Summenwert 105 (prä, schwere PTBS), 4 (post, klinisch unauffällig bezüglich PTBS).
>
> DES-II Durchschnittswert 26 % (prä, Hinweis auf das mögliche Vorliegen dissoziativer Symptome) 13,21 % (post, kein Hinweis auf das Vorliegen von dissoziativen Symptomen).
>
> BDI-II: Rohwert 27 (prä, schwere depressive Symptomatik), 10 (post, minimale depressive Symptomatik).
>
> Der Patient gab an, dass seine zu Beginn der ambulanten Psychotherapie erfassten Therapieziele zu den folgenden Prozentzahlen erreicht seien:
>
> 1. „Ich wünsche mir, dass meine körperlichen Schmerzen vergehen": zu 90 % erreicht.
> 2. „Ich wünsche mir, dass die schlimmen Bilder des Unfalls aus meinem Kopf verschwinden": zu 95 % erreicht.
> 3. „Ich wünsche mir, eine echte Chance, meinen Traumberuf zu bekommen" (Therapieabschnitt hierzu noch nicht abgeschlossen).
> 4. „Ich möchte nicht weiter abnehmen und meinen Appetit verbessern": zu 70 % erreicht. Er habe drei Kilogramm zugenommen, das würde ihm reichen.
>
> AIP-Modell zu Beginn der Therapie:
> **Vergangenheit:** Unfall 09/2016, SUD: 4–5.
> **Trigger:** Die Kreuzung, wo der Unfall passierte: SUD: 6–7, Dunkelheit, daher nicht abends ins Restaurant gehen: SUD 8, die Stadt, in der der Unfall passierte: SUD 7.
> **Zukunftsbefürchtungen:** Angst vor einem Unfall in der Zukunft: SUD 7.
>
> Die Abfrage der SUD-Werte ergab bei allen Targets einen SUD-Wert von 0 außer bei der Zukunftsbefürchtung, deren Wert SUD = 1 betrug, was laut dem Patienten so stehenbleiben sollte.

Schmidt und Metzner (2019) haben der Fallstudie aus der Praxis in ihrem weltweiten Review eine hohe Studienqualität bescheinigt, s. Abb. 11.1.

▶ **Tab. 2** Studienqualität der eingeschlossenen Studien (n = 10).

Erstautor, Jahr	Durchschaubarkeit des Forschungs-designs	Externe Validität[1]	Interne Validität			Studien-qualität
			Evidenz-basierte Therapiemethode	Standardisierte(s) Erhebungsverfahren	Qualifizierte(r) GSD	
Landau, 1968 [ ]	–	–	–	–	nb	niedrig
Horovitz-Darby, 1991 [ ]	+	+	–	–	nb	mittel
Estrada, 2007 [ ]	+	–	+	–	nb	mittel
Munro, 2008 [ ]	+	+	nb	+	+	hoch
Storch, 2010 [ ]	+	–	nb	+	nb	mittel
König, 2013 [ ]	+	+	+	+	+	hoch
Shinn, 2013 [ ]	+	+	+	+	+	hoch
Armstrong, 2014 [ ]	+	+	+	+	+	hoch
Young, 2017 [ ]	+	–	nb	+	nb	mittel
Richter, 2019 [ ]	+	+	+	+	nb	hoch

[1] quasi-experimentelles Design: repräsentative Stichprobe, Fallstudie: theoriegeleitete Wie- oder Warum-Fragen; GSD = Gebärdensprachdolmetscher; nb = nicht bewertbar; quasi-exp. = quasi-experimentell; Bewertung der Kriterien: (+) = 1 Pkt., (–) = 0 Pkt., nb = 0 Pkt.; Bewertung der Studienqualität: 0–1 Pkt. = niedrige Güte, 2–3 Pkt. = mittlere Güte, 4–5 Pkt. = hohe Güte.

Abb. 11.1 Studienqualität der eingeschlossenen Studien (von Schmidt & Metzner, 2019)

Richter (2019c) hat außerdem eine Fallstudie aus der Praxis über die erfolgreiche EMDR-Behandlung einer Patientin mit **Hypochondrie** veröffentlicht. Die Patientin litt unter starken Ängsten, an Krebs erkrankt zu sein, dass es unheilbar sei und sie versterben werde.

Im Artikel wurde die Struktur des individuellen AIP-Modells in der Behandlung beschrieben:

> **Übersicht**
> Vergangenheit (SUD-Skala für Subjective Units of Disturbance nach Wolpe, 1969):
>
> - Nachbar starb am plötzlichen Herztod, SUD: 4
> - Alkoholabusus des Vaters, SUD: 7–8
> - eigene Herzbeutelentzündung: SUD: 6
> - Tumor der Mutter: SUD 8–9
> - Darmkrebs der Mutter: SUD: 9
> - Fehlgeburt: SUD: 8
> - Sorgen um die Gesundheit des danach geborenen Kindes, etliche Verdachtsdiagnosen, ausgelöst durch Katastrophisieren der Hebamme: SUD: 10
>
> **Trigger:** Sorgen darum, dass sich das nach der Fehlgeburt geborene Kind nicht richtig entwickelt, da es weniger spreche als das erstgeborene Kind.
> **Zukunft:** Befürchtung, dass das nach der Fehlgeburt geborene Kind eine versteckte Krankheit habe.

- Flashforward: Der Kinderarzt sagt ihr, dass das Kind Leukämie habe.
- Flashforward: Tod ihrer Mutter nach Krebsrückfall, die Patientin muss sich um den zurückbleibenden Vater kümmern.

Davon wurden folgende Targets mit EMDR reprozessiert:

Übersicht
1. Plötzlicher Herztod des Nachbarn (gesenkt von SUD=4 auf SUD=1).
2. Darmkrebs der Mutter (gesenkt von SUD=9 auf SUD=0–1).
3. Alkoholabusus des Vaters (gesenkt von SUD=8 auf SUD=0–1).
4. Eigene Herzbeutelentzündung (gesenkt von SUD=8 auf SUD=0).
5. Tumor der Mutter (gesenkt von SUD=8–9 auf SUD=0).
6. Fehlgeburt (gesenkt von SUD=10 auf SUD=0).
7. Sorgen um das nach der Fehlgeburt geborene Kind (SUD=10 gesenkt auf SUD=0 in zwei Sitzungen).

Die Diagnostikergebnisse Prä und nach dem EMDR-Block innerhalb der ambulanten Psychotherapie zeigten sich wie folgt:

Übersicht
- DIPS OA: Vorliegen einer Krankheitsangststörung
- SKID-II (Wittchen et al., 1997): Erhöhte Werte beim Cluster depressiv.
- WI (Whiteley-Index): Prä Rohwert 11 (bei 8–14 deutlicher Hinweis auf das Vorliegen einer hypochondrischen Störung), post Retest Gesamtscore 1, 2. Retest Gesamtscore 1 (bei 0–6 kein Hinweis auf das Vorliegen einer hypochondrischen Störung).
- IAS (Illness-Attitude-Scales): Prä Rohwert 80 (bei 50–92 deutliche Hinweise auf das Vorliegen einer hypochondrischen Störung), post Retest Gesamtscore 23, 2. Retest Gesamtscore 31 (0–40 keine Hypochondrie).

Richter kommt zu dem Fazit: „Die beschriebene Vorgehensweise hat gezeigt, dass es grundsätzlich möglich ist, auch die Belastung erlebter Krankheits- und Verlusttraumatisierungen mittels EMDR-Stimulation zu senken."

11.3 Beispiel eines erfolgreichen EMDR-Promotionsprojektes

Hinter der Metaanalyse von Seidler und Wagner (2006) über „Comparing the efficacy of EMDR and trauma-focused cognitive-behavioral therapy in the treatment of PTSD: a meta-analytic study", die in *Psychological Medicine* erschienen ist, steckt ein erfolgreiches Promotionsprojekt.

Günter H. Seidler, seinerzeit Leiter der Sektion Psychotraumatologie am Universitätsklinikum Heidelberg, war seit 2001 der erste in Deutschland zertifizierte EMDR-Therapeut. Im Jahr 2004 war er Privatdozent und vergab das Promotionsthema, eine vergleichende Metaanalyse über die Wirksamkeit von EMDR in der Behandlung einer PTBS im Vergleich zu Kontrollbedingungen und kognitiv-behavioralen Therapien durchzuführen.

Diplom-Psychologe Frank Wagner, wissenschaftlicher Mitarbeiter bei Seidler (Abb. 11.2), übernahm das Promotionsthema.

Als Zielsetzung formulierte Wagner, „die Wirksamkeit von EMDR in der Behandlung der posttraumatischen Belastungsstörung zu erforschen. Darüber hinaus sollen Faktoren identifiziert werden, welche die Wirksamkeit von EMDR beeinflussen. In einem zweiten Schritt wird EMDR mit kognitiv-behavioralen Therapiemethoden verglichen, die als zentrales Element Expositionstraining beinhalten. Die EMDR-Behandlungen wurden anhand des Standard-Protokolls von Shapiro (1989, 1995) von ausgebildeten Therapeuten durchgeführt, die mindestens das Level-I-Training bei einem von Shapiro geleiteten EMDR-Institut absolviert hatten" (S. 38).

Wagners Hypothesen waren:

1. Behandlungen mit EMDR führen zu einer unmittelbaren Reduktion der PTSD-Symptomatik.
2. Behandlungen mit EMDR führen zu einer lang anhaltenden Reduktion der PTSD-Symptomatik.

Abb. 11.2 Prof. Dr. med. Günter H. Seidler, Universität Heidelberg

3. Behandlungen mit kognitiv-behavioraler Therapie führen zu einer unmittelbaren Reduktion der PTSD-Symptomatik.
4. Behandlungen mit kognitiv-behavioraler Therapie führen zu einer lang anhaltenden Reduktion der PTSD-Symptomatik.
5. Die unmittelbaren und lang anhaltenden Wirksamkeiten von EMDR und kognitiv-behavioraler Therapie sind ähnlich hoch und unterscheiden sich nicht in klinisch bedeutsamem Umfang voneinander.
6. Behandlungen mit EMDR führen sowohl zu einer unmittelbaren als auch zu einer lang anhaltenden Reduktion von komorbiden Angst- und Depressionssymptomen.
7. Behandlungen mit kognitiv-behavioraler Therapie führen sowohl zu einer unmittelbaren als auch zu einer lang anhaltenden Reduktion von komorbiden Angst- und Depressionssymptomen.

Wagner schreibt in seiner 2004 angenommenen Inauguraldissertation zusammenfassend: „In einer umfassenden Literaturrecherche wurden hierfür sowohl publizierte Originalarbeiten als auch unpublizierte Manuskripte recherchiert. Insgesamt gingen 32 Originalstudien in die Metaanalyse ein. 13 der Studien waren reine EMDR-Studien; 7 untersuchten sowohl eine Gruppe mit EMDR als auch eine Gruppe mit kognitiv-behavioraler Therapie. 12 Studien waren reine kognitiv-behaviorale Therapiestudien. In einem weiteren Schritt wurde EMDR direkt mit kognitiv-verhaltenstherapeutischen Behandlungsmethoden verglichen. (…) In den Post-/Post-Vergleich gingen nur kontrollierte und randomisierte Originalstudien ein. In den Prä-/Post-Vergleich hingegen wurden auch Ein-Gruppen-Studien aufgenommen. Als Effektmaß wurde Hedges' d verwendet. Die Ergebnisse legen nahe, dass sowohl EMDR als auch die kognitiv-behaviorale Therapie wirksam in der Behandlung der posttraumatischen Belastungsstörung sind. Die Befunde zur Wirksamkeit der bilateralen Stimulation sind hingegen weniger eindeutig. Allerdings sind Studien, welche den Versuch unternehmen, die Augenbewegungen bei Personen mit PTSD isoliert zu betrachten, oftmals von erheblichen methodischen Mängeln gekennzeichnet. Einzelne Befunde und Modellvorstellungen zur Rolle der bilateralen Stimulation beim EMDR werden im Diskussionsteil erörtert".

Seidler und Wagner (2006) konnten die Ergebnisse nicht nur in *Psychological Medicine* veröffentlichen. Sie konnten gemeinsam mit anderen Kolleg*innen von EMDRIA Deutschland (Hofmann, Liebermann, Sack, Mattheß, Seidler, Wagner und Wöller) im Jahr 2005 den Antrag auf wissenschaftliche Anerkennung von Eye Movement Desensitization and Reprocessing (EMDR) als Methode zur Behandlung der Posttraumatischen Belastungsstörung (PTBS) stellen, in den die Metaanalyse von Seidler & Wagner einfloss, was dazu führte, dass EMDR 2006 vom Wissenschaftlichen Beirat Psychotherapie als wissenschaftliche Psychotherapiemethode zur Behandlung von EMDR anerkannt wurde und die Kassenärztliche Bundesvereinigung und der GKV-Spitzenverband EMDR 2015 in ihre Vereinbarung über die Anwendung von Psychotherapie in der vertragsärztlichen Versorgung (Psychotherapievereinbarung) unter § 5 (8) bzw. § 6 (8) für die Behandlung der PTBS aufgenommen haben.

11.4 Zusammenfassung

Sowohl an Universitäten als auch durch niedergelassene Kliniker*innen können wertvolle Informationen zur Wirksamkeit von EMDR erhoben werden. Studienleiter*innen müssen keine EMDR-Therapeut*innen sein, sondern können durch hinzugezogene EMDR-Supervisor*innen die Adhärenz der Behandlungen von Studientherapeut*innen überwachen lassen. Eine finanzielle Förderung kann nicht nur durch die DFG erfolgen, sondern z. B. auch durch die EMDR Research Foundation.

11.5 Prüfungsfragen

1. Was ist der Allegiance-Effekt, und wie kann dieser vermieden werden?
2. Welchen Nutzen haben Fallstudien?
3. Zu welchem Ergebnis kam die Metaanalyse von Seidler & Wagner?

Literatur

Beck, A. T., Steer, R.-A., & Brown, G. K. (2009). *Beck-Depressions-Inventar – Revision*. Pearson.

Bernstein Carlson, E., & Putnam, F. W. (1993). An update on the dissociative experience scale. *Dissociation, 6*(1), 16–27.

Bradley, R., Greene, J., Russ, E., Dutra, L., & Westen, D. (2005). A multidimensional meta-analysis of psychotherapy for PTSD. *American Journal of Psychiatry, 162*, 214–227.

Hiller, W., Rief, W., & Pilowsky, I. (2004). *WI-IAS. Internationale Skalen für Hypochondrie. Deutschsprachige Adaptation des Whiteley-Index (WI) und der Illness-Attitude-Scales (IAS)*. Huber.

Hofmann, A., Liebermann, P., Sack, M., Mattheß, H., Seidler, G. H., Wagner, F. E. & Wöller, W. (2005). *Antrag auf wissenschaftliche Anerkennung von Eye Movement Desensitization and Reprocessing (EMDR) als Methode zur Behandlung der Posttraumatischen Belastungsstörung (PTBS)*. EMDRIA Deutschland e. V. (Fachgesellschaft für EMDR in Deutschland).

Jacobi, F. (2011). Entwicklung und Beurteilung therapeutischer Interventionen. In H.-U. Wittchen, & J. Hoyer et al. (Hrsg.), *Klinische Psychologie & Psychotherapie* (S. 609–640). Springer. https://doi.org/10.1007/978-3-642-13018-2_30

Korn, D. L., Maxfield, L., Smyth, N. J., & Stickgold, R. (2017). EMDR Fidelity Rating Scale (EFRS). *EMDR Research Foundation*. https://emdrresearchfoundation.org/research-grants/emdr-fidelity-rating-scale/

Maercker, A., & Schützwohl, M. (1998). Erfassung von psychischen Belastungsfolgen: Die Impact of Event Skala – revidierte Version. *Diagnostica, 44*, 130–141.

Margraf, J., Cwik, J. C., Suppiger, A., & Schneider, S. (2017). *DIPS open access: Diagnostic interview for mental disorders*. [DIPS Open Access: Diagnostisches Interview bei psychischen Störungen.]. https://doi.org/doi:10.13154/rub.100.89

Richter, A.-K. (2019a). EMDR in der Behandlung eines gehörlosen PTBS-Patienten. Vorzüge einer nicht ausschließlich verbalen psychotherapeutischen Intervention – ein Fallbericht. (English: Case Report: EMDR in the Treatment of a Deaf PTSD Patient – Advantages of a not entirely verbal psychotherapeutic intervention.) *Trauma & Gewalt 13,* 170–182. https://doi.org/10.21706/tg-13-2-170, https://elibrary.klett-cotta.de/article/

Richter, A.-K. (2019b). Das Trauma des plötzlichen Verlustes oder der Erkrankung Nahestehender: EMDR in der Behandlung von Krankheitsangst – ein Fallbericht. *Stuttgart: Trauma & Gewalt 13,* 242–247. DOI https://doi.org/10.21706/tg-13-3-242, https://elibrary.klett-cotta.de/article/https://doi.org/10.21706/tg-13-3-242

Richter, A.-K., Seidler, G.H., & Wagner, F.E. (2019c). EMDR in der Vergangenheit, Gegenwart und Zukunft: Einzug von EMDR in das nichtärztliche Psychotherapie-Direktstudium und wie mehr Forschung zu EMDR gelingen kann. *Stuttgart: Trauma & Gewalt, 13,* 248–260. DOI https://doi.org/10.21706/tg-13-3-248, https://elibrary.klett-cotta.de/article/https://doi.org/10.21706/tg-13-3-248

Schmidt, S., & Metzner, F. (2019). Psychotherapie für taube Patienten durch hörende Psychotherapeuten mittels Gebärdensprachdolmetscher – ein Systematisches Literaturreview zu Forschungsbefunden und Empfehlungen. *Das Gesundheitswesen, 82*(02), 180–187. https://doi.org/10.1055/a-1033-7449

Seidler, G. H., & Wagner, F. E. (2006). Comparing the efficacy of EMDR and trauma-focused cognitive-behavioral therapy in the treatment of PTSD: A meta-analytic study. *Psychological Medicine, 36*(11), 1515. https://doi.org/10.1017/S0033291706007963

Shapiro, F. (1995). *Eye Movement Desensitization and Reprocessing: Basic Principles, Protocols, and Procedures.* Edition: 3rd. New York: Guilford Press.

Wagner, F. (2004). *Die Wirksamkeit von Eye Movement Desensitization and Reprocessing (EMDR) bei der posttraumatischen Belastungsstörung im Vergleich zu Kontrollbedingungen und kognitiv-behavioralen Therapien – eine metaanalytische Untersuchung.* Dissertation.

Wissenschaftlicher Beirat Psychotherapie (2006). Gutachten zur wissenschaftlichen Anerkennung der EMDR-Methode (Eye-Movement-Desensitization and Reprocessing) zur Behandlung der Posttraumatischen Belastungsstörung. *Deutsches Ärzteblatt, 103*(37), A2417–A2419.

Wittchen, H.-U., Zaudig, M., Fydrich, T. (1997). *Strukturiertes Klinisches Interview für DSM-IV (SKID-I und SKID-II).* 1st edition. Göttingen: Hogrefe.

Wolpe, J. (1969). *The practice of behavior therapy.* Pergamon Press.

Teil III
Aus-, Fort- und Weiterbildung

12

In die EMDR reingeschnuppert – was nun? Die weitere außeruniversitäre Ausbildung

Anna-Konstantina Richter

Inhaltsverzeichnis

12.1   Der minimale Baustein für die Abrechnungsgenehmigung bei den Kassenärztlichen
       Vereinigungen: EMDR-Fachkunde 128
12.2   EMDR-Ausbildung bei EMDR-Trainer*innen und EMDR-Supervisor*innen, die bei
       EMDR-Dachgesellschaften zertifiziert sind 128
12.3   Zertifizierung als EMDR-Therapeut*in 129
12.4   Zusammenfassung 132
12.5   Prüfungsfragen 132
Literatur 132

> **Überblick**
>
> Damit niedergelassene Psychotherapeut*innen in ihren Praxen EMDR abrechnen können, bedarf es der Qualifikation für die Abrechnungsgenehmigung mit den Kassenärztlichen Vereinigungen. Wer eine inhaltliche Qualifikation für die Kompetenz in der Anwendung von EMDR sucht, kann sich an die Zertifizierungskriterien der Fachgesellschaften (in Deutschland: EMDRIA Deutschland e. V.) halten und sich alle fünf Jahre rezertifizieren lassen. Zertifizierte Supervisor*innen und Trainer*innen bieten neben der Basisausbildung in EMDR die Begleitung der Implementierung von EMDR in den Praxisalltag über Supervisionen und spezielle EMDR-Fortbildungen an, sodass Psychotherapeut*innen formal ihre Qualifikation nachweisen und inhaltlich erwerben können.

A.-K. Richter (✉)
Zentrum für psychologische Beratung und Training, Marburg, Deutschland
E-Mail: richter@zpbt-marburg.de

© Der/die Autor(en), exklusiv lizenziert an Springer-Verlag GmbH, DE, ein Teil von Springer Nature 2023
A.-K. Richter (Hrsg.), *EMDR*, https://doi.org/10.1007/978-3-662-64662-5_12

12.1 Der minimale Baustein für die Abrechnungsgenehmigung bei den Kassenärztlichen Vereinigungen: EMDR-Fachkunde

In der Psychotherapievereinbarung (§ 6 Absatz 7) ist definiert, welche Voraussetzung für Psychotherapeut*innen zu erfüllen sind, um EMDR-Sitzungen mit den Kassenärztlichen Vereinigungen abzurechnen:

- mindestens 40 h eingehende Kenntnisse in der Theorie der Traumabehandlung und EMDR,
- mindestens 40 h Einzeltherapie,
- mit mindestens 5 abgeschlossenen EMDR-Behandlungsabschnitten, unter Supervision von mindestens 10 h mit EMDR.

Die EMDR-Zusatzqualifikationen müssen an oder über staatlich anerkannte Ausbildungsstätten gemäß § 6 Psychotherapeutengesetz erworben worden sein.

Konkret bedeutet das, dass Psychotherapeut*innen bei einem der bei der Dachgesellschaft EMDR Europe gelisteten EMDR-Trainer*innen und bei nationalen Fachgesellschaften gelisteten EMDR-Supervisor*innen die oben genannten Leistungen erbringen können. Bescheinigt werden können diese von solchen EMDR-Trainer*innen, die bei staatlich anerkannten Psychotherapieinstituten als Dozent*innen und/oder Supervisor*innen gelistet sind.

Ein bei nationalen EMDR-Fachgesellschaften nicht anerkannter Weg ist, wenn staatlich anerkannte Psychotherapieinstitute Weiterbildungsveranstaltungen zum Erwerb der EMDR-Abrechnungsgenehmigung anbieten, deren Bescheinigungen bei den Kassenärztlichen Vereinigungen anerkannt werden, aber nicht auf dem Weg zur Zertifizierung als EMDR-Therapeut*in.

12.2 EMDR-Ausbildung bei EMDR-Trainer*innen und EMDR-Supervisor*innen, die bei EMDR-Dachgesellschaften zertifiziert sind

Die EMDR-Ausbildung mit dem Ziel der Zertifizierung zum/zur EMDR-Therapeut*in beginnt mit dem Absolvieren eines Einführungskompaktkurses. Die Ausbildung umfasst mindestens 24 Zeitstunden Theorie und 18 Zeitstunden Praxis. Findet dieser Block als sechstägiger Kompaktkurs statt, ist er aufgeteilt in einen Basiskurs und einen Fortgeschrittenenkurs mit jeweils mindestens 12,5 h theoretischem Unterricht und mindestens 9 h Praktikum in Kleingruppen.

Alternativ dazu werden zwei Teile Basiskurs, Praxistag und Fortgeschrittenenkurs angeboten.

Auf der Supervisor*innenliste der nationalen Fachgesellschaften finden sich die Supervisor*innen, deren Supervision für die Zertifizierung anerkannt wird. Vorgeschrieben ist die Inanspruchnahme von mindestens 20 Zeitstunden Einzel- oder 30 Zeitstunden Gruppensupervision. Der/die EMDR-Supervisor*in überprüft auch in einer Videoaufnahme, ob EMDR korrekt appliziert wird. Nachdem alle unten genannten Voraussetzungen zur Zertifizierung erfüllt wurden, können EMDR-Supervisor*innen die Erfüllung schriftlich bescheinigen und der Fachgesellschaft EMDRIA Deutschland e. V. eine Zertifizierung empfehlen. Das Zertifikat ist fünf Jahre lang gültig.

12.3 Zertifizierung als EMDR-Therapeut*in

Nach Empfehlung der Zertifizierung durch ein/e EMDR-Supervisor*in überprüft das Büro der EMDRIA Deutschland e. V. Fachgesellschaft, ob folgende Kriterien erfüllt werden (Quelle: Website von EMDRIA Deutschland e. V.):

Kriterien für die Zertifizierung für die Behandlung von Erwachsenen
a. Mitgliedschaft bei EMDRIA Deutschland e. V.
b. Nachweis (Kopie) der Befähigung zur Ausübung von Psychotherapie vorbehaltlich der jeweils geltenden gesetzlichen Regelungen, in der Regel die Approbation als Ärztliche/r Psychotherapeut/in oder Psychologische/r Psychotherapeut/in.
c. Mindestens zwei Jahre psychotherapeutische Tätigkeit.
d. Absolvieren von mindestens zwei verschiedenen Ausbildungsstufen bei anerkannten Ausbildungsinstituten. Die Ausbildung umfasst mindestens 24 Zeitstunden Theorie und 18 Zeitstunden Praxis.
e. Die Ausbildungsstufen sollen in zeitlichem Abstand von mindestens drei Monaten liegen. Die Teilnahme an wenigstens 5 Zeitstunden Supervision muss vor der zweiten Ausbildungsstufe erfolgt sein.
f. Antragstellende können frühestens ein Jahr nach Abschluss Ihrer EMDR-Grundausbildung einen Antrag auf Zertifizierung als EMDR-Therapeut/in stellen.
g. Mindestens 50 Zeitstunden Therapieerfahrung mit EMDR (Stimulationsstunden, davon mindestens 80 % Traumabearbeitung) mit mindestens 25 Klienten. Nachweis durch eine Auflistung und Prüfung mit Unterschrift durch einen/eine anerkannten/anerkannte EMDR Supervisor/in
h. Von einem/r anerkannten EMDR-Supervisor/in vollständig ausgefüllter Kompetenzrahmen mit folgenden Nachweisen:

- h 1. Mindestens 20 Zeitstunden Einzel- oder 30 Zeitstunden Gruppensupervision.
- h 2. Vorlage einer Videodokumentation einer EMDR Behandlung eines/r Patienten/in bei einem/einer anerkannten EMDR-Supervisor/in. Das Video muss den Qualitätskriterien des Kompetenzrahmens für EMDR-Therapeuten/innen entsprechen. In Ausnahmefällen ist auch eine Live-Demonstration möglich (Phase III–VII).
- h 3. Empfehlung zum/zur EMDR-Therapeuten/in.
- i. Referenzschreiben zur Unterstützung des Antrags von einer Person, die die berufliche Praxis und das Ansehen der Antragstellenden beurteilen kann.
- j. Überweisung der Bearbeitungsgebühr über 75,- €.
- k. Das Zertifikat gilt fünf Jahre und wird bei Nachweis von 50 Zeitstunden EMDR-Fortbildung oder Supervision erneuert. Bei Nicht-Erneuerung wird das Zertifikat nicht verlängert und verliert seine Gültigkeit. Mit der Beendigung der Mitgliedschaft verliert das Zertifikat bereits vorzeitig seine Gültigkeit und ist dem Verein zurückzugeben. Mit dem Verlust der Gültigkeit endet die Berechtigung, sich als von EMDRIA-Deutschland zertifizierter/e EMDR-Therapeut/in zu bezeichnen.
- l. Das Zertifikat kann bei unethischem Verhalten durch den Vorstand von EMDRIA Deutschland e. V. aberkannt werden. Bei Aberkennung ist das Original des Zertifikates unverzüglich an den Vereinsvorstand zurückzugeben.

Zertifizierung für die Behandlung von Kindern und Jugendlichen
- a. Mitgliedschaft bei EMDRIA Deutschland e. V.
- b. Nachweis (Kopie) der Befähigung zur Ausübung von Psychotherapie mit Kindern und Jugendlichen vorbehaltlich der jeweils geltenden gesetzlichen Regelungen, in der Regel die Approbation als Kinder- und Jugendlichenpsychotherapeut/in, Facharzt/in für Kinder- und Jugendlichenpsychiatrie und -psychotherapie oder als ärztlicher/e oder psychologischer/e Psychotherapeut/in.
- c. Mindestens zwei Jahre psychotherapeutische Tätigkeit mit Kindern und Jugendlichen.
- d. Absolvieren von mindestens zwei verschiedenen Ausbildungsstufen bei anerkannten Ausbildungsinstituten. Die Ausbildung umfasst mindestens 24 Zeitstunden Theorie und 18 Zeitstunden Praxis.
- e. Die Ausbildungsstufen sollen in zeitlichem Abstand von mindestens drei Monaten liegen. Die Teilnahme an wenigstens 5 Zeitstunden Supervision muss vor der zweiten Ausbildungsstufe erfolgt sein.

f. Abschluss der Weiterbildung EMDR mit Kindern und Jugendlichen (3-teiliges EMDR-Kindercurriculum). Die drei Teile à 14 h müssen sich jeweils aus fünf Stunden Theorie, fünf Stunden Praxis und vier Stunden Behandlungsplanung/Supervision zusammensetzen.
g. Antragstellende können frühestens ein Jahr nach Abschluss Ihrer EMDR-Grundausbildung einen Antrag auf Zertifizierung als EMDR-Therapeut/in für Kinder und Jugendliche stellen.
h. Mindestens 50 Zeitstunden Therapieerfahrung mit EMDR (Stimulationsstunden, davon mindestens 80 % Traumabearbeitung) mit mindestens 25 Kindern/Jugendlichen; Nachweis durch eine Auflistung und Prüfung mit Unterschrift durch einen/e anerkannten/e EMDR Supervisor/in erforderlich.
i. Von einem/r anerkannten EMDR-Supervisor/in für Kinder und Jugendliche vollständig ausgefüllter Kompetenzrahmen mit folgenden Nachweisen:
   i 1. Mindestens 20 Zeitstunden Einzel- oder 30 Zeitstunden Gruppensupervision bei einem/einer anerkannten EMDR Supervisor/in. Davon mindestens 7 Zeitstunden Einzel- oder 10 Zeitstunden Gruppensupervision bei einem/einer anerkannten EMDR-Supervisor/in für Kinder und Jugendliche.
   i 2. Vorlage von 2 Videodokumentationen, ein Video einer EMDR-Behandlung mit einem Kind im Alter über 8 Jahre und ein Video einer EMDR-Behandlung mit einem Kind im Alter bis einschließlich 8 Jahre, bei einem/r anerkannten EMDR-Supervisor/in für Kinder und Jugendliche. Die Videos müssen den Qualitätskriterien des Kompetenzrahmens für EMDR bei Kindern und Jugendlichen entsprechen. In Ausnahmefällen ist auch eine Live-Demonstration möglich (Phase III-VII).
   i 3. Empfehlung zum/zur EMDR-Therapeuten/in für Kinder und Jugendliche.
j. Referenzschreiben zur Unterstützung des Antrags von einer Person, die die berufliche Praxis und das Ansehen der Antragstellenden beurteilen kann.
k. Überweisung der Bearbeitungsgebühr über 75,- €.
l. Das Zertifikat gilt fünf Jahre und wird bei Nachweis von 50 Zeitstunden EMDR-Fortbildung oder Supervision erneuert. Von diesen 50 Zeitstunden sollten mind. 50 % aus dem Kinder- und Jugendlichen-Bereich kommen. Bei Nicht-Erneuerung wird das Zertifikat nicht verlängert und verliert seine Gültigkeit. Mit der Beendigung der Mitgliedschaft verliert das Zertifikat bereits vorzeitig seine Gültigkeit und ist dem Verein zurückzugeben. Mit dem Verlust der Gültigkeit endet die Berechtigung, sich als von EMDRIA Deutschland zertifizierter/e EMDR-Therapeut/in für Kinder und Jugendliche zu bezeichnen.

m. Das Zertifikat kann bei unethischem Verhalten durch den Vorstand von EMDRIA Deutschland e. V. aberkannt werden. Bei Aberkennung ist das Original des Zertifikates unverzüglich an den Vereinsvorstand zurückzugeben.
n. Die Erteilung des Zertifikates ist an die Berechtigung zur Ausübung von Psychotherapie an die jeweilige Altersklasse (Erwachsene oder Kinder und Jugendliche) gebunden. Kinder- und Jugendlichen-Therapeuten/innen, die nur mit Jugendlichen äquivalent zum Vorgehen bei Erwachsenen arbeiten und daher das Kindercurriculum nicht absolvieren wollen, erhalten das Zertifikat als EMDR-Therapeut/in (Erwachsene) eingeschränkt auf die Altersgruppe von 14–21 Jahre.
o. Bei der Beantragung der Doppelzertifizierungen (Erwachsene und Kinder und Jugendliche) müssen von den erforderlichen 25 Fällen mindestens 8 Fälle mit Klienten ab 16 Jahre und mindestens 8 Fälle mit Kindern und Jugendlichen unter 16 Jahre durchgeführt sein.

12.4 Zusammenfassung

Um EMDR mit Gesetzlichen Krankenkassen abrechnen zu dürfen, muss die sogenannte EMDR-Abrechnungsgenehmigung vorliegen (Psychotherapierichtlinie, 2021; Psychotherapievereinbarung, 2015). Diese kann gemeinsam mit der Zertifizierung zur EMDR-Therapeutin/zum EMDR-Therapeuten erworben werden, da die Anforderungen hierfür geringer sind als für die Zertifizierung.

Wenn EMDR-Abrechnungsgenehmigungen an staatlich anerkannten Ausbildungsinstituten erworben wurden, deren Theorieteile nicht von EMDR-Trainer*innen unterrichtet wurden, werden diese Ausbildungsteile nicht auf die EMDR-Zertifizierung angerechnet werden können (Stand, 2021).

12.5 Prüfungsfragen

1. Wann darf die EMDR-Leistung mit einer Gesetzlichen Krankenversicherung abgerechnet werden?
2. Nennen Sie Ausbildungsteile, die zur Zertifizierung als EMDR-Therapeut*in führen.

Literatur

Gemeinsamer Bundesausschuss. (2021). Richtlinie des Gemeinsamen Bundesausschusses über die Durchführung der Psychotherapie (Psychotherapie-Richtlinie). *Bundesanzeiger (BAnz AT 17.02.2021 B1)*.

Kassenärztliche Bundesvereinigung und der GKV-Spitzenverband. (2015). *Vereinbarung über die Anwendung von Psychotherapie in der vertragsärztlichen Versorgung* (Psychotherapievereinbarung).

Seite (2021). https://www.emdria.de/zertifizierung/therapeutin-erw/. Zugegriffen: 25. Juli 2021, 17:04 UTC.

Seite https://www.emdria.de/zertifizierung/therapeutin-k-j/. Zugegriffen: 25. Juli 2021, 17:04 UTC.

Seite „Psychotherapie-Richtlinie". In: *Wikipedia – Die freie Enzyklopädie*. Bearbeitungsstand: 13. Mai 2021, 12:01 UTC. URL: https://de.wikipedia.org/w/index.php?title=Psychotherapie-Richtlinie&oldid=211909130. Zugegriffen: 25. Juli 2021, 17:04 UTC.

Weitere Fortbildung

13

Anna-Konstantina Richter und Dörte von Drigalski

Inhaltsverzeichnis

13.1 Buchlektüre: Überblick über deutschsprachige EMDR-Literatur 2
13.2 Überblick über EMDR-Journals 4
13.3 Regelmäßige Konferenzen im deutschsprachigen Raum und international 5
13.4 EMDR in der Intervision und im Qualitätszirkel. 6
13.5 EMDR-Supervision und allgemeine Hinweise zur Lehrsupervision und
   Selbsterfahrung 7
13.6 Zusammenfassung 15
13.7 Prüfungsfragen. 15
Literatur. 15

> **Überblick**
> Im psychotherapeutischen Bereich ist es üblich, sich fortzubilden. Hierfür gibt es inhaltliche Anlässe, wenn Psychotherapeut*innen in ihrer Arbeit fachliche und/oder persönliche Hilfe benötigen. Außerdem ist es in Deutschland vorgeschrieben, sich fortzubilden. Dies wird erfasst mittels sogenannter Fortbildungs-

---

Ergänzende Information Die elektronische Version dieses Kapitels enthält Zusatzmaterial, auf das über folgenden Link zugegriffen werden kann https://doi.org/10.1007/978-3-662-64662-5_13.

A.-K. Richter (✉)
Zentrum für psychologische Beratung und Training, Marburg, Deutschland
E-Mail: richter@zpbt-marburg.de

D. von Drigalski
Marburg, Deutschland

© Der/die Autor(en), exklusiv lizenziert an Springer-Verlag GmbH, DE, ein Teil von Springer Nature 2023
A.-K. Richter (Hrsg.), *EMDR*, https://doi.org/10.1007/978-3-662-64662-5_13

punkte, die für verschiedene Formen der Fortbildung erworben werden können. Ärzte- und Psychotherapeutenkammern führen zu diesem Zweck für ihre Mitglieder Punktekonten. Ärztliche Fortbildung ist seit 2004 nicht mehr berufsrechtlich geregelt, sondern in Form eines Bundesgesetzes, dem Sozialgesetzbuch V, § 95d. Hierfür wird mittlerweile der Begriff Continuing Medical Education (kurz CME) verwendet. Vertragsärzt*innen bzw. Vertragspsychotherapeut*innen müssen in fünf Jahren 250 Fortbildungspunkte sammeln, um von den Kassenärztlichen Vereinigungen keine Honorarabschläge davonzutragen. Im EMDR-Fortbildungsbereich wird von Continuous Professional Development Credits (kurz CPD) gesprochen. Wie auch in der CME, können die CPD Credits erworben werden durch mediengestütztes Eigenstudium, Fortbildungsveranstaltungen, klinische Fortbildung sowie curriculäre Kurse. Dies dient zur Rezertifizierung des EMDR-Zertifikats, das fünf Jahre gültig ist und dann von der nationalen Fachgesellschaft erneuert werden muss, indem 50 CPD Credits nachgewiesen werden. Im Folgenden werden diese verschiedenen Fortbildungsmöglichkeiten beschrieben.

13.1 Buchlektüre: Überblick über deutschsprachige EMDR-Literatur

Nachdem Absolvent*innen eines EMDR-Einführungs- sowie später Fortgeschrittenentrainings entsprechende EMDR-Skripte ihrer EMDR-Trainer*innen erhalten haben, gibt es verschiedene Möglichkeiten, das theoretische EMDR-Wissen zu vertiefen. Zur Rezertifizierung als EMDR-Therapeut*in werden maximal zehn Stunden Lektüre anerkannt.

Die vorhandene EMDR-Literatur im deutschsprachigen Raum lässt sich grob in folgende Kategorien einteilen und wird im Folgenden beschrieben:

- Bücher von Francine Shapiro selbst (in englischem Original und deutscher Übersetzung),
- amerikanische EMDR-Sammelbände unter Herausgabe von Marilyn Luber,
- Bücher über EMDR bei PTBS und anderen F-Diagnosen,
- spezielle EMDR-Themen und -Techniken,
- EMDR in der Behandlung von Kindern,
- EMDR-Kapitel in Psychotherapie-Sammelbänden,
- EMDR in Kombination mit anderen Psychotherapien,
- EMDR und Coaching sowie
- EMDR für Heilpraktiker*innen (hier sind die Autor*innen keine zertifizierten EMDR-Therapeut*innen im Sinne einer Zertifizierung bei EMDRIA Deutschland e.V.).

Das EMDR-Grundlagenbuch stammt von Francine Shapiro und ist erstmals 1995 erschienen. Der englische Originaltitel lautet „Eye Movement Desensitization and

Reprocessing (EMDR) Therapy" und liegt mittlerweile in der dritten Auflage sowie in einer deutschen Übersetzung mit dem Titel „EMDR – Grundlagen und Praxis: Handbuch zur Behandlung traumatisierter Menschen" vor. Shapiro beschreibt hier die erste kontrollierte EMDR-Studie und die theoretischen Hintergründe für das von ihr formulierte AIP-Modell. Sie beschreibt im weiteren Verlauft das EMDR-Standard-Protokoll, die acht Phasen der EMDR-Therapie und verschiedene Antwort-Muster auf den Verarbeitungsprozess. Sie beschreibt detailliert die acht Phasen der EMDR-Therapie und den Umgang mit spezifischen Fragestellungen wie Umgang mit Abreaktionen (dem Entladen von aufgestauten Emotionen) und dem Umgang mit vermeintlich blockierten Verarbeitungsprozessen. Sie stellt neben dem Standard-Protokoll verschiedene Protokolle für spezielle Situationen und Beschwerden vor (z.B. auch ein Phobie-Protokoll) und wie während des EMDR-Prozesses kognitiv eingewoben werden kann. Auch auf den Umgang mit verschiedenen Populationen wie Kinder, Menschen mit sexueller Gewalterfahrung und Kriegsveteran*innen nimmt sie Bezug. Shapiro äußert sich am Ende ihres Buches außerdem zu verschiedenen möglichen Wirkmechanismen von EMDR wie dem Konzept des Arbeitsgedächtnisses, REM-Schlaf und Veränderungen neuronaler Netzwerke und gibt Ausblicke auf Forschung in der Zukunft.

Amerikanische EMDR-Sammelbände, herausgegeben von der EMDR-Supervisorin Marilyn Luber, niedergelassen in Philadelphia/USA, gibt es mittlerweile neun an der Zahl (erschienen 2009–2019) sowie eine CD-ROM mit EMDR-Protokollen (2012). Die Bände sind thematisch geordnet nach Diagnoseclustern und Klient*innengruppen. Die einzelnen Kapitel folgen dem Aufbau, im ersten Teil des Kapitels in Fließtextform eine Beschreibung des Protokolls zu geben, um dann im zweiten Teil manualartig Kopiervorlagen des jeweiligen Protokolls zu liefern mit den exakten Formulierungen, mit denen Patient*innen die EMDR-Stimulation bekommen können. Deutschsprachige EMDR-Bücher über die Behandlung von Traumafolgestörungen gibt es von Hofmann (Hrsg., 5. Auflage von 2014), Schubbe (Hrgs., 5. Auflage von 2016), Münker-Kramer (2015), Lamprecht (Hrsg., 2. Auflage von 2001), Böhm (2016, 2. Auflage 2021) und die deutsche Übersetzung des englischen Originals von Parnell (2003). Einige Schwerpunkte der Bücher lassen sich wie folgt darstellen:

- 22 Autor*innen erfassen im von Hofmann herausgegebenen Buch „EMDR. Praxishandbuch zur Behandlung traumatisierter Menschen" Grundlagen von EMDR wie das AIP-Modell, die acht Phasen des EMDR, verschiedene grundlegende EMDR-Protokolle, den Umgang mit speziellen Patient*innengruppen, experimentelle Anwendungen, die Behandlung von Kindern und Jugendlichen mit EMDR sowie Fragen der Qualitätssicherung und EMDR-Organisationen. Im Kapitel 7 beschreibt Hofmann sein EMDR-Ausbildungsinstitut mit Sitz in Bergisch-Gladbach.
- Das Institut für Traumatherapie in Berlin und Oliver Schubbe sind die Herausgeber des Buches „Traumatherapie mit EMDR. Ein Handbuch für die Ausbildung". Nach der Einführung und Praxisbeispielen sowie der Beschreibung von deren Ausbildungsprogramm folgt ein Theorieteil über Psychotraumatologie, PTBS, Erklärungsmodelle

für EMDR und Studien. Es folgt der Praxisteil des Buches mit den acht Phasen des EMDR, dem EMDR-Prozess, der Rolle der Therapeut*innen dabei sowie speziellen Anwendungsmöglichkeiten samt Materialteil.
- Münker-Kramers Buch beginnt ebenfalls bei der Geschichte von EMDR und beschreibt, wie das AIP-Modell aus einem ersten Paradigmenwechsel von EMD zu EMDR entstanden ist und welche weiteren Paradigmenwechsel folgten. Sie beschreibt die internationale Entwicklung von EMDR mit dem HAP-Programm (HAP für Humanitarian Assistance Program, einer international tätigen Hilfsorganisation) als Rahmen für die Erklärung von Trauma, verschiedenen Traumafolgestörungen, dem AIP-Modell, dem Acht-Phasen-Prozess des EMDR, verschiedenen EMDR-Techniken wie Einweben und CIPOS und beschreibt in weiteren Kapiteln die Studienlage zur Wirksamkeit von EMDR und weitere Anwendungsfelder für EMDR.
- Das von Lamprecht herausgegebene Buch „Praxis der Traumatherapie. Was kann EMDR leisten" widmet sich nach einigen historischen Informationen den Körpererinnerungen, der Beschreibung von Traumatherapie unter Berücksichtigung von Körpersymptomen, EMDR-Therapie im stationären Setting, Familientherapie mit Traumapatient*innen sowie den Dissoziativen Störungen. Es schließt mit einem Therapieführer.
- Böhm (2021) bezieht sich nach einer einführenden Beschreibung von EMDR sowie von PTBS-Symptomen und Diagnostik auf die Beziehungsgestaltung in der EMDR-Behandlung und auf Maßnahmen zur Schaffung von Sicherheit in der EMDR-Behandlung. Er beschreibt die Stabilisierungsphase im EMDR, die Phase der Traumabearbeitung und mögliche Konfliktbearbeitung. Er geht auf häufige Komorbiditäten der PTBS ein und beschreibt Möglichkeiten des Selbstmanagements mit EMDR.
- Parnells Buch „EMDR-Therapie mit Erwachsenen. Kindheitstrauma überwinden" (2003) führt ein in die EMDR-Behandlung von Patient*innen, die als Kinder misshandelt oder missbraucht wurden. Nach ihrer Einführung ins EMDR-Modell geht sie auf spezielle Behandlungsprobleme bei der genannten Patient*innengruppe ein, schlägt eine Anpassung des EMDR-Standardprotokolls an diese Patient*innen vor und beschreibt die Behandlung in drei Phasen: der vorbereitenden Anfangsphase, der mittleren Phase zum Prozessieren und Integrieren und der Schlussphase der Integration. Parnell beschreibt Hilfsmittel und Techniken, z. B. im Umgang mit kreiselndem Prozessieren, und führt verschiedene Fallbeispiele an.

Anderen F-Diagnosen und speziellen Themen widmen sich die Bücher von Drexler (4. Auflage von 2019), Plassmann (Hrsg., 2. Auflage von 2013), Tesarz et al. (4. Auflage von 2020), Richter (2019b) und Hofmann et al. (2020):

- Drexler (2017) beschreibt, wie transgenerationale Traumata mittels der Metapher einer „inneren Bühne" sicht- und behandelbar gemacht werden können.

- Neun Autor*innen tragen im von Plassmann (2013) herausgegebenen Buch Möglichkeiten der EMDR-Behandlung von Essstörungen, Eltern-Kind-Bindungsproblemen, Allergien, chronischen Schmerzen, Angststörungen, Tinnitus sowie das Ansteuern des Suchtgedächtnisses zusammen.
- Nachdem Tesarz et al. (2020) die acht Phasen des EMDR beschrieben haben, beschreiben sie die theoretische Beziehung zwischen EMDR und Schmerz. Sie beschreiben anhand konkreter Fallbeispiele die Arbeit mit dem EMDR-Schmerzmanual, das sich anhand der Arbeitsmaterialien im Buch gut umsetzen lässt.
- Richter (2019b) beschreibt bisherige Forschungsergebnisse zu EMDR bei Sozialen Angststörungen verschiedener Therapieschulen mit einer sich daraus ergebenden Forschungslücke, weist auf die Notwendigkeit hin, diese unterdiagnostizierte Störung zu Beginn der Behandlung zu erfassen, und es wird gezeigt, welchen Beitrag EMDR dazu leisten kann, die hohe Nonresponderquote in der Behandlung der Betroffenen zu senken.
- Hofmann et al. (2020) haben in ihrem EMDR-Buch über Depressionsbehandlung das DeprEnd®-Manual veröffentlicht, in das Forschungsergebnisse ihrer multizentrischen Studien eingeflossen sind. Es wird die EMDR-Arbeit mit Episodenauslösern beschrieben, wie depressive Überzeugungssysteme mit EMDR angesteuert werden können und wie die Bearbeitung von depressiven bzw. suizidalen States erfolgen kann. Ebenso wird der Forschungsstand zu EMDR bei bipolaren Störungen beschrieben.
- Rost hat zwei Werke herausgegeben, von denen sich ein Band der „Ressourcenarbeit mit EMDR" (2008) widmet, während sich ein weiterer Band (2016) mit dem Einfluss von Affekten in Gehirn und Körper auf den EMDR-Prozess befasst; es werden eine Fülle von Stabilisierungsmöglichkeiten, Metaphern zum Einflechten in die Struktur der acht Phasen des EMDR und weitere Protokolle für verschiedene Diagnosen und Patient*innengruppen vorgestellt.

Die Behandlung von EMDR bei Erwachsenen und Kindern beschreibt Plassmann (Hrsg., 2. Auflage 2010), während Hensel (Hrsg., 2007) sich in seinem Werk auf die Behandlung von „EMDR mit Kindern und Jugendlichen" konzentriert.

Im „Handbuch der Psychotraumatologie" von Seidler et al. (3. Auflage von 2019) haben Schubbe & Gruyters das Kapitel über EMDR verfasst, das einen ersten Überblick zu geben vermag.

Jacobs und de Jong (2007) beschreiben in ihrem neuropsychotherapeutischen Behandlungsprogramm zunächst den theoretischen Hintergrund von PTBS, Dissoziation, EMDR und Biofeedback, beschreiben im weiteren die Evaluation ihres Therapiekonzeptes „EMDR und Biofeedback in der Behandlung der PTB" und teilen schlussendlich ihr diesbezügliches Therapiemanual mit.

Pieper et al. (2021) haben das sogenannte siebenstufige kognitiv-behaviorale Behandlungskonzept (kurz SBK) veröffentlicht, das nach der Diagnostik und der Vermittlung des Therapierationals aus einer kontrollierten Traumaexposition besteht, darauf folgend einer Exposition in sensu, danach EMDR, einer Exposition in vivo und einer Nachbesprechungsphase. Die Evaluierung des Manuals war Thema von Piepers Dissertation (2005).

Die Anwendung von EMDR im Coaching beschreiben Besser-Siegmund und Siegmund (2001): Sie stellen Folgen eines sogenannten Post-Achievement-Stress (kurz PAS) dar und wie EMDR bei arbeitsbezogenen Themen wie Spitzenleistungsstress, Kränkungen und Leistungsblockaden helfen kann. Sie beschreiben das Verändern von stressfördernden Beliefs mittels EMDR.

Zimmermann (2020) hat in seinem Buch „EMDR für Heilpraktiker" als solcher Stellung dazu bezogen, inwiefern in Deutschland EMDR auch von Heilpraktiker*innen für Psychotherapie angewandt werden kann, beschreibt hierzu die rechtliche Situation und ergänzt die psychotherapeutischen Informationen um Beschreibungen zu EMDR im Coaching und Mentaltraining, sogenanntem Creative Processing EMDR, einer Verknüpfung von Maltherapie u.Ä. mit EMDR. Er weist außerdem auf technische Hilfsmittel wie z. B. Musik mit bilateraler Stimulation hin.

Kütter (2019a, b), ebenfalls Heilpraktikerin, hat in ihren beiden EMDR-Toolkit-Bänden die acht Phasen der EMDR-Behandlung erläutert, Strategien bei blockierten EMDR-Prozessen aufgeführt sowie Protokolle für andere Diagnosen als PTBS beschrieben und Stabilisierungsprozesse benannt.

13.2 Überblick über EMDR-Journals

Wer sich regelmäßig über Neuerungen im EMDR-Bereich auf dem Laufenden halten möchte, dem stehen einige Zeitschriften zur Verfügung. Neben den hier erwähnten EMDR-Fachzeitschriften erscheinen EMDR-Artikel auch in anderen Journals und können über gängige Literatursuchen gefunden werden, aber auch in der Francine-Shapiro-Library (FSL) unter dem folgenden Link: https://emdria.omeka.net/.

Seit 2017 erscheint die Zeitschrift für EMDR als Online-Zeitschrift, mit der Ausgabe von 2021 erstmals als Print-Version. Sie wird herausgegeben für Mitglieder der deutschen, österreichischen und schweizerischen EMDR-Fachgesellschaften, die Mitgliedsgesellschaften bei EMDR Europe sind. Mitgliedern wird die Zeitschrift online zugeschickt. Hervorgegangen ist sie aus den EMDR-Rundbriefen, die Mitgliedern der deutschen, österreichischen und schweizerischen EMDR-Fachgesellschaften zuvor zugeschickt wurden. Der Erscheinungstermin ist zum Zeitpunkt der Drucklegung unregelmäßig.

Das Journal of EMDR Practice and Research ist das offizielle Organ der US-amerikanischen EMDRIA-Fachgesellschaft und wurde erstmals im Jahr 2007 bei Springer Publishing Company veröffentlicht. Es ist eine peer-reviewed Fachzeitschrift, die viermal im Jahr erscheint. EMDRIA-Deutschland-Mitglieder haben kostenfreien Zugang zu den Ausgaben. Für Nicht-Mitglieder besteht die Möglichkeit, Artikel und Heftausgaben auf der Website des Verlages käuflich zu erwerben und herunterzuladen.

Des Weiteren gibt es Themenhefte anderer Fachzeitschriften, die sich mit EMDR beschäftigen:

Ein EMDR-Themenheft zum Thema „Present and Future of EMDR in Clinical Psychology and Psychotherapy" erschien 2019 in Frontiers in Psychology, herausgegeben von Benedikt L. Amann, Isabel Fernandez und Gianluca Castelnuovo. Es kann kostenfrei auf der Website von Frontiers heruntergeladen werden.

Ebenfalls 2019 erschien ein EMDR-Themenheft von Trauma & Gewalt, einer peer-reviewed Fachzeitschrift, die das Organ der Deutschsprachigen Gesellschaft für Psychotraumatologie, kurz DeGPT, sowie der Gesellschaft für Psychotraumatologie, Traumatherapie und Gewaltforschung (kurz GPTG) ist. Das Heft ist als Print- und Online-Ausgabe erschienen, herausgegeben von Anna-Konstantina Richter (s. Editorial, 2019), und einzelne Artikel bzw. das gesamte Heft können online beim Verlag heruntergeladen werden.

13.3 Regelmäßige Konferenzen im deutschsprachigen Raum und international

Wer gern aktuelle Forschungsergebnisse, die konkrete Anwendung von EMDR-Protokollen, Patient*innenvideos und Autor*innen von Artikeln und Büchern persönlich sehen möchte, kann dies auf EMDR-Konferenzen tun. Die Beiträge zu den u.g. Konferenzen werden von den jeweilgen wissenschaftlichen Komitees ausgewählt.

Eine Möglichkeit zur weiteren Fortbildung und für die Sammlung von Fortbildungspunkten und CPD Credits bieten nationale EMDRIA-Tage. Sie finden in Deutschland seit 2011 an wechselnden Orten statt, beginnend mit einem öffentlichen Vortrag, der allen Interessierten offensteht.

Die Dachgesellschaft EMDR Europe führt ebenfalls jährliche Konferenzen durch, die an wechselnden Orten in Europa stattfinden. Im Vorfeld zu den öffentlichen Teilen der Konferenzen finden nicht nur Pre-Conference-Workshops zu Spezialthemen statt, sondern auch Fortbildungsveranstaltungen für EMDR-Supervisor*innen und EMDR-Trainer*innen.

Wer noch weiter reisen möchte, kann weltweit EMDR-Konferenzen in den USA und Asien besuchen und die Termine auf den Websites der jeweiligen Fachgesellschaften ermitteln.

13.4 EMDR in der Intervision und im Qualitätszirkel

Intervision und Qualitätszirkel sind weitere Fortbildungsmöglichkeiten, Wissen zu erwerben und Fortbildungspunkte zu sammeln. Beide Varianten zeichnen sich dadurch aus, dass man sich gleichrangig unter Gleichen fortbildet und dass keine Person eine Leitungsfunktion übernimmt.

In Intervisionsgruppen finden sich interessierten Kolleg*innen freiwillig zusammen und melden sich (in Deutschland) bei ihrer Psychotherapeut*innenkammer an, um als Intervisionsgruppe registriert zu werden und Fortbildungspunkte bekommen zu können. Die Gruppe trifft sich in den Praxen der Gruppenmitglieder und kann Fallbesprechungen machen, aber sich auch zu fachlichen Themen austauschen. Sobald drei und mehr zertifizierte EMDR-Therapeut*innen anwesend sind, können auch CPD-Credits für die Rezertifizierung als EMDR-Therapeut*in gesammelt werden.

Qualitätszirkel (kurz QZ) werden in Deutschland bei der zuständigen Kassenärztlichen Vereinigung angemeldet. Mindestens fünf Vertragsbehandler*innen (d. h. Kolleg*innen mit Kassenpraxen) müssen sich zusammenfinden, damit der QZ zustande kommen kann, höchstens 20. Es können auch Privatbehandler*innen und stationär arbeitende Kolleg*innen dazukommen. Ein*e Moderator*in, der/die dafür von der Kassenärztlichen Vereinigung (kurz KV) geschult wurde, erledigt die administrativen Aufgaben (wie z. B. Erstellen des Protokolls für die KV), hat aber keine übergeordnete Funktion innerhalb des QZ. Maximal zehn Treffen im Jahr werden für die Sammlung von Fortbildungspunkten anerkannt, und Fortbildungspunkte für 2×45 min pro Treffen können ausgestellt werden, sofern kein Sponsoring eines externen Unternehmens stattgefunden hat. Es können sowohl Fallbesprechungen als auch Vorträge oder Gruppendiskussionen stattfinden, auch können Experten für Vorträge eingeladen werden. Diese Fortbildungsmöglichkeit kann auch genutzt werden für kollegiale EMDR-Fortbildung.

13.5 EMDR-Supervision und allgemeine Hinweise zur Lehrsupervision und Selbsterfahrung

Wie bei anderen Psychotherapieverfahren auch nimmt Supervision in der EMDR-Ausbildung einen erheblichen Stellenwert ein. Wer eine bei EMDR Europe anerkannte EMDR-Ausbildung absolviert und eine Zertifizierung als EMDR-Therapeut*in anstrebt, wird

- 24 Zeitstunden Theorie und
- 18 Zeitstunden Praxis bei
- mindestens 20 Zeitstunden Einzelsupervision oder 30 Zeitstunden Gruppensupervision

in Anspruch nehmen. In diesem Abschnitt wollen wir spezifische Informationen zu EMDR-Supervision zusammentragen, aber auch Einiges auswählen aus einem Pool von Informationen, was allgemein über psychotherapeutische Supervision bekannt ist, und wir wollen Berufsanfänger*innen auf Fehler und Fallen hinweisen, die in Supervisionen allgemein und bei EMDR-Supervision im Speziellen passieren können.

Möller und Lohmer (2017) nennen als „zentrale Funktion" der Supervision „die Qualitätssicherung in der Psychotherapie" (S. 15) und schreiben, dass diese von Psychotherapeut*innen „als maßgeblicher Einflussfaktor für ihre therapeutische Weiterentwicklung" benannt wird. Lohmer (2017) spricht dabei vom „Dreieck der Supervision" mit den Polen

a. der Patient*innen,
b. den supervidierten Psychotherapeut*innen und
c. den Supervisor*innen (S. 22).

Bezüglich der Selbstreflexion in der Supervision beschreibt Giernalczyk (2017), dass Berufsanfänger*innen einen stärkeren Schwerpunkt auf die „eigenen biografischen Beziehungsmuster" legen würden, während Supervisand*innen mit mehr Berufserfahrung mit diesen schon vertraut seien (S. 36).

Den institutionellen Kontext der Supervision differenziert Lohmer folgendermaßen:

- Supervision könne erfolgen durch einen freiwilligen Auftrag des Supervisanden/der Supervisandin, „zum Beispiel punktuell im Rahmen von Verwicklungen mit dem Patienten oder als kontinuierliche Begleitung" (S. 25),
- Ausbildungssupervision durch Supervisor*innen eines Aus- bzw. Weiterbildungsinstitutes,
- externe Fallsupervision einer Einrichtung wie z. B. Klinik oder Beratungsstelle;
- zudem kann eine Supervision der Supervision in Anspruch genommen werden bei dauerhaften Störungen von therapeutischen Prozessen.

EMDR-Supervision dient zu Beginn der EMDR-Ausbildung folgenden Zwecken:

- die Supervisand*innen sollen lernen, ob EMDR indiziert ist;
- die Supervisand*innen sollen lernen, die Augenbewegungen bei Patient*innen korrekt auszulösen;
- außerdem soll erlernt werden, das EMDR-Standard-Protokoll nicht bei zu stark dissoziativen Patient*innen anzuwenden (hier sollte z. B. auf das CIPOS-Protokoll zurückgegriffen werden, s. hierzu Abschn. 6.1.1.2);
- in der EMDR-Phase 3 sollen Kognitionen erfasst werden, die der GEMPIT-Regel folgen (s. Richter, 2019a, b, S. 155);
- es sollen negative und positive Kognitionen aus *einer* thematischen Domäne definiert werden (thematische Domänen im EMDR sind 1. Sicherheit, 2. Verantwortung, 3. Selbstwert, 4. eingeschränkte Wahlmöglichkeiten, s. Abschn. 8.3);
- der EMDR-Prozess soll fortgesetzt werden, bis von den Patient*innen nach den EMDR-Sets zweimal neutrale oder positive Rückmeldungen kommen, dann soll die Nachfrage erfolgen, was von der Ausgangsbelastung noch da ist bzw. wie hoch die Belastung quantifiziert wird (und nicht vorher);
- insgesamt sollen die acht Phasen der EMDR-Behandlung korrekt durchgeführt werden;

- außerdem soll eine korrekte Therapieplanung mittels des dreigliedrigen AIP-Modells nach Shapiro (1995) erfolgen.

Schubbe (2001) weist daher richtigerweise darauf hin, dass die supervisorische Grundhaltung bezüglich EMDR u. a. vom strukturierten Vorgehen geprägt ist. Dies ergibt sich aus dem oben beschriebenen achtphasigen Vorgehen der EMDR-Behandlung mittels technischen Vorgehens zur EMDR-Stimulation. Zur Überprüfung der Adhärenz (Therapietreue) soll der/die Supervisor*in dabei auch die technischen Möglichkeiten bieten, Videoaufnahmen der Behandlungen des/der Supervisanden*in wiedergeben zu können. Schubbe empfiehlt, dass der/die Supervisand*in eine konkrete Frage stellt und Supervisor*in sowie Mitsupervisand*innen einer Gruppensupervision gemeinsam zur Beantwortung der Frage beitragen.

Schubbe weist des Weiteren auf Gefahren hin, die in psychotraumatologischen Behandlungen durch sekundären Symptomgewinn und posttraumatische Reinszenierungen auftauchen können. Er verweist darauf, dass damit verbundene Verstrickungen in Psychotherapien für Psychotherapeut*innen schwer erkennbar sein können, aber in Supervisionsgruppen angesprochen werden können. Auch sei die Burn-out-Prävention wichtig, was schambesetzt sei und daher in Supervisionen aktiv angesprochen werden sollte. Schubbe hält dabei „eine sorgfältige Mischung aus Abgrenzung und emotionaler Verarbeitung" für wichtig. Supervision führt er als ein Mittel für Psychotherapeut*innen an, Sitzungen im Hinblick auf Burn-out-Prävention emotional zu verarbeiten.

Stellpflug und Moeck (2017) beschreiben den Unterschied von Supervision in der Ausbildung und Supervision von approbierten Psychotherapeut*innen wie folgt: In der Ausbildung diene die Supervision „dem Erwerb therapeutischer Fähigkeiten und der Reflexion des psychotherapeutischen Handelns", während es bei der Supervision von approbierten Supervisand*innen „um die Konsolidierung psychotherapeutischer Erfahrungen und fachlicher Expertise sowie die Weiterentwicklung professioneller Identität" gehe (Straß et al., 2010, zitiert nach Stellpflug & Moeck, 2017, S. 66). Was Giernalczyk (2017) allgemein über Supervision schreibt, kann auch auf die EMDR-Supervision zutreffen, wenn er in seiner Analyse den Aspekt der Gegenübertragung in der Supervision darlegt, dass für Supervisand*innen „während der Ausbildung und am Anfang ihrer psychotherapeutischen Tätigkeit" der Schwerpunkt auf der Auseinandersetzung „mit eigenen biographischen Beziehungsmustern" und der Wahrnehmung auf „deren Einfluss auf die therapeutische Beziehung" liegt.

> **Beispiel**
>
> Martin hat nach Besuch des ersten Teils des EMDR-Seminars erste Erfahrungen in der Anwendung von EMDR bei einer Patientin mit Posttraumatischer Belastungsstörung gesammelt und lässt seine Anwendung der EMDR-Methode auf dem Weg zur Zertifizierung zum EMDR-Therapeuten supervidieren. Laut seiner Supervisorin läuft

der EMDR-Prozess in seiner Behandlung gut, während Martin meint, die Behandlung müsse schneller laufen. Die Senkung der Belastung von SUD=9 auf SUD=5 in einer Sitzung angesichts der Erinnerung an eine Vergewaltigung im Kindesalter sieht der Therapeut nicht als Erfolg, er meint, der EMDR-Prozess müsse noch schneller gehen. Die Supervisorin sieht das anders und hinterfragt die Haltung von Martin. Die Exploration ergibt, dass Martin sich unter Druck setze, was seine Ursache habe in seiner Beziehung zu seiner psychisch kranken Schwester, der gegenüber er sich sehr verantwortlich fühlte. ◄

Supervision kann also auch einen erheblichen Selbsterfahrungsanteil haben, zumal dann, wenn durch die Behandlungen der Patient*innen eigene Themen angetriggert werden können.

Beispiele hierfür können sein, wenn:

- Behandler*innen ähnliche belastende Erlebnisse erlebt haben wie solche, die Patient*innen berichten,
- Behandler*innen sich von Patient*innen herausgefordert fühlen (sei es durch Konflikte, Flirten o.Ä.).

Behandler*innen, die mit EMDR arbeiten, werden vorher andere psychotherapeutische Ausbildungen der Richtlinien-Psychotherapien abgeschlossen haben; dies sind derzeit in Deutschland

1. Psychoanalyse,
2. Tiefenpsychologisch fundierte Psychotherapie,
3. Kognitive Verhaltenstherapie,
4. Hypnotherapie sowie
5. Systemische Psychotherapie.

Diese Therapieschulen lehren unterschiedliche Konzepte der Mechanismen in der Beziehung zwischen Psychotherapeut*innen und Patient*innen. Der entsprechende psychotherapeutische Hintergrund zwischen Supervisor*in und Supervisand*in spielt also auch eine Rolle in der EMDR-Supervision, weil hierbei nicht nur therapeutisches Fachwissen über EMDR einfließen wird, sondern auch Wissen anderer Therapieschulen. Dies kann in EMDR-Supervision förderlich, aber auch hinderlich sein.

Fallbeispiel

Martina (Name geändert) ist von Hause aus Verhaltenstherapeutin und befindet sich in einer EMDR-Supervisionsfortbildung innerhalb einer Gruppe. Die EMDR-Supervisorin K. ist von Hause aus Psychoanalytikerin und gibt für eine

EMDR-Supervisionsgruppenübung die Anweisung, dass in den Patient*in-Therapeut*in-Rollenspielen auf die Übertragungs- und Gegenübertragungsphänomene geachtet werden soll. Hierbei handelt es sich um ein psychoanalytisches Konzept, bei dem davon ausgegangen wird, dass Individuen Gefühle, Erwartungen, Wünsche und Befürchtungen auf neue soziale Beziehungen übertragen, was angemessen oder unangemessen sein kann (Freud, 2000). Wenn ein*e Psychotherapeut*in darauf mit eigenen Gefühlen, Erwartungen, Wünschen und Befürchtungen gegenüber dem Patienten/der Patientin reagiert, wird dies als Gegenübertragung bezeichnet (Freud, 2000). Als Martina der EMDR-Supervisorin gegenüber anspricht, dass sie als Verhaltenstherapeutin mit diesem Konzept nicht vertraut ist und daher die Gruppenrollenspielübung ohne die Anwendung dieses Konzepts durchführen wird, hat dies zur Folge, dass ihr vor dem zweiten Teil der Fortbildung über ihren EMDR-Trainer mitgeteilt wird, die EMDR-Supervisorin halte sie für ungeeignet für diese Fortbildung, sie solle mehr Selbsterfahrung machen. ◄

Dieses Fallbeispiel soll nicht missverstanden werden als generelle Kritik gegen Psychoanalyse. Es soll vielmehr hinweisen auf das Problem des mangelnden Respekts vor Methodenvielfalt sowie auf Machtmissbrauch.

Fortsetzung Fallbeispiel

Als Martina von ihrem EMDR-Trainer mitgeteilt bekommt, dass die EMDR-Supervisorin K. ihm gesagt hatte, Martina sei nicht geeignet für diese Fortbildung, sie solle mehr Selbsterfahrung machen, wurde dies begründet damit, dass Martina angeblich in dem Seminar dissoziiert sei. Martina bestritt gegenüber ihrem langjährigen EMDR-Trainer diesen Umstand. Dieser meinte jedoch, EMDR-Supervisorin K. sei eine Spezialistin für Dissoziation, und wenn diese sage, dass Martina im Supervisionsseminar dissoziiert sein, dann sei das richtig. Am gleichen Tag bespricht Martina die Vorfälle mit der EMDR-Supervisorin P., die sie zur Fortbildung empfohlen hatte. Diese fragt Martina, ob ihr denn geholfen worden sei, als sie angeblich dissoziierte, was Martina verneint. „Dann bist du auch nicht dissoziiert", sagt P. ◄

Wir thematisieren den Machtmissbrauch durch Supervisor*innen, um daraus zu entwickeln, worauf die Leser*innen unseres Erachtens achten sollten, um in ihrer eigenen (EMDR-)Supervision und in supervisorischen EMDR-Fortbildungen korrekt und hilfreich für Supervisand*innen und deren Patient*innen behandelt zu werden.

Zunächst sollten andere Therapieschulen bei EMDR-Supervision eher im Hintergrund stehen, denn es sollte in einer EMDR-Supervision vorrangig geprüft werden,

- wie das AIP-Modell nach Shapiro hilfreich zur Fragestellung in der Supervision beitragen kann,
- ob es eine Indikation für die Anwendung von EMDR gibt,
- ob das richtige EMDR-Protokoll eingesetzt wurde,
- ob das EMDR-Standard-Protokoll oder ein anderes von einer EMDR-Fachgesellschaft anerkanntes EMDR-Protokoll korrekt angewandt wurde sowie
- ob die EMDR-Stimulation korrekt eingesetzt wurde.

Das AIP-Modell nach Shapiro ist das zentrale Störungsmodell im EMDR (s. Abschn. 7.1) und sollte daher einen prominenten Platz in der EMDR-Supervision einnehmen.

Fortsetzung Fallbeispiel

Martina sollte in der EMDR-Supervisionsfortbildung in einer Kleingruppenarbeit mit dem PTBS-Modell von Mardi Jon Horovitz (1993) psychoedukativ arbeiten (s. Abschn. 3.2.3). Es handelt sich dabei um ein PTBS-Störungsmodell eines Autors psychodynamischer Lehrbücher. Im gesamten Veranstaltungsskript findet sich keine einzige Erklärung oder Grafik des AIP-Modells. Nachdem Martina die Teilnahme am zweiten Teil des EMDR-Supervisionsseminares untersagt wurde und sie sich erfolgreich darüber bei einem Vorstandsmitglied ihrer Fachgesellschaft beschwert hatte, wurde ihr mitgeteilt, dass nicht bekannt gewesen sei, dass die EMDR-Supervisorin ein derart psychoanalyse-/psychodynamiklastiges Seminar abhalte. ◄

Aus diesem Fallbeispiel ergibt sich die Empfehlung für Supervisand*innen, darauf zu achten, dass sie eine EMDR-Supervision bekommen, wenn sie eine EMDR-Supervision gebucht haben, d. h. dass es dabei (zumindest *auch bzw. vorrangig*) um EMDR geht. Auf diese Weise können Supervisand*innen die Anwendung von EMDR reflektieren. Diese Möglichkeit wird ihnen genommen, wenn Supervisor*innen ihnen gar nicht die Gelegenheit dazu geben, indem sie ein anderes von ihnen favorisiertes Verfahren in den Vordergrund rücken. Supervisor*innen sollten diejenigen sein, die in dieser Hinsicht über mehr Fachkenntnisse verfügen als Supervisand*innen, was sie in eine diesbezügliche Machtposition versetzt: Was Supervisor*innen ihren Supervisand*innen ggf. vorenthalten, können diese möglicherweise nicht wissen.

Von Drigalski (1980, 2006) schildert Beispiele dafür, dass sich Hierarchie in der Therapieausbildung schädigend auf Psychotherapeut*innen in Aus- und Weiterbildung auswirken könne. Hierbei kann es sich um Rechthaberei handeln, aber auch darum, Negatives zu betonen, sodass die Supervisions- und Selbsterfahrungssituation potenziell schädigend sein kann, ebenso wie Psychotherapie zu Therapieschäden führen kann (Märtens & Petzold, 2002). Obwohl Supervisor*innen „Beziehungsfachleute" sind, können in Supervisions- und Selbsterfahrungssituationen Beziehungsstörungen zwischen Supervisor*in und Supervisand*in stattfinden (v. Drigalski, 2006). Gefährlich können aus ihrer Sicht Konstellationen sein, in der Supervisor*innen zwar qua Hierarchie eine höhere Position haben, begabtere oder intelligentere Supervisand*innen aber pathologisieren und invalidieren, anstatt sie zu fördern. Dies kann zustande kommen, wenn Supervisor*innen nur ihre eigenen Maßstäbe als richtig, als allgemeingültig, ansehen, in der Sprache des Hirnforschers Hüther (2017) gesprochen: alternativlose „Trampelpfade" ihres eigenen Berufslebens ihr Denken bestimmen, und dabei wenig Gespür für ihre hierarchische Überlegenheit haben, in der die Gefahr drohen kann, Abweichendes zu invalidieren und zu pathologisieren.

> **Fallbeispiel**
>
> Ingrid hat im Nachtdienst in der Kinderklinik festgestellt, dass das Beatmungsventil bei einem Säugling falsch eingesetzt war. Als sie dies in ihrer psychotherapeutischen Supervision berichtete, meinte ihr Lehranalytiker dazu, sie habe ihren Kollegen, der das Beatmungsventil falsch eingesetzt hatte, kastriert und depotenziert, anstatt sie zu loben, dass sie dem Säugling vermutlich das Leben gerettet hat. ◄

„Ich schien wieder eine Qual; eine Zumutung, die er mit Anstrengung ertrug. Oft konnte ich nicht unterscheiden, ob er generell angestrengt war oder ob es sich auf mich bezog. Auf meinen anstrengenden, schwer erträglichen Charakter; auf mein nie und nimmer liebenswertes Wesen, auf das, was ich an mir hatte. In der verachtenden, distanzsuchenden Gereiztheit lag eine starke Verurteilung" (v. Drigalski, 1980, S. 187).

Wegen des hierarchischen Gefälles und des Abhängigkeitsverhältnisses in der Ausbildungssupervision und Selbsterfahrung/Lehranalyse wäre es unseres Erachtens sinnvoll klarzustellen, wenn Supervisor*innen durch Umstände bedrückt oder angestrengt sind, die nichts mit dem/der Supervisanden/-in zu tun haben, sodass eine Wahrnehmung bei Supervisand*innen vermieden werden kann, dies als Kritik an sich selbst misszuverstehen.

Dass v. Drigalski den Umgang mit Kolleg*innen in der Ausbildungssupervision (hier: Lehranalyse) publiziert hat, war für Moser (1980) „in gewisser Weise ein Meilenstein in der Erhellung vieler Probleme während des therapeutischen Prozesses", auch wenn Moser in seiner Rezension des Werkes in der ZEIT eine Pathologisierung der Autorin vornimmt, wenn er ihr „Borderline-Symptome" zuschreibt. Eine Resonanz dieser Art folgt einem Double-Bind-Muster: Die Autorin hat zwar einen Meilenstein verfasst, habe aber Züge einer schweren psychischen Störung und wird damit wieder abgewertet. Es steht in einem Widerspruch, dass das Werk bisher in keiner deutschsprachigen Fachzeitschrift besprochen wurde, während die Resonanz seitens Laien enorm war und ist, das Werk seit 1980 kontinuierlich aufgelegt wird und in die „100 Meisterwerke der Psychotherapie" aufgenommen wurde (Rieken, 2008). Von Drigalskis Werk wird deshalb an dieser Stelle herangezogen, weil es erhellen kann, welche destruktiven Prozesse in Supervisionen ablaufen können:

> **Fortsetzung Fallbeispiel**
>
> Martina hat mehrere Jahre keine Supervision bei ihrem EMDR-Trainer in Anspruch genommen, nachdem sie selbst als EMDR-Therapeutin zertifiziert worden war. Es fand nach einem Abstand von einigen Jahren ein Aufarbeitungsgespräch statt, in dem der EMDR-Trainer sich entschuldigte und ihr erklärte, es habe ihn genervt und passiv-aggressiv gemacht, dass sie Widerstand geleistet habe, nachdem er ihr den Ausschluss aus der EMDR-Supervisionsfortbildung mitgeteilt habe. Er berichtet, dass er aufgrund eigener Schicksalsschläge der Meinung war, dass das, was ihm zugestoßen sei, im Vergleich zu dem, was Martina ungerechterweise in der EMDR-Fortbildungsveranstaltung passiert sei, nicht so schlimm gewesen sei und sie sich nicht so hätte „anstellen" sollen. ◀

Am o.g. Fallbeispiel wird die Parallelität zur Beschreibung von v. Drigalskis Erlebnissen in der Lehranalyse deutlich und dass diese im Psychotherapie-Aus- und Fortbildungskontext wiederholbar sind. Hier wird deutlich, wie Schutzfunktion von Supervision versagen kann, wenn Supervisor*innen eigene Destruktivität ausagieren und damit nicht nur Supervisand*innen, sondern letztendlich auch deren Patient*innen im Stich lassen.

Ein Problem in der Supervision kann auch darstellen, wenn Supervisor*innen zu stark mit eigenem Leid befasst und dadurch unkonzentriert sind.

> **Fallbeispiel**
>
> Christina nahm eine Supervision in Anspruch bei ihrem Supervisor aus ihrer PiA-Zeit. Anlass der Supervision war, dass ein Christina attraktiv erscheinender Patient sie sowohl in einer Gruppentherapie als auch nach Abschluss dieser anflirtete. Ihr Supervisor wirkte an einigen Stellen unkonzentriert und fragte sie in der Supervision, was sie eigentlich wollte. In der nächsten Supervision betonte Christina, wie sehr sie die Supervision gerade brauche, um zu verarbeiten, dass sie sich zwar korrekterweise abstinent verhalten habe, aber auch betraure, dass sie auf das Flirten des Patienten nicht habe eingehen können. Der Supervisor entgegnet, in der letzten Supervision sei es ihm nicht gut gegangen. ◀

> **Fallbeispiel**
>
> In einer Gruppenselbsterfahrung an einem staatlich anerkannten Verhaltenstherapieinstitut merkt die Leiterin zu Beginn an, dass es ihr nicht gut ginge, weil ihre Mutter sehr schwer erkrankt sei. Während der Gruppenselbsterfahrung hält die Leitung wenig Blickkontakt zu den Teilnehmerinnen, zupft häufig Fussel von ihrem Pullover und reagiert nicht, als bei der Abschlussrunde eine Teilnehmerin berichtet, dass sie sich suizidal fühle. Als diese Teilnehmerin bei der Morgenrunde am kommenden

Morgen darauf zurückkommt, antwortet die Leitung, dass sie diese Äußerung bei der Abschlussrunde des Vortags nicht gehört habe, während andere Teilnehmerinnen bestätigen, diese Aussage gehört zu haben. ◄

Wir haben aufgrund der o.g. Supervisionsfehler folgende Kriterien für Sie erstellt, wie Sie unseres Erachtens einen guten Supervisor/eine gute Supervisorin erkennen, und möchten sie sowohl therapieschulenübergreifend als auch speziell auf EMDR bezogen formulieren:

1. Erfüllt Ihr*e Supervisor*in die formalen Kriterien (hier: für EMDR-Supervision), falls Sie die Supervision für eine formale Anerkennung in Anspruch nehmen? Manchmal machen Berufsverbände, Fachgesellschaften oder Institute Ausnahmen und nehmen Mitglieder auf bzw. akkreditieren jemanden, der kein Psychologe/keine Psychologin oder Arzt/Ärztin ist oder nicht über eine Approbation verfügt, z. B. Heilpraktiker*in für Psychotherapie ist. Dies kann sich auf die Qualität der Supervision auswirken, wenn Supervisand*innen psychotherapeutische Qualifikationen bei Supervisor*innen voraussetzen, diese aber keine Psychotherapeut*innen sind. Überprüfen Sie die Qualifikation Ihres Supervisors/Ihrer Supervisorin, damit Sie diesbezüglich keine Überraschung erleben.
2. Werden Sie auf eine Ihnen genehme Art und Weise wohlwollend und wertschätzend behandelt, und erfolgt Kritik auf eine Art und Weise, die Ihnen gerecht erscheint und die Sie annehmen können?
3. Werden Sie nicht diffamierend pathologisiert, sondern wird Ihnen bei Bedarf wirklich geholfen, falls Sie selbst stark belastet sind (zum Beispiel bei sekundärer Traumatisierung)?
4. Ist Ihr*e Supervisor*in bei eigenem starkem Leid (z. B. durch Schicksalsschläge oder ernste Erkrankung) in ausreichendem Maß fähig, sich auf Sie und Ihre Belange einzulassen?
5. Beherrscht Ihr*e EMDR-Supervisor*in hinreichend zentrale EMDR-Konzepte und kann dies anhand einschlägiger Quellen begründen?
6. Zur Vorbereitung auf EMDR-Supervision wird das **Supervisions-Blatt „Vorbereitung"** empfohlen, in dem für die Fallvorstellung relevante Informationen gesammelt werden können:

Berufsverbände und Fachgesellschaften verfügen, ebenso wie Psychotherapeutenkammern, über Ethikausschüsse, die Beschwerden entgegennehmen und an die sich Betroffene wenden können, wenn gegen berufsethische Grundsätze verstoßen wird.

13.6 Zusammenfassung

Es finden sich je nach individuellem Bedürfnis verschiedene Möglichkeiten, sich in EMDR fortzubilden. In den EMDR-Trainings erworbenes Wissen kann über verschiedene Lehrbücher vertieft werden, sei es über Klassiker von Francine Shapiro, die EMDR entwickelt hat, sei es über Bücher nachfolgender Autor*innen, die sich z. B. mit Weiterentwicklungen wie EMDR bei weiteren Diagnosen als PTBS befasst haben. Aktuelle Entwicklungen können EMDR-Journals und EMDR-Themenheften entnommen werden. Persönlich anzutreffen sind etliche Autor*innen, Forscher*innen und Praktiker*innen auf EMDR-Konferenzen. Wer Unterstützung bei der Umsetzung von theoretischem Wissen in die Praxis benötigt, kann auf EMDR-Supervisor*innen zurückgreifen. Wertschätzender und konstruktiver Umgang in der Supervision und Selbsterfahrung sind in großem Maße erforderlich. Auf Augenhöhe kann Fortbildung in Intervisionsgruppen und Qualitätszirkeln stattfinden, auch in Sachen EMDR.

13.7 Prüfungsfragen

1. Nennen Sie den Unterschied zwischen Supervision und Intervision.
2. Wodurch zeichnet sich ein Qualitätszirkel aus?
3. Nach welchem Zeitraum muss ein EMDR-Zertifikat erneuert werden?
4. Wann ist Francine Shapiros Grundlagenwerk zu EMDR erschienen?

Literatur

Besser-Siegmund, C., & Siegmund, H. (2001). *EMDR im Coaching*. Junfermann.
Böhm, K. (2021). *EMDR in der Psychotherapie der PTBS. Traumatherapie praktisch umsetzen*. Springer.
Drexler, K. (2017). *Ererbte Wunden heilen. Therapie der transgenerationalen Traumatisierung*. Klett-Cotta.
Drigalski, D. v. (1980). *Blumen auf Granit. Eine Irr- und Lehrfahrt durch die deutsche Psychoanalyse*. Antipsychiatrieverlag, Neuausgabe 2019.
Drigalski, D.v. (2006). Verbiegen Verbogene? Beziehungsstörungen bei Beziehungsfachleuten. *Stuttgart: PTT – Persönlichkeitsstörungen: Theorie und Therapie, 10*(2), 91–98.
Francine-Shapiro-Library (FSL) https://emdria.omeka.net/
Freud, S. (2000). *Zur Dynamik der Übertragung*. In: *Behandlungstechnische Schriften* (3. Aufl.). Fischer, Freud.
Giernalczyk, T. (2017). Selbstreflexion in der Supervision – sehnsüchtig gewünscht und ängstlich vermieden. In H. Möller & M. Lohmer (Hrsg.), *Supervision in der Psychotherapie*. Kohlhammer.
Hensel, T. (Hrsg.). (2007). *EMDR mit Kindern und Jugendlichen. Ein Handbuch*. Hogrefe.
Hofmann, A. (Hrsg.) (1999/2014). *EMDR. Praxishandbuch zur Behandlung traumatisierter Menschen*. Thieme.

Hofmann, A., Ostacoli, L., Lehnung, M., & Hase, M. (2020). *Depressionen behandeln mit EMDR.* Klett-Cotta.

Horowitz, M.J. (1993). Stress-response syndromes. In J.P. Wilson & B. Raphael (Hrsg.), *International handbook of traumatic stress syndromes. The plenum series on stress and coping.* Springer. https://doi.org/10.1007/978-1-4615-2820-3_4

Hüther, G. (2017). *Was wir sind und was wir sein könnten – Ein neurobiologischer Mutmacher.* S. Fischer.

Institut für Traumatherapie/Schubbe, O. (Hrsg.). (2004/2016). *Traumatherapie mit EMDR. Ein Handbuch für die Ausbildung.* Vandenhoeck & Ruprecht.

Jacobs, S., & de Jong, A. (2007). *EMDR und Biofeedback in der Behandlung der posttraumatischen Belastungsstörung. Ein neuropsychotherapeutisches Behandlungsprogramm.* Hogrefe.

Kütter, M. (2019a). EMDR Toolkit. Bd. 1. Independently published.

Kütter, M. (2019b). EMDR Toolkit. Bd. 2. Independently published.

Lamprecht, F. (Hrsg.). (2000). *Praxis der Traumatherapie. Was kann EMDR leisten?* Pfeiffer bei Klett-Cotta.

Luber, M. (Hrsg.) (2009). *EMDR scripted protocols: Basics and special situations.* Springer.

Luber, M. (Hrsg.). (2010). *EMDR therapy scripted protocols and summary sheets: Special populations.* Springer.

Luber, M. (Hrsg.). (2012). *EMDR scripted protocols with summary sheets: Basic and special situations.* Springer. Multimedia CD.

Luber, M. (Hrsg.). (2014). *Implementing EMDR early mental health interventions for Man-Made and natural disasters.* Springer.

Luber, M. (Hrsg.). (2015a). *EMDR therapy for clinician self-care.* Springer.

Luber, M. (Hrsg.). (2015b). *EMDR therapy and emergency response.* Springer.

Luber, M. (Hrsg.). (2015c). *EMDR therapy with first responders.* Springer.

Luber, M. (Hrsg.). (2016). *EMDR therapy scripted protocols and summary sheets: Treating anxiety, obsessive-compulsive and mood-related conditions.* Springer.

Luber, M. (Hrsg.). (2019a). *EMDR therapy scripted protocols and summary sheets: Treating eating disorders, chronic pain, and maladaptive Self-care behaviors.* Springer.

Luber, M. (Hrsg.). (2019b). *EMDR therapy scripted protocols and summary sheets: Treating trauma in somatic and Medical-related conditions.* Springer.

Maxfield, L. (2009). EMDR milestones: The first 20 years. *Journal of EMDR Practice and Research., 3*(4), 211–216.

Märtens, M., & Petzold, H. (2002). *Therapieschäden. Risiken und Nebenwirkungen von Psychotherapie.* Grünewald.

Möller, H., & Lohmer, M. (2017). *Supervision in der Psychotherapie. Grundlagen – Forschung – Praxis.* Kohlhammer.

Münker-Kramer, E. (2015). *Traumazentrierte Psychotherapie mit EMDR.* Reinhardt.

Parnell, L. (2003). *EMDR-Therapie mit Erwachsenen. Kindheitstrauma überwinden.* Pfeiffer bei Klett-Cotta.

Pieper, G. (2005). *Hilfen für Opfer von Katastrophen und gezielter Gewalt : Ein Konzept zur psychotraumatologischen Versorgung.* Dissertation. URN: Urn:Nbn:De:Bsz:25-opus-29144.

Pieper, G., Pieper, D., & Pieper, J. (2021). *Traumatherapie in sieben Stufen. Ein kognitiv-behaviorales Behandlungsmanual (SBK).* Hogrefe.

Plassmann, R. (2007). *Die Kunst des Lassens. Psychotherapie mit EMDR für Erwachsene und Kinder.* Psychosozial-Verlag.

Plassmann, R. (Hrsg.). (2009). *Im eigenen Rhythmus. Die EMDR-Behandlung von Essstörungen, Bindungsstörungen, Allergien, Schmerz, Angststörungen, Tinnitus und Süchten.* Psychosozial-Verlag.

Richter, A.-K. (2019a). *EMDR bei Sozialen Angststörungen.* Klett-Cotta.

Richter, A.-K. (2019b). Editorial. *Stuttgart, Trauma & Gewalt 13,* 193. https://doi.org/10.21706/TG-13-3-193, https://elibrary.klett-cotta.de/article/10.21706/tg-13-3-193

Rieken, B. (2008) Dörte von Drigalski: Blumen auf Granit. In A. Pritz (Hrsg.), *Einhundert Meisterwerke der Psychotherapie.* Springer. https://doi.org/10.1007/978-3-211-69499-2_23

Rost, C. (Hrsg.) (2008). *Ressourcenarbeit mit EMDR. Vom Überleben zum Leben.* Junfermann.

Rost, C. (Hrsg.) *EMDR zwischen Struktur und Kreativität. Bewährte Abläufe und neue Entwicklungen.* Junfermann.

Schubbe, O. (2001). EMDR-Supervision. https://www.traumatherapie.de/users/schubbe/schubbe7.html

Schubbe, O., & Gruyters, T. (2011/2019). EMDR . In Günter H. Seidler, Harald J. Freyberger, Heide Glaesmer, Silke Birgitta Gahleitner (Hrsg.) *Handbuch der Psychotraumatologie.* Klett-Cotta.

Shapiro, F. (1995). *Eye movement desensitization and reprocessing: Basic principles, protocols, and procedures* (3. Aufl.,). Guilford Press.

Stellpflug, M., & Moeck, J. (2017). Rechtliche Grundlagen der Supervision in der Psychotherapie. In H.Möller & M. Lohmer (Hrsg.), *Supervision in der Psychotherapie.* Kohlhammer.

Tesarz, J., Seidler, G. H., & Eich, W. (2020). *Schmerzen behandeln mit EMDR. Das Praxishandbuch.* Klett-Cotta.

Zimmermann, A. (2020). *EMDR für Heilpraktiker.* Haug.

The manufacturer's authorised representative in the EU is Springer Nature Customer Service Centre GmbH, Europaplatz 3, 69115 Heidelberg, Germany. If you have any concerns regarding our products, please contact ProductSafety@springernature.com

Printed and bound by CPI Group (UK) Ltd, Croydon, CR0 4YY

24/03/2026

02077366-0002